D1718399

Alois Glück

Verantwortung übernehmen

Alois Glück

Verantwortung übernehmen

Mit der Aktiven Bürgergesellschaft
wird Deutschland leistungsfähiger
und menschlicher

Mit einem Vorwort von Edmund Stoiber

Deutsche Verlags-Anstalt
Stuttgart München

Die Deutsche Bibliothek – CIP-Einheitsaufnahme
Ein Titeldatensatz für diese Publikation ist bei
Der Deutschen Bibliothek erhältlich.

© 2000 Deutsche Verlags-Anstalt
Stuttgart München
Alle Rechte vorbehalten
Satz: Verlagsservice G. Pfeifer / EDV-Fotosatz Huber, Germering
Druck und Bindearbeiten: Clausen & Bosse, Leck
Printed in Germany
ISBN 3-421-05455-X

Für die Schwachen
und die Starken.
Die Aktive Bürgergesellschaft
ist der gemeinsame Weg
zu beiderseitigem Nutzen.

Inhalt

Vorwort

Der Begriff »Aktive Bürgergesellschaft« enthält ein zukunftsweisendes Programm mit breitem gesellschaftlichen Spektrum und weiter politischer Perspektive:
Die Bestandteile und der Zusammenklang des Begriffes geben die Richtung an. Bürger – das meint den Menschen als eigenverantwortliche Persönlichkeit in seinen Beziehungen und Bindungen zu anderen, zum sozialen Umfeld, zum Gemeinwesen. Bürger – das ist der Gegensatz zum ich-bezogenen Rückzug in isolierte Privatheit einerseits und kollektiv betreute Entmündigung andererseits.

Bürger in der Demokratie ist man als Träger und Adressat von Rechten und Pflichten immer zusammen mit anderen im nachbarschaftlichen Zusammenleben, in gesellschaftlichen Gruppierungen, in politischen Organisationen und in der demokratischen Teilhabe am Gemeinwesen in Kommune und Staat. Diese Verbindung von Individuellem und Sozialem, von eigen- und mitverantwortlicher Persönlichkeit und Bindung an soziales Umfeld und Gemeinwesen bringt der Begriff »Bürgergesellschaft« treffend zum Ausdruck. Der Weg zu diesem Verständnis von Bürger und Gesellschaft war eine lange historische Entwicklung. Die Notwendigkeit, diese Bürgergesellschaft heute dynamisch zu aktivieren, wird entscheidend vom Wandel in Staat und Gesellschaft bestimmt.

Unsere Vorstellungen vom Bürger als aktiven Gestalter seines Lebens und Lebensumfeldes und Mitgestalter der Gesellschaft, der Solidarität übt und auf Solidarität angewiesen ist, wurzeln grundlegend im christlichen Menschenbild der unverwechselbaren eigen- und sozialverantwortlichen Persönlichkeit. Wer dieses Menschenbild zur Grundlage der Politik macht, muss in allen Bereichen für Eigeninitiative und Selbstverantwortung individuelle und gesellschaftliche Freiräume erhalten und Gestaltungsräume öffnen. Das bedeutet für den Staat Verzicht auf rechtliche Reglementierung und Verwaltungseingriffe in Lebensbereiche, etwa mit Genehmigungen und Verboten. Das bedeutet aber auch bei den Bürgern Verzicht auf letzte rechtliche Absicherung, Anspruchs- und Versorgungsdenken sowie Förderungsmentalitäten.

Dazu zwingt im Übrigen auch die dringend notwendige Reduzierung des Staates auf seine wirklichen Kernaufgaben, weil er den Ansprüchen der in Jahrzehnten immer mehr ausufernden Zuständigkeiten weder finanziell noch personell länger gerecht werden kann. Der Weg in die Allzuständigkeit des Staates war zwar getragen vor allem vom Streben nach Perfektionierung der Rechtssicherheit und umfassender sozialer Absicherung, aber er war letztlich doch ein politischer, rechtlicher, ökonomischer und sozialer Irrweg. Wir müssen auf diesem Weg unter dem neuen Ziel einer Aktiven Bürgergesellschaft umkehren. Nur so können staatliche Kompetenzen und daraus resultierende Ansprüche und finanzielle Folgen und bürgerliche Verantwortungs- und Gestaltungsräume wieder ins Gleichgewicht gebracht werden.

Demokratische Parteien sind ein wesentlicher Bestandteil dieser Bürgergesellschaft: Sie bieten den Menschen vielfache Möglichkeiten für staatsbürgerliches Engagement und demokratische Teilhabe von der örtlichen bis zur Landes-, Bundes- und Europaebene.

Die Volksparteien sind keine Karrieristenclubs, sondern das Aufgaben- und Verantwortungsfeld bürgerlichen Einsatzes und engagierter demokratischer Partizipation. Hier wird mitdiskutiert, mitentschieden, mitgestaltet und mitverantwortet.

Diese Funktion unserer Volksparteien muss wieder öffentlich wahrnehmbarer werden. Deshalb müssen wir einen breiten und permanenten Dialog hinein in alle Bereiche unserer Gesellschaft führen. So treten wir auch resignativen Stimmungen entgegen, nach denen man ohnehin nichts machen kann, weil »die da oben« angeblich doch machen, was sie wollen. Zeigen wir als Volksparteien Menschen aller Altersgruppen und besonders den jungen Bürgerinnen und Bürgern: Bei uns können sie etwas machen, wenn sie bei uns mitmachen!

Die Volksparteien formulieren und bündeln Interessen und bringen sie vielfach bereits in der innerparteilichen Diskussion im Hinblick auf das Gemeinwohl zum Ausgleich und führen diese Positionen in die parlamentarischen und staatlichen Entscheidungsverfahren ein. Wegen dieser wichtigen Mitwirkungsmöglichkeiten am demokratischen Willensbildungsprozess und der daraus resultierenden hohen Mitverantwortung müssen die Parteien in ihrem Inneren demokratisch strukturiert sein. Diese Strukturen sind es, die jedem, der sich hier engagiert, die Möglichkeiten zur Mitwirkung eröffnen, aber auch Mitverantwortung auferlegen.

Gerade in einer Zeit, in der Parteien – sicher auch nicht ohne eigenes Zutun – in eine Zone permanenter Verdächtigungen und moralischer Abwertung hinein zu geraten drohen, ist es wichtig, ihre demokratischen Grundfunktionen und ihren Verfassungsrang in Erinnerung zu rufen. Das stellt hohe Anforderungen an die Parteipolitik und an die Parteipolitiker.

Es sollte aber auch manche Kritiker nachdenklich stimmen, die in überzogener Weise mit negativen Einzelerscheinungen des Parteilebens die Funktion und Existenz der Parteien insgesamt zur Disposition stellen wollen.

Parteien sind eben nicht nur sektorale oder gar monothematische Interessengruppen. Sie formulieren keine berufsständischen oder ökonomischen Einzelforderungen, wie etwa sich kontrovers gegenüberstehende oder sich gar bekämpfende Interessenverbände. Sie sind auf Dauer und die Breite des politischen Gesamtspektrums angelegt. Darin unterscheiden sie sich zum Beispiel von Initiativen gegen ein bestimmtes Straßenbauprojekt oder andere Großvorhaben, die sich bei aller Anerkennung solcher bürgerlichen Engagements in der Regel mit ihren Vorhaben so oder so erledigen. Die Parteien dagegen sind eine dauerhafte Initiative: eine Bürgerinitiative für unsere parlamentarische Demokratie!

Gerade der schnelle Wandel der Globalisierung mit ihren ökonomischen, sozialen und kulturellen Folgen erfordert schnelles und pragmatisches Handeln der Politik. Damit die Pragmatik Ziel und Richtung behält, brauchen wir ebenso notwendig die profilbildende Programmatik. Ein grundlegender Beitrag zu einer solchen Programmatik wird von Alois Glück mit diesem Buch geleistet: Ihm und uns geht es darum, ein gesellschaftliches Konzept zu entwickeln, mit dem Deutschland sowohl leistungsfähiger wie auch menschlicher wird. Dies Konzept orientiert sich am Menschenbild der Eigen- und Mitverantwortung, an unserer kulturellen Identität und der sozialen Solidarität.

Die längst vollzogene und ökonomisch, kulturell, gesellschaftlich und politisch notwendige Öffnung unserer Gesellschaft nach Außen gegenüber Europa und der Welt erfordert im Inneren eine funktionierende, intakte und kreative Bürgergesellschaft. Diese Bürgergesellschaft muss aus ihrer Geschichte, ihrer Tradition heraus leben.

Deshalb pflegen wir gerade in Bayern unsere gewachsenen geschichtlichen Traditionen und unsere lebendige Kultur in ihrer ganzen Breite, von der Volkskunst bis zu den Staatstheatern. Das ist nicht das »Brauchtums- und Kulturmuseum Bayern«, das sind die Wurzeln unserer kulturellen Identität und der Boden, auf dem der Fortschritt gedeiht.

Das ist das Selbstverständnis – und ich betone: auch das Selbstbewusstsein – der Bürgergesellschaft in unserem Land. Aus diesem Bewusstsein heraus haben wir alle Chancen, uns auch angesichts der globalen Realitäten, vor denen wir uns nicht abschotten wollen, in unserer Eigenständigkeit zu behaupten. Wir brauchen dieses Bewusstsein gewachsener Identität, um den Menschen Orientierung, Nähe und Heimat zu geben. Gerade die Vielfalt und Unüberschaubarkeit der Informations- und Kommunikationsflut verlangt nach Verwurzelung und Überschaubarkeit im heimatlichen Bereich. Das ist kein neues »Biedermeier« im Zeitalter der Globalisierung, sondern das notwendige Gegenstück zur Europäisierung und Internationalisierung unseres Lebens, dass im unmittelbaren Umfeld Überschaubarkeit, aber auch Mitgestaltbarkeit braucht.

Diese Mitgestaltbarkeit des eigenen heimatlichen Umfeldes ist ein wichtiger Gegenpol zu dem sich ausbreitenden Gefühl des Ausgeliefertseins an anonyme globale ökonomische Mächte. Der Weg in Mitverantwortung und Mitgestaltung ist deshalb der Urgrund demokratischen Bewusstseins einer Bürgergesellschaft. Im

Sinne unseres auf Verantwortung ausgerichteten Menschenbildes und des politisch-gesellschaftlichen Prinzips der Subsidiarität mit dem Vorrang der kleinen Einheiten in allen Lebensbereichen müssen Freiräume genutzt und geschaffen und Motivationen und Anreize für dieses bürgerliche Engagement geboten werden. Engagement in der Bürgergesellschaft, das ist ein Stück gelebter Solidarität. Diese Solidarität brauchen wir auch für notwendige Innovationen angesichts der Ungleichgewichte in der Entwicklung der Altersstruktur unserer Gesellschaft.

Das kann nicht ohne Auswirkungen auf die Solidarität der Generationen und dem viel beschworenen Generationenvertrag bleiben. Ohne langsameres Wachstum der Ausgaben im Rentensystem, schrittweise faktische Verlängerung der Lebensarbeitszeit im Rahmen der 65-Jahr-Grenze und ergänzende Altersvorsorge lassen sich diese Probleme nicht lösen. Das erfordert Solidarität der alten und jungen Menschen.

Eine undifferenzierte staatliche Vollversorgung ist mit den Prinzipien der Eigenverantwortung und Subsidiarität jedenfalls nicht vereinbar, noch ist sie auf längere Sicht bezahlbar. Hier rühren wir zweifellos an ein sehr sensibles, in vielen Jahrzehnten des Sozialstaates gewachsenes Sicherheits- und Absicherungsdenken. Der Sozialstaat darf aber nicht an seiner eigenen Starrheit und Unbeweglichkeit dieses Denkens zerbrechen. Wir müssen deshalb nicht nur Strukturen reformieren, sondern wir müssen die Menschen überzeugen, dass nur Veränderungen und Eigenverantwortung das Sozialsystem wieder sicherer machen.

Wer eine moderne Bürgergesellschaft vor Augen hat, muss gerade hier nach den jeweiligen Verantwortungsbereichen von Staat und Bürger fragen. Die Frage nach der Reichweite der staatlichen Fürsorge und der Eigenverantwortung der Bürger und ihrer Solidarität muss im Lichte des Konzepts einer Bürgergesellschaft neu überdacht werden.

Mit dem Politikentwurf einer Bürgergesellschaft arbeiten wir an einer Zukunftsstrategie gegen Verkrustungen einer aufgabenwuchernden Organisation des Staates, die wieder zu ihren Kernaufgaben zurück geführt werden muss. Wir wenden uns gegen geistige Blockaden, überzogenes Anspruchs- und Besitzstandsdenken. Diese Strategie der Freiräume für bürgerliche Verantwortungen führt uns über die fruchtlosen Theorien der puren »ich-bezogenen« Selbstverwirklichung hinaus.

Die Realisierung von bürgerlichem Engagement im Leben der Gemeinschaft ermöglicht es unter dem Subsidiaritätsprinzip Regelungsdichte abzubauen und Gestaltungsräume für Eigenverantwortung auf vielen Handlungsfeldern des Gemeinschaftslebens vom kommunalen bis hinein in viele andere Politikgebiete zu schaffen.

Mit der Aktivierung des bürgerlichen Mitverantwortungsgeistes können wir auch den lähmend erscheinenden Dualismus von »wirtschaftlich oder sozial« aufbrechen. Das wird gelingen, wenn sozial künftig nicht mehr nur allumfassende staatliche Fürsorge und Umverteilung des Erwirtschafteten ist, sondern mehr und mehr Raum und Motivation für Eigenverantwortung und bürgerliche Mitverantwortung geschaffen wird.

Über alles notwendige Denken in Kategorien der ökonomischen Leistungsfähigkeit und Effizienz hinaus stellt Alois Glück eindrucksvoll dar, dass wir für eine zukunftsgerichtete Programmatik ein normatives Fundament, Wertbindung und wertorientierte Perspektiven brauchen: Pragmatismus ist die Methode, mit einzelnen Entscheidungssituationen fertig – oder auch nur scheinbar fertig – zu werden. Der Mensch, das menschliche Zusammenleben in Gesellschaft und Staat verlangen aber nach Richtung, Ziel und Sinn. Insofern ist dieses Buch ein geistiger Kompass, der Orientierung liefert und die Richtung zu einer leistungsfähigen und humanen Gesellschaft weist.

Auf der Grundlage unseres christlich-abendländischen Menschenbildes, mit einem Konzept für eine Kultur der Verantwortung und der bürgerlichen Mitgestaltung, mit dem Grundsatz des Vorranges der kleinen Einheiten in allen Lebensbereichen können wir erfolgreich in die geistige Auseinandersetzung um die Zukunft unseres Landes gehen!

München, im September 2000   *Edmund Stoiber*

Die Ausgangssituation –
Klärung und Perspektiven

Leistungsfähiger *und* menschlicher –
ist dies möglich?

Umfragen zufolge sind rund 70 Prozent der Deutschen der Überzeugung, dass eine umfassende Erneuerung von Staat und Gesellschaft überfällig ist. Generell wünschen sich die Bürger, nach Aussage der Demoskopen, mehr Mobilität, Flexibilität und Dynamik. So sind 71 Prozent der Befragten im Sommer 2000 der Ansicht, dass die Deutschen generell zu zögerlich sind, wenn es darum geht, neue Wege zu beschreiten (Umfrage für den Bundesverband Deutscher Banken).

Aber: »Nur 21 Prozent der Bevölkerung sehen den geplanten Reformen hoffnungsvoll entgegen, 66 Prozent mit Skepsis, teilweise sogar mit düsteren Befürchtungen.« *(Renate Köcher, in der »Frankfurter Allgemeinen Zeitung« vom 14. Juni 2000)*

Damit stehen wir im Jahr 2000 ziemlich exakt vor der Situation des Wahljahres 1998: Einerseits werden von der Politik mehr Zukunftsorientierung und mehr Reformen verlangt – gleichzeitig stellt sich ein beträchtlicher Teil der Bevölkerung dagegen, wenn es konkret wird. Ist dies nur Ausdruck von Egoismus, etwa im Sinne des Bildes von Norbert Blüm, der einmal meinte, alle seien für »Gürtel enger schnallen« und zögen dann am Gürtel des Anderen?

Diese Einstellung ist sicher von Bedeutung, aber die Wurzeln des Problems liegen wohl tiefer.

Die Mehrheit der Bevölkerung glaubt, dass Reformen und damit mehr Effizienz zwar unausweichlich notwendig sind, dies aber ebenso unausweichlich zu einer kälteren, unmenschlicheren Gesellschaft führt. Aus dieser Sicht ist es logisch, Reformen wenigstens so lange wie möglich zu verzögern oder zu mildern, um das Schlimmste zu vermeiden.

Die jetzige Bundesregierung befindet sich damit in der selben Situation wie die Regierung Kohl Ende der 90er Jahre. Die SPD und die Grünen werden von ihrer damaligen Kritik eingeholt. Der Kanzler wird trotz der aktuellen Erfolge immer mehr mit der Frage nach der sozialen Gerechtigkeit und nach seinem gesellschaftspolitischen Konzept konfrontiert. Die Rentenreform ist dafür ein aktuelles Beispiel, bei der unausweichlichen und ebenso schwierigen Gesundheitsreform steht das selbe Problem vor der Tür.

»Es gibt derzeit keine politische Konstellation, die die Wähler verheißungsvoll oder gar mitreißend finden. Das Verhältnis zu dieser Regierung ist von latentem Missmut und völligem Mangel an Begeisterung geprägt; gleichzeitig sieht die Bevölkerung jedoch keine überzeugende andere Option. Das Vertrauen in die Kompetenz der CDU bleibt sowohl in Bezug auf die Konzeptionen von Reformen generell wie speziell bei der Wirtschafts-, Steuer- und Rentenpolitik hinter dem Vertrauen in die SPD zurück. Die SPD profiliert sich zunehmend als Reformpartei; die Richtung und die einzelnen Maßnahmen dieser Politik stoßen jedoch zunehmend auf Skepsis. Enttäuschung legt sich wie Mehltau auf das Bild der Regierung. Aus solchen Stimmungen entstehen oft Überraschungen.«

(Renate Köcher, a. a. O.)

Von den Problemen der SPD hat die Union, speziell die CDU, 1999 profitiert. Affären und Skandale haben diese Art von Zustimmung zerstört.

Die Unionsparteien stehen damit letztlich vor der selben Aufgabe wie die anderen Parteien, speziell auch die Bundesregierung:

Ein überzeugendes Konzept dafür zu entwickeln, dass mit den erforderlichen Reformen die Welt nicht zwangsläufig kälter und unsozialer werden muss oder anders formuliert:

Die strategische und wahrscheinlich wahlentscheidende Aufgabe lautet, ein gesellschaftspolitisches Konzept zu entwickeln, mit dem Deutschland sowohl leistungsfähiger wie auch menschlicher wird.

Zu beschreiben, wie dies scheinbar Unmögliche möglich wird, ist Zielsetzung dieses Buches.

Was entscheidet
die nächste Bundestagswahl?

Die SPD hat die Bundestagswahl 1998 vor allem deshalb gewonnen, weil sie mit dem Gespann aus Gerhard Schröder und Oskar Lafontaine die Kombination von Modernität und Gerechtigkeit am glaubwürdigsten verkörperte.

Die Union kämpfte mit dem Vorwurf der »Gerechtigkeitslücke« in ihrer Politik, dem Abnutzungseffekt langer Regierungszeit und dem mühsamen Interessenausgleich in der Koalition. Sie hatte trotz der Reformen nicht das Image von Zukunftsorientierung und Modernität. Sie verlor auf Grund der unterschiedlichen Erwartungen – mehr Reform und zu viel Reformen – die Mehrheit.

Dabei waren die 90er Jahre das beste Jahrzehnt für Deutschland im 20. Jahrhundert. In diesem Jahrzehnt haben unser Volk und die Politik in unserem Land eine überragende Leistung erbracht. In Deutschland mussten zwei Veränderungen historischer Dimension gleichzeitig bewältigt werden.

Zum einen war der durch die technische Revolution der Informationstechnologie und der Globalisierung ausgelöste tief greifende strukturelle Wandel zu verkraften. Ein Blick in die Industriestaaten zeigt: Alle müssen ihre Kräfte bis zur Neige mobilisieren und können oft nur mit Schmerzen die damit verbundenen Spannungen aushalten und bewältigen. Nur wenige Länder in Europa sind in der Gestaltung und Bewältigung dieser Aufgabe tatsächlich weiter als wir.

Wir hatten aber gleichzeitig die gigantische Erblast des Kommunismus zu schultern, im eigenen Land und in der unmittelbaren Nachbarschaft der postkommunistischen Länder, was eine angesichts des Umfangs dieser Aufgabe und der zeitlichen Dringlichkeit noch nie da gewesene Herausforderung darstellte. Die Bilanz ist – trotz mancher Irrtümer und Fehlentwicklungen – mehr als eindrucksvoll. Unser Land blieb stabil, die D-Mark – belastet wie keine andere Währung in der Welt – blieb Leitwährung und Maßstab für viele (dies hat auch die Entwicklung zum Euro gezeigt), der Sozialstaat blieb handlungsfähig, wenn auch dringend reformbedürftig, und die Wirtschaft gewann in diesen Jahren allmählich wieder den Anschluss an die Weltspitze. Deutschland ist angesehen in der Welt wie noch nie in seiner Geschichte.

Es ist eine große Tragik für unser Land, dass diese große Gemeinschaftsleistung nicht bewusst ist. Dies würde uns nämlich ungleich mehr Selbstvertrauen geben für die Gestaltung der künftigen Aufgaben.

Die Union hat es auch nicht mehr geschafft, diese Sachverhalte allgemein bewusst zu machen. Sie war mit dem täglichen Politmanagement und den Krisenbewältigungen, mit den Widersprüchen in den Erwartungen und mit der Erlahmung der eigenen Kräfte beschäftigt.

In dieser Situation haben die Strategen der SPD wirksam und zielgenau ihre Kampagne der Verbindung von Modernität und Gerechtigkeit umgesetzt. Diesen Wahlerfolg nur Gerhard Schröder zuzuschreiben, ist eine unzutreffende Verkürzung. Er stand für die Modernität, Oskar Lafontaine für die Gerechtigkeit. Die in dieser Phase disziplinierte Zusammenarbeit, wie sich später herausstellte ohne inhaltliche Klärung und Abstimmung, war wirksam nach außen und stellte für viele die Vereinbarkeit des bislang unvereinbar Scheinenden dar: Modernisierung und Gerechtigkeit.

Nach der Bundestagswahl folgte jedoch bald die Ernüchterung. Die erfolgreiche Wahlkampfkampagne war durch keine entsprechenden Sachkonzepte fundiert.

Der Erfolg der CDU bei den Landtagswahlen des Jahres 1999 und das Wiedererstarken der rot-grünen Bundesregierung haben jedoch eine Gemeinsamkeit: Es war jeweils mehr das Ergebnis der Schwäche der Konkurrenz als der eigenen Anziehungskraft.

Wird die SPD eine pragmatische Partei der Mitte – und wie reagieren ihre sozialdemokratischen Traditionstruppen?

Gelingt der CDU eine programmatische Bündelung der Kräfte mit einem klaren Profil?

Was entwickelt sich aus dem Gärprozess bei den Grünen?

Was wird aus der PDS?

Welche Wendemanöver werden den Kurs der FDP bestimmen? Unklarheiten, Unsicherheiten überall.

Die einzige gefestigte Partei scheint die CSU zu sein. Doch auch sie spürt zunehmend die umfassenden Veränderungen in der Gesellschaft und in ihrer eigenen Wählerschaft.

In vielen Publikationen und politologischen Diskussionen wird beklagt, dass sich die Parteien immer weniger unterscheiden und die politischen Diskussionen immer steriler, oberflächlicher, von Effekt-Hascherei und Überhöhung kleiner Unterschiede geprägt würden. Hier handelt es sich offensichtlich um einen internationalen Entwicklungstrend. Der Klubobmann der ÖVP im Österreichischen Nationalrat, Andreas Khol, setzt sich in seinem Buch »Mein politisches Credo« (1998) damit scharfsinnig auseinander und zitiert dabei Hermann Lübbe:

»Beim Stand der industriegesellschaftlichen Modernität, der erreicht ist, (haben) Konservativismus, Liberalismus und Sozialismus ihre parteipolitischen Profilierungspotenziale weitgehend eingebüßt. Anders formuliert: Konservativismus (hier rechnet er auch den Solidarismus hinzu) einerseits, Liberalismus andererseits und Sozialismus eignen sich immer weniger als Markenzeichen, das die Identität einer Partei gegen die jeweils andere eindeutig und unverwechselbar kennzeichnen könnte.«

Khol analysiert den Wettbewerb, den Kampf, die Erfolge und Irrtümer und die Wechselwirkungen der »ideologischen und politischen Archetypen« (Hermann Lübbe) Konservativismus, Liberalismus, christlicher Solidarismus und demokratischer Sozialismus. Er kommt zu dem Ergebnis: »Die Wertgebäude in ihrer zeitgeschichtlichen Ausprägung haben sich regelmäßig als Antworten auf die als Mangel empfundenen Zustände der jeweiligen Gesellschaft herausgebildet. Oder anders gewendet: Jene Wertgebäude und diese in praktische Politik umformulierenden Parteien waren und sind erfolgreich, die den Wählern die Änderung eines als Mangel empfundenen Zustandes in Aussicht stellen. Sie wurden dann durch die Wähler zu triumphierenden, die Politik bestimmenden und die Gesellschaft gestaltenden Kräften.« Khol beschreibt diese geistesgeschichtlichen und politischen Auseinandersetzungen im Sinne eines Bewegungsmodells und kommt zu dem Schluss, dass aus diesen verschiedenen »Wertgebäuden« aus österreichischer Sicht 28 heute weithin akzeptierte Bausteine für die gesellschaftliche und staatliche Gestaltung erwachsen sind.

Lässt sich diese Analyse auch auf Deutschland übertragen?

Unsere Parteien sind aus der Entwicklung der Industriegesellschaft sowie den Ideen und der geistesgeschichtlichen Situation dieser Entwicklung entstanden. Die entsprechenden Milieus lösen sich zunehmend auf, Gemeinsamkeiten haben sich herausgeschält und Irrtümer sind als solche akzeptiert. Natürlich gilt dies nicht für alle und für jedes Thema, aber es ist Zeit für eine Bestandsaufnahme, um die Situation und damit letztlich auch die parteipolitische Landschaft neu zu vermessen.

Die Ergebnisse des letzten Jahrzehnts haben den Entwicklungsprozess der politischen Grundorientierungen zu einem gewissen Abschluss gebracht.

Sozialismus und Planwirtschaft gingen in Konkurs und haben nur noch für einige Unverbesserliche eine Anziehungskraft.

Die Soziale Marktwirtschaft ist zumindest im Grundsatz die von allen akzeptierte Wirtschafts- und Gesellschaftsform.

Unter dem Eindruck der konkreten Erfahrungen erfolgte eine grundlegende Kurskorrektur in der finanz- und wirtschaftspolitischen Konzeption der Linken mit einer Hinwendung zur Orientierung auf Wachstum und Stabilität. Die Einführung des Euro stellt hier eine tiefe Zäsur und Veränderung dar, eine von Helmut Kohl und Theo Waigel durchgesetzte Weichenstellung, deren Auswirkungen auf das ideologische und gesellschaftliche Klima noch kaum bearbeitet und erkannt sind.

Die allgemeinen Erfahrungen der Überforderung des Staates haben zu einem relativ breiten Grundkonsens über notwendige Korrekturen geführt.

Hinzu kam in den 90er Jahren die geradezu revolutionäre Veränderung der Arbeitswelt und der Organisation der Wirtschaft durch die Informations- und Kommunikationstechnologien. In engerem Zusammenhang damit steht der Trend zur rasanten

Globalisierung mit allen damit verbundenen Konsequenzen. Inzwischen spricht man von einer »New Economy«.

Für die Entwicklung der Politik, für die strategische Planung der Parteien sollten daher folgende Fragen geklärt werden:

Was ist der gemeinsame Bestand an Überzeugungen? Wo ist es Zeit, dies zu sehen, zu akzeptieren und von der Realität überholte und insoweit nicht mehr vorhandene Gegensätze nicht mehr weiter künstlich aufzublasen – um den Preis der Glaubwürdigkeit bei den Menschen?

Was ist weiter strittig?

Was sind die Aufgaben von heute und morgen?

Inwieweit besteht hier Übereinstimmung in der Aufgabenstellung und in den Antworten auf diese Aufgabenstellung?

Es wird sich schnell herausstellen, dass der Bestand an Gemeinsamkeiten als Ergebnis »im Labor der Geschichte« (Khol) nicht zwangsläufig zu einer großen Einheitspartei führt.

Es bleiben nicht nur unterschiedliche Prägungen aus der Tradition der einzelnen gesellschaftlichen Gruppen und daraus resultierend unterschiedliche Zielvorstellungen und Antworten, es wird auch mit Blick auf die Herausforderungen von morgen und die dafür zu entwickelnden Lösungskonzepte unterschiedliche Ansätze geben. Der Unterschied zwischen den Parteien wird sich auch morgen und auf Dauer nicht nur reduzieren auf das Erscheinungsbild ihrer Spitzenpolitiker oder auf Unterschiede wie zwischen Automarken.

Andreas Khol schreibt mit Blick auf die Bewegungen in der europäischen Parteienlandschaft in den letzten Jahrzehnten:

»Auch hier setzte sich das Bewegungsmodell durch (es ist kein Gesetz), das ich skizziert habe: Jene Partei gewinnt und setzt ihre Grundwerte durch, welche die von der Bevölkerung empfundenen Mängel aufgreift und die Sehnsüchte der Volksmehrheit erfüllt.«

Was könnte dies bedeuten mit Blick auf die Bundestagswahl 2002? Welche Frage- und Aufgabenstellungen, oder anders formuliert, welche Mängel und Sehnsüchte der Volksmehrheit werden bestimmend sein?

Meine These: Es wird die Partei gewinnen, die die glaubwürdigste Antwort im Sinne der Kombination von »menschlich und modern« gibt.

Die SPD kann das Wahlkampfkonzept von 1998 nicht einfach wiederholen. Auf dem Prüfstand werden die Ergebnisse ihrer Politik stehen. Die Slogans und Ankündigungen aus dem Wahlkampf 1998 werden wieder in Erinnerung gerufen.

Aber auch die Union wird nicht mit einer unverbindlichen Variante der SPD-Kampagne von 1998 erfolgreich sein können. Dazu ist der Abstand zu ihrer eigenen Regierungszeit noch zu gering. In ihren politischen Programmen wie auch in ihrem Handeln als Opposition im Bund und als Regierungspartei in den Bundesländern muss das Konzept »leistungsfähiger und menschlicher« als Zukunftsstrategie erfahrbar sein.

Die Personifizierung der Politik und der Parteien wird dabei fortschreiten. Mittel- und langfristig werden aber angesichts der nach wie vor existenten gesellschaftlichen und kulturellen Strömungen in Deutschland die Spitzen nicht ohne Rückkoppelung zu ihren Parteien und deren geistig-kulturellen Werten erfolgreich sein können. Es wird also entscheidend darauf ankommen, dass die Spitzenrepräsentanten das Programm der Partei glaubwürdig verkörpern, so dass man auch ohne Studium der Programme und ohne Fachkompetenz in einzelnen Bereichen Richtung und Ziel dieser Politik erkennt. Die zunehmende Komplexität der Sachverhalte, die wachsende Bedeutung der Medien und hier vor allem des Fernsehens sowie die Orientierung fast aller Parteien auf die politische Mitte hin werden diese Personalisierung noch weiter fördern. Dies kann man mit gutem Grund bedauern, da es für die Substanz der Politik in der Regel nicht förderlich ist, es wird sich aber in absehbarer Zeit nicht ändern.

Die Parteien müssen sich dabei darauf einstellen, dass sich die schon benannten Veränderungen eher beschleunigen und in der Wirkung verschärfen und überdies neue Veränderungen hinzukommen.

Voraussichtlich werden auch bei der Bundestagswahl 2002 Stimmungen, die nicht zuletzt durch die Führungspersonen und deren Wirkung in den Medien erzeugt werden, von überragender Bedeutung sein. Für die Glaubwürdigkeit der Personen, für den Aufbau eines Vertrauenskapitals auf den Wahltermin hin ist jedoch die Erarbeitung einer schlüssigen gesellschaftspolitischen Konzeption unverzichtbar. Diese wird als tragfähige Basis gebraucht, wenn sie auch kein Ersatz für die Inszenierung der Politik in den Medien und für die Personalisierung ist.

Offensichtlich ist zur Halbzeit der Legislaturperiode noch bei keiner Partei ein entsprechendes Konzept deutlich erkennbar – und die Zeit wird knapp.

Modernisieren und sparen reicht nicht

Sparen, Modernisieren, Umbau des Sozialstaates, Entstaatlichung – dies waren in den vergangenen Jahren die meistgebrauchten Leitwörter der Politik.

Die Kohl-Waigel-Bundesregierung hatte aus zwingenden Gründen die Notwendigkeit des Sparens herausgestellt. Dabei wurde weit mehr geleistet, als heute noch in Erinnerung ist. So wurden bis zum Jahr 1997 gegenüber dem Jahr 1990 125 Milliarden Mark eingespart durch den Abbau von Subventionen, Steuervergünstigungen und anderen staatlichen Leistungen. Dreimal hintereinander, nämlich 1995, 1996 und 1997, waren im Bundeshaushalt nominal weniger Ausgaben als im jeweiligen Vorjahr veranschlagt. Im Ergebnis hatte der Bundeshaushalt 1998 ein geringeres Volumen als 1993. Die Netto-Neuverschuldung aller öffentlichen Haushalte lag 1998 bei 1,7 Prozent des Bruttoinlandsprodukts – gegenüber einer Netto-Neuverschuldung von weit über 3 Prozent des Bruttoinlandsprodukts im Jahr 1982, als die sozialliberale Regierung abgelöst wurde. Diese Leistungen sind der CDU/CSU-FDP-Regierungskoalition auch noch angesichts der Kosten der Erblast des Kommunismus gelungen. Finanzpolitisch ist dies eine beachtliche Leistung und ökonomisch waren diese Entscheidungen zweifellos unausweichlich und richtig.

Es wurde aber nicht mehr geschafft, diese Politik in ein zukunftsweisendes gesellschaftliches Konzept einzubetten. Eine Hauptbotschaft war: Dies und jenes können wir uns nicht mehr leisten, die goldenen Jahre sind vorbei, jetzt gibt es nur noch weniger. Fast alles und jedes wurde damit begründet, in der Sozialpolitik, bei der Entstaatlichung, bei der Delegation von Aufgaben nach unten. Nur schmerzhafte Botschaften, finanzpolitisch geboten. Dies steigerte sich in Teilen der Union bis hin zu der Einstellung: Wer es am deutlichsten und härtesten sagt, ist der Ehrlichste und Mutigste. Manche, die Helmut Kohl später zur Ursache der verlorenen Wahl erklärten, waren daran an vorderster Stelle beteiligt. Dass mit den aus der Finanzknappheit heraus erforderlichen Veränderungen auch positive Wirkungen oder zumindest Chancen verbunden waren, etwa mehr Freiräume für Innovation und Eigeninitiative, Auflösung von Verkrustung und Erstarrung, mehr Zukunftsfähigkeit, wurde nicht mehr vermittelt.

Es bleibt freilich zweifelhaft, ob solche Botschaften auch aufgenommen worden wären. Der Leidensdruck war nicht groß genug, der Sinn der Veränderungen als unausweichliche Notwendigkeit nicht erkennbar. Vor allem verband aber die Mehrheit mit diesen Veränderungen nur Verlust, Bedrohung und wenig positive Zukunftsperspektive. Die Union wurde in der Reibung zwischen den Meinungsführern der Ökonomie, in deren Augen noch viel zu wenig angepackt wurde und die kräftig das Image der Reformunfähigkeit förderten, und andererseits den vielen Menschen, denen die Umwälzungen schon viel zu weit gingen und die für das Schlagwort »Gerechtigkeitslücke« anfällig waren, tief verwundet.

In dieser Situation war die Mehrheit der Bevölkerung empfänglich für die rot-grüne Botschaft, dass alle diese »Grausamkeiten« gar nicht notwendig seien. Diese Einstellung hat sich bei der Bevölkerung auch noch nicht entscheidend gewandelt. Für die Bewusstseinsbildung in der Bevölkerung und für die künftige Reformfähigkeit ist freilich hilfreich, dass Rot-Grün nun verkünden muss, es habe sich noch viel mehr zu verändern.

Sparen ist unverändert wichtig, stellt aber für sich noch kein zukunftsweisendes, geschweige denn anziehendes Programm dar, wie auch keine Firma mit einem reinen Sparkurs auf Dauer zukunftsfähig sein kann. Die Folgen reinen Kostendenkens und der Verschlankungsstrategien sind auch da und dort schmerzlich spürbar geworden. Es geht um die effiziente Nutzung der vorhandenen Mittel für gute Produkte, es geht um Zukunftsstrategie.

Die SPD hat sich gerade im Wahlkampf und danach der Modernisierung verschrieben. Ein besonderes Beispiel dafür ist das so genannte Blair-Schröder-Papier.

Kein Zweifel, das Papier zeigt bemerkenswerte, in manchen Passagen auch für die Union akzeptable Beschreibungen und Richtungsänderungen, die vorzunehmen sind, um Verkrustungen aufzubrechen und die Aufgaben zwischen dem Einzelnen und dem Staat neu zu verteilen. Hier geht es um sehr grundsätzliche gesellschaftspolitische und parteipolitisch konzeptionelle Fragen.

Ein grundlegender Mangel dieses Papiers ist jedoch, dass ein zu Grunde liegendes Menschenbild nicht erkennbar ist. Der Verweis auf die Eigenverantwortlichkeit reicht nicht aus. Das Papier beschränkt sich im Wesentlichen auf den Aspekt der Effizienzsteigerung – in der ökonomischen Leistungskraft und im Einsatz der öffentlichen Mittel. Das ist zwar ein wichtiger und solider Aspekt, aber keine ausreichende Grundlage für ein gesellschaftspolitisches Konzept. So werden eben auch im Sinne dieses Denkens der Wert und die Bedeutung des Menschen weitgehend unter dem Aspekt »Humankapital« abgehandelt. Auch beim Thema Bildung offenbart sich diese Verkürzung deutlich. Die Aufgabenstellung der Schule reduziert sich auf die Vorbereitung für eine moderne Arbeitswelt. Ein Konzept für die Persönlichkeitsbildung unter den Bedingungen unserer Zeit ist nicht erkennbar. Der Weg zu einer humaneren Welt beginnt jedoch in der Erziehung. Hier wird der Grund für Eigenverantwortung, die Fähigkeit zur Selbststeuerung und zur sozialen Verantwortung gelegt.

Bezeichnend für das Papier ist auch, dass die tatsächlich Schwachen, die bei aller Eigenverantwortung und Anstrengung ihren Platz in der Gesellschaft und Arbeitswelt kaum finden, in dieser Gedankenwelt nicht vorkommen.

Die Autoren denken stark mechanistisch und glauben an die allumfassend heilende Wirkung von Strukturen und besserer Effizienz. Dem Papier fehlt jede geistige Auseinandersetzung mit den prägenden Strömungen unserer Zeit.

Eines dürften Tony Blair und Gerhard Schröder richtig erkannt haben: Politik braucht einen »Überbau«, eine Richtungsangabe. »Dritter Weg« oder »Neue Mitte« sind dafür ein Ausdruck, wenn auch nur diffus. Gleichwohl entwickeln sie politische Kraft und bewirken eine gewisse Neuordnung der Kräfte.

Auch das Thema »Umbau des Sozialstaats« greift zu kurz. Nicht nur, dass meist wenig mehr darunter verstanden wird als Sparen. Die einseitige Fixierung auf diese Thematik führt auch zu einer gefährlichen Engführung. Es wird der Eindruck erweckt, häufig sehr akzentuiert, oder gar propagiert, dass sich nur die Gruppe die Leistungsempfänger einschränken und mehr Eigenverantwortung, sprich mehr Eigenfinanzierung und -belastung, übernehmen müsse. Entlastet werden müsse die Gruppe der Beitragszahler. Dafür gibt es gute Gründe. Damit allein lässt sich aber noch kein Staat machen.

Plakativ ausgedrückt: Die staatsbürgerlichen Einstellungen – also etwa die Bereitschaft zum Engagement für das Gemeinwesen oder das Bemühen, den Staat nicht auszunutzen und auszubeuten – sind im oberen Einkommensdrittel nicht besser als im unteren. Solange die meinungsführenden Gruppen in der Gesellschaft, häufig angesiedelt im oberen Einkommensdrittel, sich nicht erkennbar an dem Zukunftsprojekt Deutschland beteiligen, ist kaum zu erwarten, dass die Mehrheit der Bevölkerung mitgeht.

Im klassischen Sozialstaatsdenken wird die Antwort in einer entsprechend höheren Belastung der Besserverdienenden gesucht. Es ist durchaus richtig, dass Umverteilung und finanzielle Solidarität zum Sozialstaat gehören. Das Heil aber vor allem darin zu suchen, führt zu der bekannten Erstarrung und Verkrustung und vor allem zur Lähmung der Kräfte.

Aufgabe verantwortungsvoller Politik ist es also, ein umfassenderes gesellschaftspolitisches Konzept und Projekt für das Gemeinwesen zu entwickeln, das alle gleichermaßen in die Pflicht nimmt. Dies darf nicht auf einem idealistischen Bild vom Menschen und auf moralischen Appellen aufbauen. Es wird nur Bestand haben und mobilisierend wirken, wenn es im gegenseitigen Nutzen liegt.

Jahrelang wurde geschrieben und propagiert, dass die Zeit der politischen Programme und wertorientierter Politik vorbei ist und nur noch Pragmatismus die künftige Politik bestimmen wird. Fast gleichzeitig beginnen aber die Parteien in der Bundesrepublik wieder mit der Programmdiskussion. Sie spüren, dass gerade in einer Umbruchzeit Orientierung und sinnstiftende Ziele notwendig sind. Jede Partei braucht diese Orientierung für ihre Identität und den inneren Zusammenhalt, die Handelnden und das Führungspersonal benötigen sie als Kompass für eine stringente Politik. Für eine kompakte und überzeugende Außenwirkung ist sie auf Dauer unverzichtbar. Mit Blick auf das Blair-Schröder-Papier schreiben Franz Walter und Tobias Dürr daher zu Recht:

»Es ist das Problem aller Verkünder des puren Pragmatismus, die das Land irgendwie ›nach vorne‹ bringen wollen, aber keinerlei lebendige Anschauung davon vermitteln können, welche Form jene Zukunftsgesellschaft haben soll, von der sie immerfort reden. In Wirklichkeit wissen sie es selbst nicht. Denn was den desorientierten Pragmatikern aller Parteien so schmerzlich abgeht, ist ein irgendwie mitreißendes Ziel, das zu erreichen Mühe und Entbehrungen rechtfertigen würde.«

(Franz Walter und Tobias Dürr,
»Die Heimatlosigkeit der Macht«, 2000)

Auf dem Weg zu entsprechenden Programmen liegt eine gefährliche Falle: Die Versuchung, nur taktisch zu denken, in den Kategorien von Profilen, Abgrenzung und Medienresonanz, die zu einem Denken und Argumentieren in der Kategorie von Marketingkonzepten führt. Dies würde die Wählerverdrossenheit nochmals beschleunigen, ginge es schließlich erkennbar immer nur um die eine Frage: Wie bleiben wir an der Macht oder wie kommen wir an die Macht? Dies ist eine zwar legitime, für das Gestalten unerlässliche Frage, gibt aber noch keine Antwort auf das Wohin und Wozu. Die Wähler fühlen sich dann nur als Stimmvieh vereinnahmt.

Natürlich darf bei der Programmarbeit die Wirkung auf die eigene, grundsätzlich erreichbar scheinende Wählerschaft nicht vernachlässigt werden. Natürlich ist die Profilierung, die »Alleinstellung« im Markt der Parteien, die Unverwechselbarkeit, von überragender Bedeutung für die Wirkung.

Politik und Parteien brauchen aber heute und morgen ein normatives Fundament, Wertorientierung und damit auch eine wertorientierte Zukunftsperspektive, wie auch dem einzelnen Menschen auf Dauer ohne Wertorientierung und ohne Sinn für sein Leben ein gelungenes Dasein nicht möglich ist. Pragmatismus hilft in der konkreten Einzelsituation, ist aber kein Kompass für die Gestaltung des Lebens in einer Gesellschaft und des Staates. Die überall spürbare zunehmende Suche nach Sinn und Lebensorientierung ist ein Beleg dafür und deutet auf einen Rückschwung des Pendels hin.

Die Lebenslügen
der Wohlstandsgesellschaft

Eine wesentliche Ursache für den »Reformstau«, für die Schwierigkeit, die anstehenden Probleme sachgerecht zu lösen und den Preis dafür zu akzeptieren, ist die Verdrängung der alten Lebenserfahrung, dass fast alles im Leben zwei Seiten hat, selten nur Vorteile oder nur Nachteile. Wir haben in den vergangenen Jahrzehnten die Annehmlichkeiten der Wachstums- und Wohlstandsgesellschaft gerne angenommen, möglichst gesteigert und die Sonnenseite dieser Entwicklung genossen.

Die damit auch verbundenen Schattenseiten, die Kehrseiten dieser Entwicklung, wurden ignoriert und verdrängt.

Damit wurde auch der Blick dafür verstellt, dass einige wesentliche Herausforderungen und der Zwang zu Veränderungen eben die zwangläufige Folge einer außerordentlich erfreulichen Entwicklung sind.

Führen wir uns nur einmal die Lebenssituation älterer Menschen in unserer Gesellschaft vor Augen. Ein Aspekt ist die längere Lebenserwartung, die in der Regel auch verbunden ist mit einer sehr viel besseren Lebenssituation als früher, mit einem Ausmaß an Selbständigkeit und an Unabhängigkeit, wie es noch vor 30 Jahren unvorstellbar war.

Altersarmut war immer eine drohende Gefahr, eine schmerzliche Erfahrung früherer Generationen. Heute ist die wirtschaftliche Lage junger Familien in der Regel eher kritischer als die Situation nach dem Wechsel vom Berufsleben in den Ruhestand. Dies ist jedoch nicht im öffentlichen Bewusstsein verankert, was den Umbau des Sozialstaates erheblich erschwert.

Wir nutzen die Möglichkeiten unserer Zeit und sind in unserem Denken doch gefangen von den Erfahrungen der Vergangenheit. Den Preis der längeren Lebenszeit haben wir weitgehend verdrängt. Materiell zeigt er sich ganz besonders bei den Problemen der Altersvorsorge und im Gesundheitswesen. Im öffentlichen Bewusstsein existiert verbreitet die eigentlich geradezu kindische und unreife Vorstellung, dass wir diese positive Entwicklung genießen könnten, ohne dafür auch etwas bezahlen zu müssen. Vielen erscheint es als Zumutung, wenn angesichts einer solchen Lebensperspektive etwa gefordert wird, jetzt beispielsweise bei der Urlaubsplanung etwas zu sparen, um für das eigene Alter zusätzlich vorzusorgen. Dabei geht es hier doch nicht um ein Sonderopfer für einen Unbekannten, sondern um die Investition in den eigenen Lebensgewinn im dritten Lebensabschnitt, also um die Lebensqualität in dieser Phase.

Ähnlich ist die Situation bei den Konsequenzen aus der geringeren Geburtenzahl. Die geringe Kinderzahl bedeutet für die einzelnen Menschen und für die Volkswirtschaft zunächst eine hohe finanzielle Ersparnis. Kinder stellen in der Solidarität der Generationen gleichzeitig aber auch Vorsorge für die Zukunft dar. Ist es nicht nahe liegend, daraus die Konsequenz zu ziehen, dass dann von den eingesparten Kosten für das Aufziehen der Kinder ein wesentlicher Teil in anderer Weise in die Zukunft investiert wird, um entsprechend Vorsorge zu treffen?

Der Vorschlag einer Generationenbilanz ist ein richtiger Ansatz zukunftsorientierten Denkens. Daraus kann sich ein umfassendes Verständnis des Nachhaltigkeits-Prinzips entwickeln.

Leo A. Nefiodow hat für die USA in seinem Buch »Der sechste Kondratieff« (1999) eine solche Art von Bilanz beschrieben, bei der die positiven und die negativen Seiten der modernen Gesellschaft gegeneinander aufgerechnet werden.

Die Verluste, die die moderne Gesellschaft durch psychische Störungen, Gewalt, Unwissenheit, Kriminalität, Drogen, Umweltzerstörung und andere destruktive Aktivitäten erleidet, beziffert er inzwischen auf 10.000 Milliarden US-Dollar pro Jahr: »Fast ein Drittel des Weltsozialproduktes geht auf fehlgeleitete Energien zurück! Diese Zahl spricht für sich selbst.«

Nefiodow zieht daraus den Schluss, dass durch eine bessere Beherrschung psychischer Phänomene riesige Einsparungen erreicht und jene Ressourcen freigesetzt werden könnten, die für die Entschließung neuer Märkte benötigt werden. Nach seiner Berechnung würden schon fünf Prozent weniger Destruktivität mehrere hundert Milliarden US-Dollar freisetzen und dadurch einen Konjunkturschub auslösen, der Millionen neuer Arbeitsplätze schaffen könnte.

Ohne Zweifel liegen die Probleme unserer Gesellschaft nicht nur bei solchen sozialen Phänomenen. Die Verdrängung der Wechselwirkungen zwischen destruktiven Verhaltensweisen und ihren Folgen für die Volkswirtschaften ist jedoch exemplarisch für die Eindimensionalität, die die Diskussionen in unserer Wohlstandsgesellschaft vielfach prägt.

So ließen sich noch für verschiedene Lebenssituationen und Entwicklungen Beispiele anführen, wie wir die Vorteile der modernen Zivilisation genießen und ihre Kehrseiten und Nachteile aber einfach verdrängen und uns genau dadurch der Einsicht in eine ganzheitliche Betrachtungsweise und in zwingende Schlussfolgerungen verweigern.

Hier liegt eine große Bringschuld aller meinungsbildenden Kräfte, insbesondere der Führenden in Gesellschaft, Wissenschaft, Politik und Publizistik.

Dies ist eine wichtige Voraussetzung für Reformfähigkeit.

Die Auseinandersetzung um Schlüsselbegriffe

Auf Dauer wird erfolgreich sein, wer den Inhalt und die Bedeutung wichtiger Schlüsselbegriffe prägt, die »Deutungshoheit« gewinnt. Sprache prägt das Bewusstsein und die Wertvorstellungen. Diese steuern das Verhalten, auch das Wahlverhalten.

Die Union befindet sich mit ihren grundsätzlichen Positionen in den Diskussionen häufig in der Defensive, weil wichtige Schlüsselbegriffe eher mit »linken« Werten verbunden werden. Die Ursache dafür ist weniger eine linke Einstellung, sondern die Tatsache, dass dieses Verständnis Sicherheit und allgemein akzeptierte Werte vermittelt. Solche Schlüsselbegriffe sind »Vater Staat«, Leistung und Wettbewerb, Gerechtigkeit, Selbstverwirklichung. Für die Parteien der bürgerlichen Mitte stellt sich somit die Frage, ob es ihnen gelingt, diese Begriffe »umzudeuten«, in ihrem Sinne positiv und anziehend zu füllen und zu interpretieren.

Selbstverwirklichung – wie?

Kaum eine Leitvorstellung hat unsere Gesellschaft und unser Land in den vergangenen Jahrzehnten mehr verändert als das vorherrschende Verständnis von Selbstverwirklichung. Darauf ist vor allem das häufig beklagte Ungleichgewicht von Rechten und Pflichten zurückzuführen. Dies ist auch ein wesentlicher Grund für wachsenden Egoismus.

Diese Vorstellung von Selbstverwirklichung ist eng verbunden mit dem Leitbild der Emanzipation: Emanzipation wird vielfach verstanden als Befreiung aus einengenden Bindungen und Verpflichtungen. Dafür gibt es auch viele gute Gründe.

Der sich ausbreitende Sozialstaat, die Durchlässigkeit der Gesellschaft und die wachsende Mobilität haben die Voraussetzungen für diese Art von Selbstverwirklichung geschaffen.

Die jetzt kritisierten Fehlentwicklungen wie soziale Kälte oder Egoismus werden freilich meist anderen Ursachen, etwa der Wirtschaftsordnung, der Wirkung von Wettbewerb und Macht, zugeschrieben. Auf diese Weise erübrigt sich dann Selbstkritik.

Wesentlicher als alle diese Faktoren, einschließlich des wachsenden Materialismus als Ersatzreligion, dürfte aber das Leitbild der Selbstverwirklichung gewesen sein.

Uwe Böschemeyer, ein Schüler des Wiener Psychiaters Viktor Frankl, hat den fatalen Mechanismus egozentrischer Selbstverwirklichung so beschrieben:

»Je häufiger ein Mensch sich selbst im Blick hat, desto häufiger kreist er um sich selbst. Je häufiger er um sich selbst kreist, desto mehr ist er auf sich fixiert. Je mehr er auf sich fixiert ist, desto mehr fixiert er sich auf seine Wünsche und Vorstellungen. Je mehr er sich auf seine Wünsche und Vorstellungen fixiert, desto mehr verengt sich sein ›Wertgesichtsfeld‹ (Frankl). Je mehr sich sein Wertgesichtsfeld verengt, desto weniger Gründe für Sinn findet er. Je weniger Gründe für Sinn er findet, desto mehr leidet er. Je mehr er an sich leidet, desto mehr sieht er auf das, was er nicht ist und was er nicht hat. Je mehr er auf seine Mängel sieht, desto häufiger kreist er um sich. Je mehr er um sich selbst kreist, desto weniger sieht er über sich *hinaus*. Je weniger er über sich hinaussieht, desto mehr verfängt er sich in seinen Bedürfnissen, Wünschen und Vorstellungen. Hier schließt sich der Kreis.«

(Uwe Böschemeyer, »Schule des Lebens«, 2000)

Im Gegenschluss erläutert Böschemeyer, dass durch die selbstkritische Betrachtung des eigenen Versagens eine gesteigerte Urteilsfähigkeit erreicht werden kann. Diese Urteilsfähigkeit ermöglicht eine klarere Differenzierung, welche Schwierigkeiten andere zu verantworten haben und welche man sich selbst zuzuschreiben habe. Durch diese Differenzierung werde es dem

Einzelnen leichter, die Werte zu erkennen und zu verwirklichen, die ihm neue Sinnerfüllung bringen.

Viktor Frankl sieht die Ursachen verbreiteter Lebensangst, von ihm als »existenzielle Frustration« beschrieben, vor allem in einem ausgeprägten Mangel an Eigenverantwortlichkeit und Mitverantwortlichkeit. Man muss diese Analysen nicht teilen. Aber ohne ernsthafte und offene Auseinandersetzung über die Ursachen dieser Entwicklung ist eine umfassende Erneuerung nicht möglich.

Wer Einstellungen und Lebensweisen verändern will, muss sich dieser geistigen Auseinandersetzung stellen.

Die neuen Möglichkeiten des selbstbestimmten Lebens sind, dies möchte ich festhalten, ein humaner Fortschritt. Dieser endet aber dort, wo derartiges Verhalten auf Kosten der Lebensmöglichkeiten und der berechtigten Ansprüche der Mitmenschen und des Gemeinwesens geht.

Wir sollten also nicht gegen »die Selbstverwirklichung« oder die Selbstbestimmung angehen. Es geht darum, den Begriff anders, tiefer und bereichender, zu füllen: Selbstverwirklichung als Entwicklung der eigenen Fähigkeiten, umfassend, in allen Lebensbezügen. Dazu gehört, dass der Mensch auf das »Du« angewiesen ist. Werden dadurch Opfer und Belastung gegen die eigentlichen Interessen des Einzelnen gefordert? Im Einzelfall durchaus, etwa wenn ein Partner krank wird, womöglich lebenslang. Das Leben ist eben, entgegen vieler propagierter Trends, nicht nur Spaß. Die grenzenlose Spaßgesellschaft führt in die Inhumanität, vergisst die Solidarität und die Schwächeren.

Nichts kann einen Menschen mehr zur Entfaltung seiner Fähigkeiten bringen und zum Einsatz motivieren als Freude an einer Aufgabe, in der heutigen Sprache »Spaß und Lust«. Was Pädagogik und Erziehung angeht, ist dies eine uralte Erkenntnis, wenngleich sie deswegen nicht immer beherzigt wurde und wird.

Gegenwärtig schlägt aber wieder das Pendel ins Extreme. Daher ist es unabdingbar, sich mit einem einseitig fixierten Spaß- und Lustprinzip auseinanderzusetzen.

Es wäre verhängnisvoll für die Entwicklung persönlicher Lebensqualität und für die Zukunftsfähigkeit von Gesellschaft und

Staat, wenn das Ausmaß an Spaß und Lust zum allgemein akzeptierten Maßstab für das Verhalten und Engagement jedes Einzelnen würde.

Der Präsident der Max-Plank-Gesellschaft, Hubert Markl, hat dies bei der Festveranstaltung seiner Organisation am 9. Juni 2000 mit Blick auf die Schule so formuliert:

»Bildung heißt nämlich – selbst wenn eine Null-Bock- oder Unendlich-Spaß-Haltung das nicht gerne hören mag – immer auch Anstrengung, wohlgemerkt für erziehende Eltern und Lehrer nicht minder als für erzogene Kinder und Schüler. [...]

Wenn es stimmt, wie jüngst von der Stuttgarter Akademie für Technologiefolgenabschätzung berichtet wurde, dass es den Schülern bei Oberstufen-Leistungskurs- oder Studienfachwahl heute auf nichts so sehr ankommt, wie darauf, ob ihnen der Unterricht oder das Fach besonderen Spaß zu machen verspricht, so ist das gewiss eine Aufforderung an die Lehrer und Professoren, auch schwierige Fächer wie Mathematik, Physik oder Chemie so zu unterrichten, dass Leistungsfreude (was etwas ganz anderes als Spaßunterricht ist!) und nicht Leistungsdruck die Lehr- und Lernprozesse bestimmt. Aber was schwierig ist, bleibt schwierig und muss schwierig bleiben, auch wenn es sehr gut unterrichtet wird, alles andere wäre Betrug an Schülern und Studenten.«

Markl beklagt zu Recht, dass Fleiß und Zuverlässigkeit im Einsatz der eigenen Kräfte sehr wohl und ganz selbstverständlich von Sportlern oder Musikern verlangt werden dürften, die es ohne solche Fähigkeit nicht sehr weit brächten, nicht aber von den künftigen wissenschaftlich-technischen oder administrativen Eliten, ohne die unsere Gesellschaft ihre Produktivität künftig im internationalen Wettbewerb weniger denn je aufrecht erhalten könne. Heranwachsende nach der Pubertät zu fördern, bedeute, gerade auch das von ihnen zu fordern, wozu sie nicht Bequemlichkeit und Neigung von selber trieben.

Eine positive Bedeutung erhält der Begriff Selbstverwirklichung, wenn er verstanden wird als Entwicklung der Fähigkeit des Einzelnen, an sich zu arbeiten, in sozialen Bezügen zu leben und dafür auch Verpflichtungen einzugehen.

Die Fixierung auf den eigenen Nabel und den höchstmöglichen Spaß hinterlässt bei immer mehr Menschen Enttäuschung, Leere und Frustration. Diese Lebenshaltung vermittelt ebenso wenig Sinn für das Leben wie die einseitige Fixierung auf das Geld.

Wer dagegen sein Leben bewusst eigenverantwortlich gestaltet und sich für andere und/oder eine Aufgabe engagiert, wird reich. Reich an Lebensqualität!

Dies ist eine positive Botschaft und erschließt einen neuen Weg zu mehr Lebensqualität. Dieses Verständnis ist auch die Grundlage für das Engagement in der Bürgergesellschaft. Neue Möglichkeiten werden damit aufgezeigt, nicht einseitig neue Belastungen und Opfer. Gleichzeitig wird damit unser Zusammenleben besser, menschlicher. Den Nutzen haben also der Einzelne und die Allgemeinheit.

Die Versuchung von »Vater Staat«

In der liebenswürdigen Formulierung »Vater Staat« steckt die Vorstellung eines fürsorglichen Staates, der sich jedem einzelnen Menschen widmet und deshalb in der Konsequenz überall präsent sein und alles durchdringen muss.

Ein kleines Beispiel: In einer Gemeinde beabsichtigt ein privater Träger ein Seniorenheim zu errichten. »Warum macht dies nicht unsere Gemeinde selbst?«, fragen die Menschen in der CSU-Versammlung. Dahinter steckt, auch in bürgerlichen Kreisen, die Vorstellung, dass es doch eigentlich besser, gerechter, gemeinwohlorientierter sei, wenn die öffentliche Hand solche Aufgaben erledigt. Das Gemeinwohl, so formuliert es ein Repräsentant der katholischen Arbeitnehmerbewegung in einer Diskussion, ist doch am besten gewährleistet, wenn der Staat Aufgaben nicht privatisiert, sondern selbst erfüllt. Bei vielen Kommunalpolitikern mag die Ursache für die Abneigung gegenüber der »Entstaatlichung«, der Privatisierung, im Verlust von Einflussmöglichkeiten und daraus resultierender Macht liegen, für sehr viele ist dies aber auch mit entsprechenden Wertvorstellungen verbunden: Privatisiert wird wegen der Finanznot, das ist unausweichlich, aber keinesfalls zu begrüßen und so lange wie möglich zu vermeiden.

Dies ist auch in Unionskreisen eine weit verbreitete Einstellung, die sich nicht nur auf soziale Einrichtungen beschränkt.

Nach rund fünf Jahrzehnten Sozialer Marktwirtschaft sind die Vorstellungen über die Rolle des Staates auf dem Arbeitsmarkt vielfach abwegig.

Ein hoher Prozentsatz der Befragten weist in demoskopischen Erhebungen die Verantwortung für die Schaffung neuer Arbeitsplätze nicht der Wirtschaft oder den Unternehmern zu, sondern dem Staat. In Wahlkämpfen und politischen Diskussionen werden solche Einschätzungen eher noch verstärkt als relativiert.

Nun genügt es nicht zu sagen, dass wir uns den allzuständigen Staat eben nicht mehr leisten können. Als erster Schritt zur Veränderung ist aufzuzeigen, dass gerade viele aktuelle Probleme mit dem überbordenden, allgegenwärtigen und zunehmend überforderten Staat verbunden sind, zu hohe Steuern etwa, schwerfällige Verfahren, Reglementierung und Bürokratisierung. Allerdings leiden die Menschen weniger darunter, als viele Meinungsmacher glauben. Die Menschen schätzen weithin damit verbundene Sicherheiten mehr als die Dynamik mit ihren ungewissen Wirkungen.

Trotzdem bleibt richtig, dass mit weniger Staat häufig bessere Problemlösungen möglich sind.

Eine neue Aufgabenverteilung zwischen Bürgern und bürgerschaftlichen Initiativen einerseits und dem Staat andererseits ist eine wichtige Voraussetzung für bessere Problemlösungen und mehr Lebensqualität. Dies so zu vermitteln, dass der Nutzen für jeden Einzelnen greifbar und nachvollziehbar dargestellt wird, ist eine zentrale, aber auch ebenso schwierige Aufgabe für die Politik.

Die Grenzen und die teilweise schon negativen Wirkungen unseres heutigen Sozialstaats werden durch folgende Betrachtung offenbar:

Wir geben über den Sozialstaat so viel Geld aus wie noch nie, gleichwohl verzeichnen wir andererseits auch so viele psychisch Kranke, Einsame, verhaltensgestörte Kinder und wachsende Gewaltbereitschaft wie noch nie. Selbst wenn wir nochmals 30 Prozent und mehr für den Sozialstaat ausgeben würden und könnten, würden wir damit eben diese zentralen menschlichen Defizite und Krankheitszeichen unserer Gesellschaft nicht lösen können.

Akzeptanz werden aber auch nur Wege und Lösungen finden, die dem tiefen Sicherheitsbedürfnis entsprechen, das in Umbruchzeiten noch wächst. Weniger Staat bedeutet nicht weniger Lebensqualität und weniger Gerechtigkeit, sondern von beidem mehr.

»Leistung ist wichtig, aber weniger Leistungsanforderung wäre humaner«

Diese Aussage ist mit Blick auf die moderne Arbeitswelt nicht generell falsch. Aber sie ist ebenso wenig generell richtig.

In der schulpolitischen Diskussion herrscht auch in bürgerlichen Kreisen die Einstellung vor, dass die Leistungsanforderung wohl unausweichlich ist, humaner aber eine Schule mit weniger Leistungsanforderung wäre. Dabei wird völlig verkannt, dass wir unsere Fähigkeiten nur entwickeln, wenn wir gefordert werden. Eine dem Einzelnen gerecht werdende Leistungsanforderung ist deshalb zutiefst human.

»Der Mensch erfährt seine Existenz vor allem in aktiver Auseinandersetzung mit der Welt. Arbeit und Leistung des ›homo faber‹ sind Ausdruck des höchst Individuellen, zugleich Motor und Ergebnis freier Persönlichkeitsentwicklung.

Leistung hat zudem eine soziale Dimension, sie ist insofern nie nur Individualleistung, sondern stets auch soziale Leistung – Leistung für andere, für Schwächere und Benachteiligte. Das gilt zumal für Eliten, ohne die kein Gemeinwesen auskommt. Menschen wachsen mit ihrer persönlichen Leistung über sich selbst hinaus, und sie verankern mit jedem neuen Wissen und Können ihr individuelles, konkretes Dasein in Vergangenheit und Gegenwart. Menschen bekommen damit eine Vorahnung davon, dass man mit Wissen und Können sich selbst überschreitet, um mitzuwirken am Ganzen.«

(Schulpolitisches Grundsatzpapier der Konrad-Adenauer-Stiftung, 13. Juni 2000)

Felix von Cube, nach naturwissenschaftlichem Studium als
Professor für Pädagogik an verschiedenen Universitäten tätig
und mit zahlreichen Veröffentlichungen zur Kybernetischen
Pädagogik international beachtet, setzt sich in seinem Buch
»Lust an Leistung« (1998) mit der Bedeutung der Leistung für
die menschliche Entwicklung anhand der Erkenntnisse der
Verhaltensforschung auseinander. Entwicklungsgeschichtlich
sei der Mensch auf Anstrengung programmiert. Nur so konnte
er seine Lebenswelt erobern und gestalten. Kampf um das
Überleben und um die Gestaltung der Lebensbedingungen,
die damit verbundene Anstrengung und die ständige Neu-
gierde auf Neues seien ursprüngliche Verhaltensweisen der
Menschheit.

Ist dies die Erklärung, warum es ausgerechnet in den so genannten Wohlstandsländern überproportional viele Zivilisations-
krankheiten, Gewalt, Drogenkonsum, Arbeitsverdrossenheit
und steigende soziale Konflikte gibt?

Jeder kennt die Erfahrung, dass ein Ergebnis, das Erreichen
eines Ziels als besonders befriedigend empfunden wird, wenn es
mit Anstrengung verbunden war. Was leicht fällt, was ohne Anstrengung erreicht wird, hat wenig Tiefenwirkung und gibt wenig Befriedigung, allenfalls Spaß für den Augenblick. Wir erleben Anstrengungen auch mit Lust, wenn wir Herausforderungen überwinden, Risiken bewältigen, Probleme lösen und
Unsicherheit in Sicherheit verwandeln, Unwissen in Wissen.
Leistungsbereitschaft ist also ein Schlüssel zu einem befriedi-
genden und gelingenden Leben.

Für eine gesellschaftspolitische Kurskorrektur ist es deshalb
wichtig, Leistung positiv zu definieren und verständlich zu machen, warum Leistung zu fordern auch für die menschliche Entwicklung von besonderer Bedeutung ist. Dazu gehört aber auch
untrennbar, dass die Leistungsfähigkeit eines Menschen kein
Maßstab sein darf für seinen Wert. Die Würde des Menschen
und seine Rechte sind unabhängig von seiner Leistungsfähigkeit. Dies muss glaubhaft dokumentiert werden durch die Zuwendung zu den Leistungsschwächeren. Das Engagement für

sie darf nicht geringer sein als das für die Leistungsfähigen, für die potenziellen Eliten.

Und wo Leistungsanforderungen unmenschlich werden, muss dies auch klar ausgedrückt werden. Leistung hat zudem viele Gesichter und darf nicht auf den ökonomisch-technischen Komplex verengt werden.

Wettbewerb, ja, aber ...

Wettbewerb ist notwendig. Leider, denken viele. Humaner wäre schon eine Welt mit weniger Wettbewerb. Nun gibt es dafür gerade in der modernen Entwicklung auch viele Beispiele.

Trotzdem bin ich der Überzeugung, dass die bestmöglichen Problemlösungen für die Menschen, für heute und morgen, nur dort möglich sind, wo ein Wettbewerb der Ideen und Initiativen möglich ist. Dies gilt für soziale Dienstleistungen und medizinische Hilfen genauso wie für viele kulturelle Leistungen und technisch-ökonomische Entwicklungen. Viele Stagnationen im staatlichen und staatsnahen Bereich oder in Monopol-Betrieben haben ja gerade ihre Ursache darin, dass ein Wettbewerb der Ideen auf Grund der Rahmenbedingungen kaum möglich ist oder jedenfalls nicht honoriert wird. Die Kreativität menschlichen Geistes kann sich nicht entfalten.

Diese für die Weiterentwicklung unserer Zivilisation und für eine humane Zukunft grundlegende Erkenntnis muss als positive Botschaft vermittelt werden. Dafür ist eine wesentliche Voraussetzung, dass Wettbewerb einerseits und Regeln andererseits immer in einem Zusammenhang gesehen werden, so wie beim sportlichen Wettbewerb. Die Regeln gehören dazu, weil sonst etwa ein Fußballspiel von Chaos und Fouls geprägt wäre. Es geht nie um den grenzenlosen Wettbewerb, es geht um einen Wettbewerb mit Regeln, die aber so gestaltet sein müssen, dass die Entfaltung der menschlichen Kreativität und des unternehmerischen Geistes gefördert wird. Das Mannschaftsspiel funktioniert für jeden Teilnehmer, den Stärkeren, Spielbestimmenden, und den Schwächeren, nur mit verbindlichen Regeln. Das Niveau der Mannschaft wird von den Stärkeren geprägt, wovon auch die Schwächeren profitieren. Ohne Mannschaftsgeist – Solidarität – können aber auch die Starken nicht erfolgreich sein. Wenn der Wettbewerb zu den besseren Problemlösungen führt, ist er nicht mehr Bedrohung, sondern Chance. Für die Diskussion um den Sozialstaat bedeutet dies, dass die verbreitete einseitige Betrachtung, wonach die einen geben und die anderen empfangen oder nehmen, nicht weiterführt. Wenn der Sozialstaat als Konzept des gegenseitigen Nutzens realisiert wird, erschließt sich diese Dimension. Damit haben wir uns an anderer Stelle noch auseinanderzusetzen.

Gerecht muss es sein.
Welche Gerechtigkeit?

Die Forderung nach Gerechtigkeit ist im Rahmen der Spardiskussionen ständig zu hören und sie ist nicht von vornherein falsch. Meist führt sie jedoch gleichzeitig immer zu einer Verkürzung auf einen Gerechtigkeitsbegriff im Sinne von Verteilungsgerechtigkeit, also gleichmäßiger Be- und Entlastung.

Gerechtigkeit ist ein vielschichtiges Leitziel sozialer und politischer Ordnung. Natürlich müssen Teile des Sozialprodukts zu Gunsten der Schwächeren umverteilt werden. Aber welche Maßstäbe gelten für das Verständnis von sozialer Gerechtigkeit?

Eine Bedürfnisgerechtigkeit, die ein solides Existenzminimum gewährleistet?

Eine Leistungsgerechtigkeit, die auch einen entsprechenden Ertrag für die eigene Anstrengung und das Eigentumsrecht sichert?

Die Gerechtigkeit auch für künftige Generationen?

Eine Beteiligungsgerechtigkeit im Rahmen des freiheitlichen Rechts- und Sozialstaates?

Die Chancengerechtigkeit?

Der Chancengerechtigkeit kommt im Rahmen eines ordnungspolitischen Konzeptes für die Zukunft eine besondere Bedeutung zu. Sie muss den Vorrang vor der Umverteilung genießen, weil sie die Fähigkeiten des Menschen stimuliert.

Die Chancengerechtigkeit ist in einer dynamischen Gesellschaft auch deshalb unverzichtbar, weil in der Dynamik eine

Tendenz zu ungleicher Entwicklung und zu wachsenden Ungleichgewichten liegt, die nur durch die Sicherung einer gleichmäßigen Chancenverteilung unter den Menschen wieder ausgeglichen werden kann.

Wer Zustimmung zu einem gesellschaftspolitischen Konzept der Sozialen Marktwirtschaft und Bürgergesellschaft, das auf Eigenverantwortung und gelebte Solidarität setzt, gewinnen will, muss sich mit diesen Schlüsselbegriffen und ihrer Bedeutung im öffentlichen Bewusstsein auseinandersetzen und versuchen, sie positiv zu besetzen und umzudeuten.

Diese Auseinandersetzung stellt hohe Anforderungen an die Kompetenz, die Argumentationskraft und die Fähigkeit zur Kommunikation.

Schrumpfende Kirchen – Wachsende C-Parteien?

Die mögliche Zukunft christlicher Orientierung in der Politik

Welche Bedeutung und welche Wirkkraft können christliche Positionen angesichts der zunehmenden Säkularisierung unserer Welt haben? Deutschland ist ein Missionsland, sagt man in kircheninternen Diskussionen. Kirchliche Kreise wehren sich aber auch gegen die Formulierung »schrumpfende Kirchen« und verweisen auf ziemlich stabile Mitgliederzahlen sowie auf die zahlenmäßige Größe der beiden christlichen Konfessionen, vergleichen die Zahl der Gottesdienstbesucher mit dem Besuch anderer Veranstaltungen und pflegen damit ihr Selbstbewusstsein. Dies alles ist kaum zu bestreiten, aber ebenso wenig kann ignoriert werden, dass der Einfluss und die Wirkkraft der Kirchen als Institutionen und des Christentums insgesamt in unserer Gesellschaft erheblich zurückgegangen sind. Nicht umsonst befasst man sich in Studientagen vermehrt mit der Zukunft des Glaubens und analysiert einen Prozess der »Verdunstung«.

Die Entwicklung der europäischen Länder und damit auch Deutschlands wurde ganz wesentlich von den christlichen Werten und Traditionen bestimmt. Die christliche Soziallehre hat vor allem in Deutschland nach dem Zweiten Weltkrieg in erheblichem Maße die Konzeption des Sozialstaats beeinflusst. Das nicht zuletzt in den Konkordaten normierte Verhältnis zwischen Staat und Kirche in Deutschland mit weitreichenden Folgen für die Finanzierung der Kirchen und für den Einfluss der beiden großen Konfessionen auf das öffentliche Schul- und Hochschulwesen dürfte Deutschland eine weltweite Sonderrolle zuweisen. Deshalb ist die Auseinandersetzung darüber, welche Bedeutung zukünftig christliche Positionen in der Politik haben werden, nicht nur für Christen von hohem Interesse. In ihrem Grundverständnis allerdings betroffen sind von dieser Diskussion die beiden C-Parteien CDU und CSU.

In den beiden C-Parteien wurden mehrere Quellen zu einem Fluss zusammengeführt: Das christliche, das konservative und das liberale Element. Diese Bündelung bestimmt die Programmatik der beiden Parteien. Sie waren nie und dürfen nie primär konservativ oder primär liberal sein – aber das Christliche ist der prägende Grundtenor ihrer Entwicklung und ihrer Wirkung. Deshalb ist die Klärung über die künftige Bedeutung des »C«, also des Christlichen, in der Programmatik und der praktischen Politik der beiden C-Parteien von elementarer Bedeutung für ihren weiteren Kurs und ihre Zukunft.

»Die Orientierung am Christlichen muss bleiben«, ist in der Union fast überall und manchmal geradezu eilfertig und beschwörend zu hören. Leiser hinzu gesagt oder oft nur gedacht wird aber: »Können in einer zunehmend säkularisierten und entchristlichten Welt C-Parteien auf Dauer erfolgreich sein?« Viele sehen ein Dilemma. Die meisten Mitglieder der Unionsparteien und ihre Führungskreise wollen aus Überzeugung, manche aus Opportunitätsgründen, an der christlichen Grundorientierung festhalten, spüren und sehen aber, dass damit durchaus Schwierigkeiten verbunden sein können.

Die Betonung des »C« bleibt denn auch meist sehr allgemein und fast beschwörend. Hinzugefügt wird: Die Programmatik stimmt und ist zeitgemäß. Belasten wir uns da nicht mit überflüssigen Diskussionen?

Die CSU scheint von der ganzen Diskussion ohnehin unberührt, nicht betroffen.

Dies wäre eine gefährliche Illusion. Auch in der bayerischen Bevölkerung ist der Veränderungsprozess im Gang. Ein gewiss äußerlicher, aber nicht untypischer Vorgang: Bei den Jubiläumsfestveranstaltungen unserer Vereine, den »Bayerischen Festtagen«, ist immer häufiger zu beobachten, dass die Vereine traditionsgemäß beim Zug zum Festgottesdienst im Freien mitmarschieren, eine wachsende Zahl von Teilnehmern aber dann für die Zeit des Gottesdienstes das nächstgelegene Wirtshaus oder das Bierzelt aufsucht. Schon vor Jahren meinte ein Pfarrer einer Landgemeinde: »Früher sind bei uns die aufgefallen, die nicht regelmäßig zum Gottesdienst gingen; heute sind es die, die es regelmäßig tun.«

Die Bindungen bröckeln sichtbar. An diesen Realitäten kann man nicht vorbeigehen.

Um so bemerkenswerter sind Umfrageergebnisse, wonach die Eigenschaft »christlich« als positiv für Parteien bewertet wurde:

In Westdeutschland
1986	positiv	37 %	negativ	17 %
1996	positiv	48 %	negativ	19 %
1998	positiv	48 %	negativ	11 %.

In Ostdeutschland
| 1996 | positiv | 38 % | negativ | 23 % |
| 1998 | positiv | 40 % | negativ | 16 %. |

(Quelle: Renate Köcher, Allensbach, Januar 1999)

Es stellt sich die Frage nach den programmatischen und praktischen Konsequenzen in der Politik.

Der Kern der christlichen Botschaft ist zeitlos gültig. Diese Botschaft hat aber viele zeitbedingte Ausdrucksformen und kann ihre Wirkkraft nur entfalten, wenn sie von den Menschen in ihrer konkreten Lebenssituation, bei den Aufgaben der jeweiligen Zeit, als hilfreich empfunden wird.

Die beiden C-Parteien werden mit einer intensiven und sehr ernsthaften Diskussion konfrontiert werden,

- welche Bedeutung die christliche Grundorientierung für die Aufgaben und Problemlösungen unserer Zeit hat,
- bei welchen konkreten Themen und in welcher Sprache dies vermittelt werden kann.

Die Botschaft des Christlichen in der Parteiprogrammatik und im Handeln darf nicht vermengt werden mit Kirchenbindung oder gar Kirchenpolitik. Dies bedeutet nicht Distanz zu den christlichen Kirchen, aber Eigenständigkeit. Eine völlige Identifikation der C-Parteien mit den Kirchen wäre auch nicht mehrheitsfähig in einer säkularen Welt.

Vor allem zwei Entwicklungen in den christlichen Kirchen sind zu bedenken: Zum einen ist eine wachsende Vielfalt der Ausdrucks- und Lebensformen der Christen, spiegelbildlich zur zunehmenden Vielfalt und Ausdifferenzierung der Gesellschaft zu beobachten. Dies geht bis hin zur Gruppenbildung in den Kirchen mit manchmal sehr verhärteten Fronten. Christliche Politik kann sich dabei nicht einseitig etwa an den konservativen Kräften in der katholischen Kirche oder an Christen mit deutlicher Distanz zu ihrer Kirche orientieren. Vielmehr muss sie den verschiedenen Gruppen eine Identifikation in den grundsätzlichen Positionen erlauben. Da Politik nicht Theologie oder Glaubenswahrheiten zu verkünden hat, ist dies prinzipiell auch möglich.

Zum anderen wird die kirchliche Verkündigung häufig zu sehr nur als belehrende oder gar drohende Moralinstanz erlebt. Moralische Instanzen sind für die Menschen und die Gesellschaft unverzichtbar. Das Christliche in der Politik braucht klare Positionen, an denen sich die Menschen auch reiben. Wenn die Vermittlung von Glauben, christliche Verkündigung oder die Formulierung christlicher Positionen in der Politik jedoch primär als moralische Belehrung empfunden werden, bedeutet dies eine dramatische Verkürzung christlicher Botschaft mit verhängnisvollen Folgen für die Substanz und die Bedeutung des Christlichen in der Politik.

Trotz des Rückgangs der Kirchenbindung oder des regelmäßigen Gottesdienstbesuches ist gleichzeitig ein wachsendes Interesse an Wertfragen und eine zunehmende Suche nach Sinn und Orientierung zu beobachten.

»Es gibt in westlichen Gesellschaften nicht nur die Abwendung von der Kirche, das Erlöschen religiöser Überlieferungen, es gibt auch breite Strömungen von Sinnsuche, Glaubenssuche. Es gibt das Verlangen nach einer neuen, die alten Formen überholenden Religion. Man will religiös sein ohne Kirche. Das religiöse Spektrum zeigt hier eine erstaunliche Vielfalt, freilich auch Züge der Beliebigkeit. [...]

Es gibt eine diffuse Stimmungslage, die sich nach allen Seiten ausbreitet. Sehnsucht nach dem Einfachen, Kraftvollen, Verpflichtenden; so könnte man sie umschreiben. Sie kontrastiert in auffälliger Weise mit der postmodernen Tendenz der Beliebigkeit. Je mehr Weltanschauungen, Denkformen, Religionen in der heutigen Welt verschmelzen, desto mehr gewinnt die Gegenströmung an Boden: Jenes Beharren auf Besonderung, auf unvermischte Identität und Ursprünglichkeit, auf unwandelbaren Formen, auf einer Klarheit und Wörtlichkeit, an der nicht gerüttelt und gedeutet werden kann. Beide Tendenzen, so widersprüchlich sie sind, gehören zum Bild einer an sich zweifelnden, unsicher gewordenen Moderne: Je mehr die Inhalte ins Schwanken geraten und sich in Interpretationen und Perspektiven auflösen, desto mehr klammert man sich an – vermeintlich rettende – Formen und Formeln.«

(Hans Maier, Vortrag »Welt ohne Christentum –
was wäre anders?« bei der Katholischen Akademie
in Bayern am 19. November 1999)

Die Unionsparteien haben keinen Monopolanspruch auf die Interpretation des Christlichen im öffentlichen Leben. Natürlich gibt es bewusste Christen auch in anderen politischen Parteien.

Die C-Parteien sind allerdings die einzige politische Gruppierung, die sich in ihrer Programmatik und Identität an diesen Werten zu orientieren versucht.

Ich möchte jedoch festhalten, dass ich eine Entwicklung wie in den USA für verhängnisvoll halte, wo die Religion für politische Auseinandersetzung instrumentalisiert wird und die religiösen Rechten aus geradezu fanatischen und in toleranten religiösen Gruppierungen zunehmend an unheilvollem Einfluss auf die Politik gewinnen.

Die Unionsparteien sind in ihrem gesellschaftspolitischen Konzept, insbesondere in ihrem Sozialstaatskonzept, aber auch im ganzen ordnungspolitischen Denken stark von den Ideen christlicher Soziallehre, evangelischer Sozialethik und anderen grundlegenden Orientierungen des Christentums geleitet worden. Für alle Parteien gilt übrigens, dass sie aus sich selbst heraus, da auf das Tagesgeschäft stark fixiert, relativ wenig schöpferisch und innovativ sind. Sie leben vom jeweiligen geistigen und gesellschaftlichen Vorfeld. Ihre Innovationskraft zeigt sich an der Fähigkeit, die dort entwickelten Konzepte aufzunehmen und in Politik umzusetzen.

Die Unionsparteien können heute aus diesen Quellen kaum mehr schöpfen, nicht wegen unüberbrückbarer Distanz, sondern weil etwa im Hinblick auf eine moderne Sozialstaatskonzeption in der Zeit der Wissensgesellschaft, veränderter Sozialstrukturen und der Globalisierung von Seiten christlicher Gruppierungen und Verbände wenig neue konzeptionelle Arbeit geleistet wird. Diese haben selbst erhebliche Schwierigkeiten, sich mit der erforderlichen Flexibilität und Offenheit mit den neuen Anforderungen der digitalen Revolution auseinander zu setzen. Folglich fehlt den beiden C-Parteien auch der Impuls aus diesen Gruppierungen, was durch eigene Programmarbeit nicht kompensiert werden kann.

Der Staat muss weltanschaulich neutral sein, vor allem indem er Religionsfreiheit garantiert. Deshalb ist die Trennung von Kirche und Staat eine der Grundvoraussetzungen für eine freie und humane Gesellschaft. Überall dort, wo Religion und Staat deckungsgleich sind und es eine offizielle Staatsreligion gibt, werden Minderheiten unterdrückt, sind Intoleranz und Verletzung der Menschenrechte an der Tagesordnung.

Dies ist für uns in Deutschland mittlerweile eine selbstverständliche Grundposition, trotz der bereits eingangs erwähnten Partnerschaft von Kirche und Staat auf Grund vertraglicher Vereinbarungen in den Konkordaten.

Diese Partnerschaft jedoch wird in den nächsten Jahren zur Diskussion gestellt werden, von einflussreichen Kreisen in der katholischen Kirche ebenso wie von atheistischen Gegnern dieser Zusammenarbeit.

Durch diese Auseinandersetzung wird das Grundverständnis der Unionsparteien berührt. Sie werden schon bald gefordert sein, qualitativ überzeugend zu argumentieren und auch für Nichtchristen den Sinn dieser Partnerschaft und die Bedeutung der Religion für die Gesellschaft verständlich darzustellen.

Deutschland befindet sich in einem neuen Säkularisierungsschub. Die Folge ist nicht eine verbreitete anti-christliche Haltung, sondern wachsende Gleichgültigkeit. Im Ergebnis werden alle Religionen, Sekten und Ersatzreligionen immer mehr als gleichwertig betrachtet. Eine besondere Stellung der christlichen Religion wird dann schon als Ausdruck von Intoleranz verstanden.

Aufgabe der Christen ist es, überzeugend und werbend zu argumentieren. Am besten beginnen sie damit selbst, um nicht aus einer Verteidigungsstellung heraus die Rechtfertigungsrolle übernehmen zu müssen.

Zunächst aber stehen die C-Parteien und die Christen in Deutschland selbst vor der Herausforderung, die eigene Position zur Bedeutung der christlichen Religion für Gesellschaft und Staat zu bestimmen, um dann auch in der Auseinandersetzung mit Nichtchristen überzeugend wirken zu können. Dabei darf es nicht um das Verteidigen von Besitzständen oder um Kirchenpolitik gehen; es geht um das Gemeinwohl. Die Christen müssen sich dann auch offen und konstruktiv, ganz im Sinne des Dialogs der Weltreligionen, mit dem Zusammenleben und den Möglichkeiten und Grenzen der Zusammenarbeit mit dem Islam und anderen Religionen auseinandersetzen. Für die C-Parteien stellt

sich schon jetzt die Frage, ob sie Muslime als Mitglieder aufneh-
men können, wenn diese unsere Gesellschaftsordnung und die
Ziele der Union unterstützen. Ich bin der Meinung, dass eine
Öffnung für Muslime möglich ist, wenn diese die christliche
Kultur als Leitkultur für die Gestaltung unserer Gesellschaft
und die Trennung von Religion und Staat anerkennen. Schließlich verkünden die C-Parteien keine Glaubenswahrheiten.

Noch deutlicher wird die Schwierigkeit christlicher Positio-
nierung bei der Frage, ob die Türkei in die Europäische Union
aufgenommen werden soll. Hier wird von manchen schon fast
aggressiv gegen den Anspruch christlich-abendländischer Wertetradition argumentiert und eine allgemeine, indifferente Öffnung für alle propagiert, ohne sich mit den damit verbundenen
Problemen auseinanderzusetzen. Man ist ganz einfach »tole-
rant«. Von der Fähigkeit zum Dialog unter Wahrung und Vertretung der eigenen Werte und Identität ist man weit entfernt. Damit kann man im Übrigen auch nicht die Achtung von Menschen
mit anderen Werteüberzeugungen gewinnen.

Ein zentrales Feld der Umsetzung des Christlichen in der
Politik ist die Verantwortung gegenüber der Schöpfung. Die
praktischen Konsequenzen sind verbunden mit dem jeweiligen
Schöpfungsverständnis. Traditionell bezieht sich dieses bislang
weitgehend nur auf den Schutz der natürlichen Umwelt.

Schöpfung ist aber weit mehr.

In der Schöpfung sind all die Entwicklungsmöglichkeiten angelegt, die die moderne Wissenschaft ständig neu entdeckt und
die wir zunächst häufig nur als Bedrohung empfinden.

Gerade auch bei den Christen gibt es Gruppen, deren Schöpfungsverständnis nicht dynamisch, sondern statisch angelegt und
von Angst geprägt ist. Die Kultivierung der Angst und die Kombination von Angst und Moral sind gerade in christlichen Gruppen nicht selten verbreitet.

Die Christen stehen gegenwärtig den Entwicklungen und
Möglichkeiten der modernen Welt eher ängstlich-defensiv gegenüber. Dies ist vielleicht einer der entscheidenden Gründe,
warum sie gegenwärtig so wenig prägende Kraft entfalten.

Ein anderer Teil der Christen verhält sich gespalten: pragmatisch-technokratisch in Beruf und Politik, konservativ-emotional im privaten Leben und in der Religion.

Die in der Schöpfung vorhandenen weiteren Entwicklungsmöglichkeiten zu entdecken, damit verantwortungsvoll umzugehen und so am weiteren Prozess der Schöpfung mitzuwirken, ist christlicher Auftrag. Die Aufgabe lautet Schützen und Gestalten, nicht ängstliches Verweigern.

Es steht uns nicht zu, Entwicklungsmöglichkeiten der Schöpfung von vornherein zu verneinen und zu blockieren. »Prüfet alles und behaltet das Gute«, steht schon in der Bibel. In diesem Sinne ist es beispielsweise Hochmut, jetzt eine Entscheidung über einen endgültigen Verzicht auf die Kernenergie als Energiequelle treffen zu wollen. Niemandem steht eine solche Vorwegnahme von Zukunftsmöglichkeiten zu. Und christlich ist eine solche Haltung – trotz vielfältigen Engagements von Angst geprägter Christen bei solchen Themen – auch nicht.

Gerade die Weltoffenheit des Christentums erfordert auch die Bereitschaft zur abwägenden Vernunft und zur prinzipiellen Offenheit für Veränderung und Weiterentwicklung.

Das Christliche in Gesellschaft und Politik kann auf Dauer nur Wirkung erhalten, wenn es genügend Christen gibt, die sich im öffentlichen Leben engagieren .

Die Christen und die Funktions- und Amtsträger der Kirchen können diese Aufgabe nicht einfach an die C-Parteien oder christliche Politiker in anderen Parteien delegieren. Außerdem werden die C-Parteien mittelfristig nicht mehr C-Parteien sein, wenn sich die engagierten Christen nicht in die Mühsal des öffentlichen Lebens und der öffentlichen Auseinandersetzung begeben.

Resolutionen aus dem eigenen heimeligen Gesinnungskreis an die »da draußen in der Welt« bewirken nichts. Was sollen Nichtchristen damit anfangen, wenn sie selbst in ihrem Leben zu diesen Gedanken und Positionen kaum Zugang finden?

Nicht zu verkennen ist schließlich, dass von 669 Bundestagsabgeordneten der aktuellen Legislaturperiode nur noch 412 explizit die Zugehörigkeit zu einer christlichen Kirche im Bundestagshandbuch angeben.

Eine besondere Aufgabe christlicher Verkündigung und kirchlicher Amtsträger ist die Ermutigung der Christen für ihren Weltdienst.

Nicht die Pflege von Idealismus und Kritik an der Welt und der Politik bewirken etwas, sondern nur das Engagement in der realen Welt, in der Politik mit den Risiken der Verletzung, des Versagens, des Kompromisses, aber auch den Chancen der Meinungsbildung und der Gestaltung.

Heute erleben Christen im öffentlichen Leben die Repräsentanten der Kirchen weit häufiger als Kritiker denn als Ermutiger.

Die Wirkkraft des Christentums wird letztlich natürlich von den christlichen Kirchen, der Strahl- und Anziehungskraft ihrer Verkündigung abhängen. Die C-Parteien können nicht Kirchenersatz sein, nicht die Rolle schwächer werdender Volkskirchen übernehmen. Sie haben andererseits durchaus eine eigenständige Rolle in der Interpretation des Christlichen in der Politik. Dies zeigt auch ein Blick in die Gründungsgeschichte. CSU und CDU waren die erste große ökumenische Bewegung, und dies zu einer Zeit, als das Verhältnis der beiden großen christlichen Kirchen zueinander sehr viel mehr von Spannungen, Abgrenzung und Rivalität geprägt war als von Zusammenarbeit.

Die C-Parteien stehen vor der Aufgabe, in eigener Initiative die für die heutige Zeit zutreffende Interpretation des Christlichen im Parteiprogramm und in der konkreten Politik klar zu formulieren und zu interpretieren sowie intern und öffentlich zu kommunizieren. Dem sollte ein Glaubensverständnis zu Grunde liegen, das nicht ängstlich fixiert ist auf die Frage: »Habe ich ein Gebot verletzt?«, sondern mehr fragt: »Habe ich den mir möglichen Beitrag zu einer besseren Welt, zu einem besseren Zusammenleben, zur Evolution der Schöpfung eingebracht?«.

Ein solches dienendes christliches Engagement braucht die moderne Welt. Ich bin davon überzeugt, dass es die Zustimmung einer großen Mehrheit findet.

Dafür sind hohe Sachkompetenz und ein waches Gewissen erforderlich. Die neuen Möglichkeiten führen auch zu neuen Gefährdungen. Mit der Entwicklung in der Gentechnologie wandelt sich etwa die Rolle des Menschen vom Teil der Evolution zum Mitgestalter. Christen dürfen davon ausgehen, dass diese Entwicklung durchaus im Schöpfungswillen Gottes liegt. Derartiges Mitgestalten kann aber nur gut gehen, wenn es sich an göttlichen Gesetzen orientiert. Die Erfurcht vor dem Lebendigen, der Schutz der Menschenwürde, eine ausgeprägte Verantwortung für den Wert der ganzen Schöpfung, auch des scheinbar Unnützen, sind dafür unabdingbare Voraussetzungen. Gerade weil es im Weltverständnis anderer Religionen diese Sicht nicht gibt, kommt den Christen eine besondere Verantwortung, aber auch eine besondere Gestaltungskraft zu.

Ist dies nicht eine faszinierende Perspektive und Möglichkeit? Ein für alle Menschen bedeutsamer Beitrag?

Fortschritt wurde in den vergangenen Jahrzehnten gewissermaßen zur säkularisierten Form christlicher Hoffnung. Angesichts atemberaubender neuer Möglichkeiten des Menschen sind christliche Wertvorstellungen ein unersetzlicher Beitrag für die künftige Gestaltung des Fortschritts.

Der christliche Glaube ist aber nicht einfach moralische Handlungsanleitung. Das Christentum hat eine Ethik, ist aber mehr als Ethik.

Die Kirche ist auch nicht Ordnungsmacht, womöglich konservierend und im Dienste des Status Quo, sie ist Vermittlerin göttlicher Botschaft.

Das christliche Menschenbild –
Fundament einer humanen Zukunft

Wir befinden uns in einer Zeit des Umbruchs. Entwicklungen in der modernen Forschung, insbesondere in der Gentechnik und Biotechnologie, oder auch gesellschaftliche Konflikte wie etwa die wachsende Gewaltbereitschaft werfen immer dringlicher die

Frage nach dem der Politik zu Grunde liegenden Menschenbild auf. Aus der christlich-abendländischen Wertetradition mit den vielfältigen Einflüssen, so etwa aus dem Humanismus und der Aufklärung, hat sich ein Menschenbild entwickelt, das in den vergangenen Jahrzehnten zum Maßstab für politische Entscheidungen wurde. Es ist über persönliche Glaubensentscheidungen und die Zugehörigkeit zu christlichen Konfessionen hinaus ein gemeinsames europäisches Erbe der Werteentwicklung und eine unverzichtbare Orientierung für die Gestaltung unseres Zusammenlebens und unserer Zukunft, gerade in dieser Phase der Unsicherheit und des Umbruches.

Ich möchte – ohne Anspruch auf Vollständigkeit – einige Merkmale dieses christlichen Menschenbildes nennen:

1. Alle Menschen haben die gleiche Würde und die gleichen Rechte unabhängig etwa von ihrer Leistungsfähigkeit, von Rasse, Gesundheit oder Krankheit, Behinderung, Alter und ähnlichen Kriterien.

   Diese Position war und ist zu allen Zeiten ein anspruchsvoller Maßstab.

   Gerade durch die Entwicklungen in der Wissenschaft kommt im Jahr 2000 eine neue große Herausforderung hinzu. Die Molekular-Biologie entdeckt derzeit die genetische Grundlage vieler Geisteskrankheiten, von Stimmungen, Verhaltensweisen und Persönlichkeitsmerkmalen. Dies führt schon jetzt zu einem Trend einer biologisch geprägten Bewertung der Menschen. Die wissenschaftlichen Vertreter dieser Sichtweise sind davon überzeugt, dass die Persönlichkeitsstrukturen zum großen Teil genetisch vorherbestimmt sind und durch die Umwelt oder das eigene Verhalten nur mehr geringfügig verändert werden.

   Diese neue Betonung des Angeborenen gegenüber dem Erworbenen hat weitreichende Konsequenzen. Schon interessieren sich in Amerika offensichtlich Arbeitgeber für die genetische Disposition ihrer Mitarbeiter, um danach zu selektieren und die Ergebnisse in die Bewertung bei Einstellungen und Förderprogrammen einzubeziehen.

Hier stehen schwierige Auseinandersetzungen bevor, die fundiert geführt werden müssen.

2. Der Mensch braucht die Orientierung und Rückbindung auf eine »Höhere Instanz«, im christlichen Verständnis auf Gott.

3. Jeder Mensch ist für seine Lebensgestaltung in erster Linie selbst verantwortlich. Der Mensch als geistiges Wesen hat grundsätzlich die Fähigkeit, auf seine jeweilige Situation mit ihren Begrenzungen eine eigenständige Antwort zu geben. Er ist nicht einfach nur Produkt der Vererbung oder der Umweltbedingungen. Aus dieser Sicht kommt dem Vorrang der Eigenverantwortung eine gesteigerte Bedeutung zu.

4. Für Christen ist Nächstenliebe die zentrale Botschaft des Glaubens. Für alle gilt: Der Mensch ist auf das DU angewiesen, er ist ein Gemeinschaftswesen. Deshalb benötigt jeder Mensch Solidarität und ist zur Solidarität verpflichtet.

5. Der Mensch braucht für ein gelingendes Leben Aufgaben und Ziele, die über seine eigenen Interessen hinaus gehen. Sinn für sein Leben findet der Mensch vor allem auch in der Hinwendung zu anderen Menschen und zu Aufgaben. Darin liegen besondere Chancen auch zur Entfaltung seiner Persönlichkeit und zur Bereicherung seines Lebens.

6. Menschliches Leben ist begrenzt. Leiden und Schmerz sind Teil menschlichen Lebens. Dies ist eine zunehmend wichtige Orientierung in der Auseinandersetzung um die Möglichkeiten und Grenzen möglicher Eingriffe in das Leben, etwa bei der pränatalen Medizin und der Sterbehilfe.
Ein besonderes wichtiges Aufgabenfeld entwickelt sich durch die schwierigen Grenzsituationen in der Medizin, zumal sich der früher mehr auf die Technik fixierte Machbarkeits- und Fortschrittsglaube anscheinend zur Biologie verlagert. Fortpflanzungsmedizin, verbrauchende Embryonenforschung und Genomforschung seien dafür beispielhaft genannt.
Holger Wormer hat in der »Süddeutschen Zeitung« vom 27. Mai 2000 die Gefahren beschrieben:
»Schon die Hoffnung der Ärzte, die Auswahl von Embryonen per PID ließe sich in Deutschland pro Jahr auf hundert

Fälle schwerer Erbkrankheiten beschränken, ist naiv. Die Methode hat ihre Erweiterung bereits eingebaut: Mit der Entschlüsselung des menschlichen Genoms ergeben sich zwangsläufig neue Anwendungsmöglichkeiten. Eine vernünftige Argumentation, für welche Krankheiten das Verfahren zulässig sein soll, wird kaum mehr möglich sein. Dann aber wird die Allgemeinheit diejenigen anders betrachten, die mit einer solchen Krankheit schon leben. [...]
Auch in der Machbarkeitsgesellschaft des 21. Jahrhunderts darf nicht alles machbar sein. Es wird Schicksale geben müssen, die als Schicksal zu akzeptieren sind. Äußerliche Vollkommenheit ist ein hybrides Ideal. Zu jedem Leben gehören kleine Unzulänglichkeiten ebenso wie Krankheiten oder Behinderungen. Das größte Leid vieler Behinderter besteht nach eigenem Bekunden darin, dass sie in der Diskussion um genetische Tests immer wieder verfolgen müssen, dass sie angeblich ›leiden‹ oder ein Leben führen müssen, das es möglichst zu verhindern gelte. Und ist ungewollte Kinderlosigkeit wirklich eine Krankheit im eigentlichen Sinne? Vielleicht wäre manches Paar glücklicher geworden, wenn es die Kinderlosigkeit als Schicksal akzeptiert hätte, als sich jahrelangen Behandlungstorturen auszusetzen.«

7. Die sogenannte »Goldene Regel« (»Alles nun, was ihr wollt, dass euch die Leute tun sollen, das tut ihnen auch!«, Matth. 7,12) ist eine Grundlage für das Zusammenleben von Menschen unterschiedlicher Kulturen, Religionen und damit unterschiedlicher Wertvorstellungen.

8. Gewissensfreiheit und Religionsfreiheit, gelebte Toleranz, sind Grundlagen einer humanen Welt. In keiner anderen Religion kommt dies so eindeutig zum Ausdruck.

9. Das christliche Menschenbild ist die Grundlage einer »Politik für den Schutz des Lebens«.

10. Das Tröstliche am christlichen Menschenbild ist schließlich, dass der Mensch nicht die letzte Instanz ist, seine Grenzen und seine Fehlerhaftigkeit voll akzeptiert werden, die Zu-

wendung seines Gottes nicht von seiner »religiösen Leistung« abhängt.

Die Einstellung zum Glauben ist eine persönliche Entscheidung, die immer zu respektieren ist. Die einer Religion zu Grunde liegende Wertorientierung ist demgegenüber eine öffentliche Aufgabe, da sie für die Sinnstiftung und die Orientierung der Gesellschaft unverzichtbar ist. Deshalb müssen Staat und Politik ihre freie Entwicklung und Entfaltung gewährleisten.

Islam in Deutschland – Perspektiven und Konsequenzen

Die Wertorientierung und das Strukturprinzip der Aktiven Bürgergesellschaft haben ihre Grundlage im Christentum.

Wie verträgt sich ein solches, allgemeine Gültigkeit anstrebendes gesellschaftspolitisches Konzept mit den Wertvorstellungen anderer Religionsgemeinschaften in Deutschland?

Diese Frage stellt sich vor allem mit Blick auf die drittgrößte Religionsgemeinschaft, den Islam. In nicht wenigen Orten oder Stadtteilen gehört eine starke Minderheit dieser Glaubensgemeinschaft an, manche Stadtteile sind sogar davon geprägt.

Die Aktive Bürgergesellschaft verlangt kein religiöses Bekenntnis, mischt sich in das Privatleben nicht ein. Jeder kann »nach seiner Fasson selig werden«. Basis dieser Bürgergesellschaft sind die für die Religionsgemeinschaften, den Staat und die Bürger maßgeblichen gesetzlichen Grundlagen.

Unser Staatswesen basiert auf der christlich-abendländischen Wertetradition. Aus diesen Wertvorstellungen entwickelten sich die verbindlichen Regeln des Zusammenlebens. Wir müssen von den Muslimen in Deutschland erwarten, ja verlangen, dass sie die Rechtsordnung unseres Staates respektieren, sich diese auch aktiv zu eigen machen und zu diesem Staatswesen ja sagen, wenn sie Staatsbürger unseres Landes werden wollen. Dazu gehört die Bereitschaft zur Integration.

Bassam Tibi, bekennender Moslem, deutscher Staatsbürger und als Professor an der Universität in Göttingen und in Harvard tätig, fordert mit viel Engagement die Entwicklung eines »Euro-Islam«, der eine solche Integration erlaubt. Er hat die Voraussetzungen der Integration sehr deutlich formuliert:

»Menschen aus unterschiedlichen Kulturen können ihre kulturelle Vielfalt pflegen und dennoch friedlich miteinander leben; im öffentlichen Leben müssen sie aber verbindliche Werte einer Zivilgesellschaft, die von allen geteilt werden, aus tiefstem Herzen bejahen und in ihrem Leben praktizieren. [...] Demokratische Integration und kulturelle Assimilation sind zweierlei, ebenso wie auch kulturelle Vielfalt und Multikultur zweierlei ist. Es geht um die Anerkennung einer Leitkultur als Quelle einer verbindlichen Werte-Orientierung! [...] Zum inneren Frieden einer Gesellschaft gehört die Akzeptanz einer Leitkultur, die Orientierung für ein demokratisches Gemeinwesen bietet, dessen Angehörige unabhängig von ihrer Herkunft und Religion säkulare Normen und Werte als Voraussetzung für den inneren Frieden teilen. Gesellschaften, die Menschen aus unterschiedlichen Kulturen beherbergen, benötigen mehr als andere eine Leitkultur.« *(Bassam Tibi, »Europa ohne Identität?«, 1998)*

Dem widersprechen Zielsetzungen vieler türkischer Gemeinschaften, die vom Geist der Islamisten geprägt sind. Sie wollen bewusst eine moslemische Parallelgesellschaft, sie wollen sich nicht in die westliche Gesellschaft einbinden lassen, sondern eine eigenständige Gruppe bleiben, die nach den Regeln des Propheten lebt, so wie sie diese Regeln verstehen und interpretieren.

In einer solchen Situation sind Konflikte programmiert, mit dem Staat und im Zusammenleben mit den Mitmenschen.

Aktive Bürgergesellschaft bedeutet aber mehr als nur die Respektierung der Regeln des Staates. Ihr Ziel ist die aktive Beteiligung, die innere Anerkennung von Wertvorstellungen. Sie ist dabei von Toleranz und Offenheit geleitet. Es entspricht ihren Prinzipien, auf die muslimischen Mitbürger zuzugehen, ihnen Mitwirkung auf der Basis dieser Wertvorstellungen zu eröffnen.

Dafür muss häufig auch bei den Deutschen eine Hemmschwelle überwunden werden. Dieses Zugehen muss erfolgen in Kenntnis einer sehr komplexen, für uns oft nur schwer verstehbaren Vielfalt, vieler Widersprüche und Konflikte im Islam. Es ist manchmal sehr schwer zu erkennen, mit welcher Strömung im Islam, mit welchen Wertvorstellungen man es zu tun hat.

Diese komplexe Situation, die gebotene Vorsicht, darf uns jedoch nicht dazu verleiten, den Dialog zu verweigern.

Voraussetzungen für einen Dialog sind Respekt voreinander und eine rechtverstandene Toleranz.

Die Bereitschaft und die Fähigkeit zur Toleranz setzen die Achtung seiner selbst voraus. Erst auf dieser Grundlage ist Toleranz gegenüber Anderen und Anderem möglich. Die Verleugnung eigener Überzeugungen, eine nebulöse sowohl-als-auch-Haltung ist keine Grundlage für Toleranz und führt ganz sicher nicht zum Respekt beim Gesprächspartner.

Zu den gegenwärtig besonders aktuellen Aufgabenfeldern gehört die Entscheidung über die Unterrichtung muslimischer Kinder über ihren Glauben in unseren Schulen. Die Probleme sind vielfältig. Im Islam gibt es nicht die Struktur einer verfassten Kirche, die der Partner des Staates sein könnte wie bei den christlichen Konfessionen. Es gibt keine Glaubens- und Lehrinstanz, die für alle den Inhalt des Glaubens und den Inhalt einer solchen religiösen Unterweisung oder eines islamischen Religionsunterrichts definieren könnte. Wir müssen daran interessiert sein, dass es zu einem solchen Angebot kommt, das den Zielsetzungen und Maßstäben unseres Grundgesetzes entspricht, damit es eine Alternative zu den unkontrollierbaren Koranschulen mit häufig grundgesetzwidrigen Einflüssen von Islamisten gibt. Die innere Situation im Islam macht es jedoch sehr schwierig, die Voraussetzungen für die Bestimmung der Inhalte, für die Ausbildung entsprechender Lehrkräfte und für die Organisation eines solchen Angebotes zu schaffen. Hier wird noch viel Geduld in der Zusammenarbeit aufzubringen sein. Die Aufgaben können aber keinesfalls dadurch gelöst werden, dass Deutsche oder Europäer einfach definieren, was nun aus ihrer Sicht der richtige Inhalt solcher Unterweisung ist. Das Ergebnis einer solchen Vorgehensweise ist, dass die Eltern dieser Kinder das Angebot nicht akzeptieren. Es bleibt dann ohne Wirkung. Die bestehenden objektiven Schwierigkeiten dürfen nicht einfach mit einem Akt des guten Willens überspielt werden. Viele Gruppierungen im Islam erkennen beispielsweise nicht das Grundrecht auf Glaubensfreiheit an. Es ist nicht absehbar, dass die Voraussetzungen für die Anerkennung als eine öffentlich-rechtliche Körperschaft, wie bei den christlichen Konfessionen, in nächster Zeit erreicht werden könnten. Bassam Tibi warnt vor der Gewährung von besonderen Minderheitenrechten für kulturelle und religiös definierte Gruppen, zumal wenn sich diese faktisch gegen die Bereitschaft zur Integration auswirkt:

»Ich empfehle die politische Integration muslimischer Migranten im Sinne der Gewährung von Bürgerrechten und -pflichten, wie die Forderung nach ihrer Loyalität gegenüber dem jeweiligen Gemeinwesen, in deren Obhut sie sich begeben haben. Das bedeutet konkret, die Akzeptanz aller europäischen Gesetze und vor allem der säkularen Verfassungen, die die Religion von der Politik trennen, von den Migranten zu verlangen. Diese Loyalität setzt jedoch zuvor eine Reform des islamischen Konzepts von der Legitimität des Imam/Herrschers voraus: Kulturelle Reformen würden es einem muslimischen Migranten ermöglichen, unter der Regierung eines nicht muslimischen Imam zu leben.«

(Bassam Tibi, in der »Frankfurter Allgemeinen Zeitung« vom 16. September 1997)

Die weiteren Entwicklungsmöglichkeiten werden entscheidend davon abhängen, ob sich ein »Euro-Islam« entwickeln kann, wie ihn Bassam Tibi vorschlägt und fordert. Dies wäre ein Islam, der sich mit den Errungenschaften der Aufklärung und der freiheitlichen Gesellschaft und Staatsordnung versöhnt, sich in diese integriert. Im Sinne der Aktiven Bürgergesellschaft gilt aber auch eine andere Forderung von Bassam Tibi:

»Es geht darum, dass Europäer, besonders die Deutschen unter ihnen, lernen, den Begriff des Bürgers von seinem ethnischen Gehalt zu lösen, so dass Migranten zu Einheimischen werden können.«

Nadeem Elyas, Vorsitzender des Zentralrats der Muslime in Deutschland sagt dazu in einem Gespräch mit der Herder-Korrespondenz (5/99):

»Die Muslime in Deutschland wie in den anderen Ländern Europas wollen und müssen einen Islam entwickeln, der den europäischen Gegebenheiten angepasst ist. Darin liegt kein Widerspruch zu den Grundprinzipien des Islam.

[...] Der Islam erlaubt den Muslimen, als Minderheit in einem nichtislamischen System zu leben. Sie sollen die Gesetze eines solches Staates respektieren, ohne damit ihre Identität aufzugeben; sie müssen mit dem gesellschaftlichen und religiösen Pluralismus zurechtkommen. Das Grundgesetz hat teilweise sicher andere Prioritäten und Vorgaben als ein islamisches Rechtssystem; das müssen die Muslime in Deutschland anerkennen.«

Ich weiß, dass viele im Lande diesen Worten nicht trauen. Wir haben aber keine andere Wahl, als diese Repräsentanten der Muslime kritisch, aber auch kooperationsbereit beim Wort zu nehmen. Wenn uns dann gemeinsam kein gangbarer Weg gelingt, gehen wir in eine schwierige Zeit der Konfrontation und der Konflikte.

Die Anforderungen an ein zukunftsfähiges gesellschaftspolitisches Konzept

Wiedersprüche, Unsicherheiten und rasante Veränderungen sind die Kennzeichen unserer Zeit. Die Strukturen der Industriegesellschaft sind immer noch vorhanden und üben nicht nur auf die Wirtschaftsentwicklung, sondern auch auf unsere Gesellschaft einen nicht zu unterschätzenden Einfluss aus. Auch früher allgemein gültige Wertvorstellungen werden heute durchaus noch von vielen als Maßstab akzeptiert. Gleichzeitig aber stellt die moderne Arbeitswelt, nicht zuletzt auf Grund der Informations- und Kommunikationstechnologie, ganz neue Anforderungen an jeden Einzelnen und die Gesellschaft. Wachsender Individualismus und der Anspruch auf Selbstentfaltung haben das Wertegefüge verändert. Diese wenigen Schlagworte mögen belegen, mit welcher Fülle unterschiedlicher gesellschaftlicher Positionen sich Politik heute auseinandersetzen muss. Den einfachen und für alle gleichermaßen gerechten großen Wurf, der auch noch rasch umgesetzt werden könnte, kann es daher nicht geben.

Ziele wie »Modernisieren« und »Sparen« reichen jedenfalls nicht. Daraus ergeben sich noch keine Maßstäbe für die Rolle des einzelnen Bürgers oder für die Rolle des Staates und ebenso wenig für die Gestaltung des Zusammenlebens. Angesichts der umfassenden Veränderungen in Gesellschaft, Wirtschaft und Politik genügt es auch nicht – wie in verschiedenen Vorschlägen für eine Bürger- oder Zivilgesellschaft –, nur die Bürgerrechte oder das Gemeinschaftsleben zu stärken.

Ein zukunftsfähiges gesellschaftspolitisches Programm muss sich orientieren

– am Anspruch der Menschen auf ein selbstbestimmtes Leben,
– an den Defiziten in der Entwicklung des Gemeinwesens,
– an den Veränderungen in der Gesellschaft durch Wertvorstellungen,
– am Wandel in den Sozialstrukturen,
– an den Konsequenzen durch den technisch-wissenschaftlichen Fortschritt,
– an der internationalen Entwicklung, unserer Situation und Rolle sowie dem erwarteten Beitrag Deutschlands.

Es muss plausible Wege aufzeigen und Strukturen entwickeln, damit Menschlichkeit und Modernität (im Sinne von zeitgemäß gegenüber den Anforderungen von heute) als gemeinsame Aufgabe (nicht als Gegensatz) optimal miteinander verbunden werden.

Die Rahmendaten und Anreize sind so zu gestalten, dass sich der Einzelne nicht gegen seine legitimen Interessen verhalten und handeln muss. Die Politik darf sich nicht auf moralische Appelle stützen, sondern hat die Rahmenbedingungen so zu gestalten, dass sie das moralisch gewünschte Verhalten unterstützen. Dazu gehören natürlich auch Verbote und wirksame Sanktionen bei Gesetzesverstößen, vor allem aber auch die richtigen immateriellen und materiellen Anreize. Viele unserer heutigen Regelungen, gerade auch im Sozialstaatsbereich, sind voller Widersprüche.

Alle politischen Maßnahmen müssen darauf zielen, die Menschen zu aktivieren. Dies gilt für alle Lebensbereiche, insbesondere aber in den Bereichen der Erziehung und der Bildung sowie im Sozialstaat. Der Begriff des »Aktivierenden Sozialstaates« ist dafür eine gute Orientierung. Damit könnte ein lähmender Links-Rechts-Gegensatz überwunden werden. Für viele ist der links-progressive Ansatz gescheitert, weil er sich zu ausschließlich auf Strukturen bezieht, alle Lösungen von der Gesellschaft, dem Staat und den Institutionen erwartet. Hier geht es oft mehr um Sozialmanagement als um wirkliche Zuwendung zu den Menschen. Die Eigenverantwortung wird dabei vernachlässigt. Betreuung und Fürsorge haben einen höheren Stellenwert als das Aktivieren des Menschen zur Eigenverantwortung. Die Konservativen, die »Rechten«, setzen mehr auf Eigeninitiative und persönliche Verantwortung, neigen aber häufig dazu, moralische Ansprüche an den einzelnen Menschen zu stellen und die Folgen negativ wirkender Strukturen zu ignorieren. Damit wird vernachlässigt, über die nötigen Veränderungen von Strukturen nachzudenken. Werte sind aber doch weithin »geronnene Erfahrung«.

Ein zukunftsweisendes Konzept muss plausible Antworten auf die wachsende Komplexität suchen und finden. Eine wesentliche Konsequenz sei an dieser Stelle bereits genannt – ausführlicher später: Je komplexer die Sachverhalte werden, umso weniger kann zentral gestaltet, geführt und entschieden werden. Zentralismus und Komplexität sind unvereinbar.

Bei jeder Reform beziehungsweise Konzeption muss davon ausgegangen werden, dass Veränderungen und unvorhergesehene Fehlentwicklungen auftreten. Führen in komplexen Systemen heißt, das Ideal selbstregulierender Regelkreise zu suchen. Diese gewährleisten optimale Anpassungsfähigkeit und Dynamik. Die Natur mit ihrer Selbstregulation kann dafür als Vorbild dienen.

Zu den großen und schwierigen Aufgaben zählt auch die Antwort auf das Problem der wachsenden Anonymität in der modernen Gesellschaft. Sie fördert den Trend zu kollektiver Unverantwortlichkeit, führt zu Vereinzelung und Vereinsamung sowie zu wachsender Kriminalität. Wechselwirkungen von eigenem Verhalten und daraus erwachsenden Folgen sind nicht mehr erkennbar. Die orientierende und stabilisierende Wirkung überschaubarer Lebenseinheiten entfällt in den anonymen Strukturen. Auf Zeit ist das Leben in der Anonymität interessant, gewährt Freiheit und Ungebundenheit. Längerfristig bietet es für die überwältigende Mehrheit nicht die gewünschte Lebensqualität. Die Umstrukturierung der Gesellschaft führt auch leicht zur Destabilisierung.

Was sind zeitgemäße und realistische Gegenstrategien?

Die Antwort darauf ist eng mit dem Lösungsvorschlag für das Problem der Komplexität verbunden: Wo immer möglich Zentralisierung abbauen, Transparenz fördern, den kleineren Einheiten den Vorrang geben. Die anonymen Strukturen sind keine unverrückbare Vorgabe. Sie stellen eine Herausforderung dar, wobei eine hundertprozentige Lösung des Problems nicht möglich sein wird. Dies wären unrealistische Erwartungen.

Ein zukunftsfähiges gesellschaftspolitisches Konzept muss die Megatrends unserer Zeit berücksichtigen. Dies betrifft etwa die Auswirkungen der Digitalisierung, der Globalisierung und der demografischen Entwicklung.

Das große Spannungs- und Entfaltungsfeld der Politik ist es, die Innovationskraft zu fördern und gleichermaßen alles zu unterstützen, was der inneren Stabilität von Gesellschaft und Staat dient. Hier bündeln sich die Aufgaben.

Vieles scheint dabei auf den ersten Blick widersprüchlich, unvereinbar und steht in Spannung zueinander. Aber alles Leben steht in polaren Spannungen. Daraus erwächst Vitalität und Gestaltungskraft.

Die Antworten heißen:

1. Eine neue Kultur der Verantwortung.

2. Die konsequente Verwirklichung des Subsidiaritätsprinzips.

Das sind die beiden Schlüssel für den Weg in die Zukunft.

Die Ziele der
Aktiven Bürgergesellschaft

Die traditionelle Politik war über Generationen hinweg vor allem auf Erhaltung von Ordnung und Stabilität ausgerichtet. Mit einer dynamischeren Weiterentwicklung wurde die richtige Kombination von Tradition und Fortschritt zu einem bestimmenden Merkmal erfolgreicher Politik. Bundespräsident Roman Herzog hat dafür mit Blick auf Bayern das Schlagwort »Laptop und Lederhose« geprägt.

Für die konzeptionelle politische Aufgabenstellung und Programmatik scheint es mir weiterführender, die Aufgabe so zu formulieren:

Die Innovationskraft fördern und
gleichzeitig ebenso bewusst
die innere Stabilität.

Damit ist ein Spannungsverhältnis beschrieben. Solche Spannungen, ja Widersprüche, können zur Blockade führen, aus der Spannung heraus entwickeln sich aber auch die fruchtbarsten Problemlösungen.

Die Innovationskraft fördern

Das Konzept der Aktiven Bürgergesellschaft ist ganz wesentlich darauf ausgerichtet, durch die Förderung entsprechender Einstellungen und die Neugestaltung von Strukturen die Kreativität und die Innovationskraft unseres Volkes zur Entfaltung zu bringen. Ich bin überzeugt, dass wir die Potenziale besitzen, um mit der Weltspitze zu konkurrieren – das ist der notwendige Maßstab für die Exportnation Deutschland, die im Lebensstandard weltweit an vorderster Stelle liegt und bleiben möchte –, wenn wir den erforderlichen Freiraum zur Entfaltung der vorhandenen Fähigkeiten, die richtigen Anreize und Unterstützungen geben.

Eine wesentliche Voraussetzung für die Entfaltung dieser Fähigkeiten ist die Pflege eines entsprechenden Klimas. Es bedarf dazu einer Politik, die dieses Klima fördert.

Mit der Einsicht, dass wir uns dem Maßstab Weltspitze stellen müssen, ist die Erkenntnis verknüpft, dass die Entwicklung unseres Landes letztlich von der Qualität der Eliten abhängt. Damit meine ich »Verantwortungseliten«, nicht nur Funktions- und Wissenseliten.

Letztlich entscheidet die Frage, wie groß die Elite in einer Gesellschaft ist und welche Qualität sie hat, ganz wesentlich darüber, wie innovativ und dynamisch sie ist. Dies ist eine entscheidende Schlüsselstelle auf unserem Weg in die Zukunft und gegenwärtig sicher auch ein wesentlicher Engpass.

Nicht weniger wichtig sind die Qualität der politischen Führung, ihre Weitsicht und ihre Durchsetzungsfähigkeit sowie die Akzeptanz von Veränderungen in der Bevölkerung. Nach wie vor sind Reformen nicht populär, wie auch Bundeskanzler Schröder zu spüren bekommt. Wahrscheinlich sind Veränderungen im Augenblick ihrer Durchsetzung bei der Mehrheit nie populär. Gerade deshalb ist überzeugende Führung unerlässlich.

Um Veränderungen zu ermöglichen, müssen wir die erforderlichen Rahmenbedingungen für einen Wettbewerb der Ideen und Initiativen schaffen. Zu diesen Rahmenbedingungen zähle ich die Regeln für den Wettbewerb.

Ich möchte dies durch ein Bild beschreiben:

Wir müssen günstige Wachstumsbedingungen durch die Bereitstellung des richtigen Bodens, durch entsprechendes Klima und durch die sachgerechte Düngung der Pflanzen schaffen. Zu dieser Pflege gehört auch die Überwindung der einseitigen Fixierung auf die Risiken neuer Entwicklungen.

Eine sachkompetente, ethisch fundierte Begleitung und Reflexion des technischen Fortschritts und seiner Folgen ist unabdingbar, auch zur Absicherung gegen Risiken. Dies ist eine unverzichtbare Voraussetzung wertorientierter Politik, aber eben nicht im Sinne einseitiger Pflege der Bedenken und der Kultivierung der Angst.

Dabei ist die Bedeutung des Zeitfaktors, des Tempos der Veränderung in der Welt, zu berücksichtigen. Die anderen warten nicht auf uns, wie Bundespräsident Roman Herzog nicht müde wurde, immer wieder zu betonen. Wir haben also nicht Zeit für quälend lange Diskussionen.

Der international tätige Personal- und Unternehmensberater Helmut Geiselhart, dessen Schwerpunkt bei der Kultur lernender Organisationen liegt, hat die Grundlagen der Selbsterneuerungskraft so formuliert:

1. Institutionalisierung der ständigen Reflexion.
2. Eine Grundhaltung der Suche nach ständig besseren Lösungen.
3. Große Sorgfalt in der Personalauswahl mit hohen Anstrengungen für Aus- und Weiterbildung.

Förderung der Kreativität heißt für ihn vor allem Verbindung der Präzision der Logik mit Phantasie und Intuition.

Wir brauchen ein Klima, in dem Fehler gemacht werden dürfen und in dem der Misserfolg nicht gleich zur Vernichtung der gesellschaftlichen Stellung führt. Unsere Sucht, bei jeder Fehlentwicklung sofort nach einem Schuldigen zu suchen, einen Sündenbock zu opfern, steht der geforderten Risikobereitschaft und Innovationsfreude entgegen. Dies wirkt besonders negativ auf alle, die von Medien aufmerksam beobachtet werden, an vorderster Stelle Politik und Staatsverwaltung.

Wir brauchen nicht nur wirtschaftliche und technische Innovationen. Es gibt ebenso soziale und gesellschaftliche Innovationen. Mut zu Neuem und zu Besserem muss in allen Bereichen unterstützt werden.

Zentrale Quelle der Innovationskraft eines Volkes ist sein Bildungswesen. Es stellt sich deshalb die Frage: Wird unser Bildungswesen – vom Kindergarten bis zur Universität – den zeitgemäßen Anforderungen gerecht? Fördert es Innovationen und Kreativität?

Auch hier liegt vieles im Argen, wenn ich etwa an Eliteförderung denke. Eliteförderung ist nichts »Unsoziales«, sondern ein entscheidender Eckpfeiler der Innovationspolitik. Das Schulsystem ist so zu gestalten, dass die Hochbegabten ihre Fähigkeiten bestmöglich entwickeln können, denn sie sind die Pioniere der Kreativität, der Innovation für unser Volk und für die Zukunft unseres Landes.

Die Vielgestaltigkeit des Schulwesens, insbesondere im dreigliedrigen System, wirkt als förderlicher Wettbewerb. Es kommt nicht von ungefähr, dass die Qualität und die Innovationskraft dort besser sind, wo es nicht das Einheitsschema des Gesamtschulsystems gibt, sondern die Alternativen des gegliederten Schulwesens.

Auch mit der Situation unseres Hochschulwesens haben wir uns kritisch auseinanderzusetzen. Bei internationalen Vergleichen entsteht der Eindruck, dass gerade diejenigen Institutionen, die eine Quelle der Innovation und des Aufbruchs sein müssten, am meisten unter Verkrustungen leiden, weil Wettbewerb fehlt.

Bayern versucht, diese Verkrustungen durch eine Hochschulreform aufzubrechen.

In diesem Zusammenhang sollte uns aufrütteln, wenn junge, erfolgversprechende Wissenschaftler unser Land verlassen und in die Vereinigten Staaten gehen, um dort in ihrem Fachgebiet zu arbeiten und zu forschen. Wie können wir ihnen hier bei uns attraktive Bedingungen bieten?

Auch für Jungunternehmer und Existenzgründer müssen wir Hindernisse und Hemmschwellen beiseite räumen und Rahmenbedingungen verbessern.

Das Steuersystem hat eine ganz besondere Bedeutung. Belässt es den angemessenen Lohn für Leistung und Erfolg? Ist es für Investitionen und für unternehmerische Risiken, für Existenzgründer und Betriebsnachfolge oder -übernahme günstig gestaltet?

Die Steuerpolitik ist ein Kernstück von Innovationspolitik.

Die staatlichen Förderprogramme bedürfen ebenso der kritischen Überprüfung.

Innovationskraft fördern heißt in der Konsequenz: Einstellungen und Strukturen verändern.

Die Aktive Bürgergesellschaft bereitet dafür den Weg.

Die innere Stabilität fördern

Die innere Stabilität der Gesellschaft und des Staates fördern – diese Aufgabe müssen auch die Reformer und Modernisierer als ihr Ziel sehen. Ansonsten bleibt eine dualistische Arbeitsteilung: die Reformer auf der einen und die so genannten Traditionalisten auf der anderen Seite.

Durch welche Inhalte und Aktivitäten wird die Stabilität gefördert?

Ich möchte dafür drei Bereiche nennen: Wertorientierung, Gemeinschaftsleben sowie Tradition.

Wertorientierung

Dass Werte für die Zukunft einer Gesellschaft, vor allem auch für die gemeinsame Orientierung und Handlungsfähigkeit von herausragender Bedeutung sind, rückt allmählich wieder mehr in das allgemeine Bewusstsein. Auch hier kann man durchaus von fortschrittlichen Unternehmen lernen: In modernen Unternehmenskulturen wird den Mitarbeitern ein gemeinsamer Wertekanon ebenso vermittelt wie ein gesellschaftliches Selbstverständnis des Unternehmens. Dies ist insbesondere dann unerlässlich, wenn möglichst viel an Verantwortung an die Mitarbeiter delegiert wird, um eine gemeinsame Grundorientierung für die Entscheidungen auf den einzelnen Ebenen sicherzustellen.

Die grundsätzliche Zustimmung zur Notwendigkeit von Werten gibt aber noch keine Antwort auf die Frage: Welche Werte genießen Priorität?

Das Konzept der Aktiven Bürgergesellschaft geht von einer eindeutigen Wertorientierung aus, die ihre Wurzeln in der christlich-abendländischen Wertetradition hat. Dies wird in den folgenden Kapiteln noch ausführlicher dargestellt.

Darauf baut die »neue Kultur der Verantwortung«.

Einen wichtigen Beitrag zur Wertediskussion und zur Realisierung dieser Zielvorstellungen hat in den vergangenen Jahren Karl Homann beigesteuert.

»Ich betrachte Werte, moralische Ideale, normative regulative Ideen darüber hinaus als Heuristik: Also nicht als Handlungsanweisungen, sondern als Denk- und Suchanweisungen. Werte und Ideale zeigen die Richtung, in der wir in einer hochkomplexen Welt neue Problemlösungen suchen sollen, ohne uns jedoch der Illusion hinzugeben, aus den Werten eine Problemlösung deduzieren oder auch nur ableiten zu können. Werte normativer Ideale sind daher für mich unverzichtbar, als Heuristik, als allgemeine Suchanweisung: Sie können eine gewisse Konsistenz der Politik herbeiführen helfen, indem die Politik versucht, mit erprobten Werten ›im Einklang‹ zu bleiben, aber aus den Werten kann eine Politik nicht ›abgeleitet‹ werden. Die konkreten politischen Problemlösungen können die Prüfung auf Anreizkompatibilitäten nicht überspringen – was alle Anstrengungen zu moralischer Aufrüstung, die Aufrufe zu Gemeinsinn und Werteerziehung und die Rufe nach Vorbildern gerade versuchen. In der Konfrontation mit den neuen Problemen verändern sich schließlich auch die Werte, besser: die bisherigen Deutungen der Werte erfahren neue Interpretationen – genau wie die Bibel durch die modernen Natur- und Sozialwissenschaften neu, und zwar besser, verstanden werden kann.

Etwas anders gewendet, kann man formulieren: In der politischen Diskussion werden oftmals ›Werte‹ aufgerufen, um eine Sachdiskussion normativ zu beenden, aber es geht umgekehrt darum, diese Diskussion zu öffnen und normativ zu inspirieren – mit grundsätzlich offenem Ergebnis.«

(Karl Homann, Vortrag »Die Bedeutung von Werten in der modernen Gesellschaft«; Sitzung der Werte-Kommission der CDU am 12./13. März 1999 in Königswinter)

Gemeinschaft

Das Gemeinschaftsleben mag im Zeitalter der betonten Individualisierung und der Leitbilder jugendlich-eloquenter Singles und Trendsetter überholt erscheinen.

Die Wirklichkeit sieht für die überwältigende Mehrheit der Menschen anders aus. Sie suchen und sie brauchen die Gemeinschaft, sie suchen eine Ordnung, in der sie auch sich orientieren können, die sie schützt und die ihnen Entfaltungsmöglichkeiten gibt. Wo dies nachhaltig gestört ist, wo dieses Angebot nicht mehr besteht, kommt es rasch zu Störungen im gesellschaftlichen Gefüge und in Verhaltensweisen.

Die Flexibilisierung der Arbeitszeit ist ein zentrales Thema der modernen Arbeitswelt. Ein bejubelter Spitzenreiter dieser Entwicklung war das VW-Werk, das Anfang 1994 ein revolutionäres Arbeitszeitmodell mit 150 verschiedenen Möglichkeiten einführte, für den Einzelnen die Vier-Tage-Woche und eine flexible Arbeitszeit zwischen 28 und 35 Stunden. VW schaffte die festen Schichtzeiten ab und passte die Arbeitszeiten der Nachfrage an die gewünschten Maschinenlaufzeiten an. Anfang 1999 kam dann die erstaunliche Nachricht: »Ab 8. Januar gilt ein neuer einheitlicher Schichtrhythmus«. Was war geschehen?

Die beinahe grenzenlose Flexibilisierung zerstörte die sozialen Strukturen in der Firma und löste eingespielte Teams auf. Sie wirkte am Schluss belastend auf die Qualität der Arbeit und die sozialen und gesellschaftlichen Bedingungen außerhalb des Arbeitsplatzes. Ehen, so eine VW-Statistik, gingen häufiger in die Brüche, Freunde fanden keine gemeinsame Zeit mehr füreinander, Mütter wussten zu den Arbeitszeiten ihre Kinder nicht unterzubringen, Vereine, Firmenmannschaften und Fahrgemeinschaften lösten sich auf. Das soziale Leben in Wolfsburg geriet aus dem Takt.

Nach diesen Erfahren sollten wir ernsthafter den sozialen und menschlichen Preis scheinbar grenzenloser Flexibilität bewerten und gegenüber dem Nutzen sorgfältig abwägen. Menschen brauchen Gemeinschaft und gemeinsame Zeit. Diese Erkenntnisse sollten wir bei den Diskussionen um mehr Flexibilität als Gegenprüfung einbringen. Dies gilt auch für die Dauerdiskussion um flexiblere Arbeitsgenehmigungen für Sonn- und Feiertage. Gerade angesichts des Trends zu allgemeiner Individualisierung kommt der gemeinsamen Zeit für die Gemeinschaftsbildung eine wachsende Bedeutung zu. Eine grenzenlos flexible Gesellschaft ist Treibsand in den Stürmen der Zeit.

Wie kaum ein anderer hat der langjährige Konzernlenker von Bertelsmann, Reinhard Mohn, in seinem Buch »Menschlichkeit gewinnt« die Bedeutung der Gemeinschaftsfähigkeit für die Zukunftsfähigkeit von Gesellschaft, Staat und auch Wirtschaft betont:

»Die ausbildenden Institutionen wie Elternhaus und Schule müssen dieser Aufgabe wieder den gebührenden Rang geben. Hier ist auch der richtungsweisende Einfluss des Staates gefordert. [...]

Die Wiederherstellung der Gemeinschaftsfähigkeit unserer Gesellschaft ist die wichtigste Voraussetzung für die Sicherung unserer Zukunft. Die Bewältigung dieser Aufgabe setzt die Wiedergewinnung einer geistigen Orientierung voraus. Wir alle sind gehalten, die in der Demokratie gewährten Rechte und Pflichten so zu gestalten, dass Einvernehmen zwischen den Menschen wieder möglich wird.«

(Reinhard Mohn, »Menschlichkeit gewinnt«, 2000)

Mohn formuliert seine Positionen in zehn Geboten zur Gemeinschaftsfähigkeit. Hier spricht gewiss kein Traditionalist, Romantiker oder Vereinsmeier. Umso gewichtiger ist seine Aussage.

Franz Walter und Tobias Dürr beschreiben aus ihrer Sicht die Bedeutung des von »Trendsettern der Moderne« häufig geringschätzig bewerteten Vereinslebens für die Zukunft der modernen Gesellschaft mit eindringlichen Worten:

»Darin liegt ein noch immer riesiges soziales und kulturelles Kapital. Die kollektiven Mentalitäten und beständigen Einstellungsmuster der Deutschen, ihre gängigen Vorurteile und wie auch immer abgeschliffenen Traditionsbestände, ihre regionalen und lokalen Identitäten, Dialekte und Biersorten, die Sportvereine mit ihren Jubiläen und die freiwilligen Feuerwehren mit ihren Osterfeuern, die Ortsbeiräte und Familienverbände, die Bäckerinnungen und die Kreisverbände der Parteien mit ihren Grünkohlabenden, die Stadtteilläden, Straßenfeste und Grillabende – das alles ist heute moderner und unersetzlicher denn je. Wo diese Strukturen und Selbstverständlichkeiten erst einmal

zerfallen sind, entstehen in transzendenzlosen Zeiten keine neu-
en. Und ohne sie kann es lebensfähige Parteien nicht geben.«

Ein wichtiger Ausdruck der Gemeinschaftsfähigkeit sind die
vielfältigen Formen der Gemeinschaftsbildung im Kulturellen,
Sozialen, im Sport und in fast allen Lebensbereichen. Dies ist
gerade Ausdruck der Vielfalt in einer freien Gesellschaft. Diktaturen unterdrücken solche Entwicklungen, weil diese freien Gemeinschaften Ausdruck der Selbständigkeit der Bürger sind, also
kaum kontrollierbarer Freiraum.

Als bei den letzten Landtagswahlen in Sachsen-Anhalt die
DVU aus dem Stand einen zweistelligen Wahlerfolg errang, waren in ganz Deutschland Äußerungen der Betroffenheit zu hören. Dann folgten rasch einfühlsame Erklärungen, dass eben hier
junge Menschen ohne Zukunftsperspektive, weil ohne Arbeitsplatz, mit einer Protestwahl reagiert hätten. Eben deshalb sei
letztlich doch die Politik schuld. Der evangelische Theologe
Richard Schröder, erster Fraktionsvorsitzender der SPD in der
Volkskammer der DDR, schrieb dann im Spiegel, diese Entwicklung sei letztlich darauf zurückzuführen, dass der DDR-Sozialis-
mus eine »entstrukturierte Gesellschaft« hinterlassen habe. Den
jungen Menschen fehlte damit Orientierung und Beheimatung.

Ende 1999 wurde eine Studie über Gewalt an Münchner
Schulen vorgestellt. Ein auch für die Autoren überraschendes
Ergebnis war dabei unter anderem, dass die Gewalt an Münch-
ner Schulen sehr viel geringer ist als in norddeutschen Städten.

Erklärt wurden diese Erkenntnisse damit, dass in München
junge Menschen untereinander noch viel mehr Kontakt hätten.
Sozialer Kontakt bedeute jedoch immer auch Orientierung und
Sozialkontrolle, stabilisierte den Einzelnen und damit die Gesellschaft. In der Tat, je lebendiger und aktiver das Gemeinschaftsleben ist, umso geringer sind in aller Regel die sozialen
Probleme. Je anonymer sich die Lebensverhältnisse darstellen,
umso größer sind die sozialen Konflikte bis hin zur Kriminalität.

Gerade weil unter den Bedingungen der modernen Gesellschaft die Tendenz zur Auflösung sozialer Strukturen immer vorhanden ist, ist eine notwendige Antwort der Politik, dass das Ge-

meinschaftsleben bewusst unterstützt und gefördert werden muss.

Dafür gibt es vielfältige Möglichkeiten, aber kein Rezept. Das Gemeinschaftsleben kann immer nur aus der jeweiligen Situation heraus entstehen und muss situationsgerecht gestützt und gefördert werden. Damit ist auch schon die Frage beantwortet, ob denn diese freiwillige Organisation eine Aufgabe der Politik sein könnte. Die Politik hat in einer Zeit, in der diese Aktivitäten nicht mehr selbstverständlich aus der Gesellschaft heraus wachsen und über Generationen weitergegeben werden, Impulse zu geben, Initiativen zu unterstützen – darf sich aber dann nicht einmischen.

Die wesentlichste Ebene ist dabei die Kommunalpolitik. Wie sehr die Dichte des Gemeinschaftslebens auch von der Politik abhängig sein kann, zeigt der Vergleich in verschiedenen Städten. Die Stadt Würzburg hat Dank der jahrelangen phantasievollen Arbeit ihres Sozialreferenten Peter Motsch einen erheblich höheren Anteil von Menschen, die sich in Selbsthilfegruppen oder in anderer Weise ehrenamtlich engagieren, als vergleichbare Städte. Es gibt viele ähnliche Belege.

Dabei spielt das Ehrenamt eine Schlüsselrolle. Hier gilt in besonderer Weise der Satz von Hans Balser: »Die Welt lebt von den Menschen, die mehr tun als ihre Pflicht.« Im Bemühen, diese Engagements zu unterstützen, werden zunehmend auch finanzielle Anreize gefordert. Hier ist Vorsicht angebracht, nicht nur wegen der damit verbundenen Kosten, sondern vor allem wegen der damit einhergehenden Auswirkungen auf das Ehrenamt. Vergünstigungen bei der Steuer oder Anrechnungszeiten bei der Rente könnten nie wahllos allen gewährt werden, die ein Ehrenamt innehaben. Zwangsläufig müsste mit einer Bewertung der Engagements begonnen werden. Dies hätte nicht absehbare Auswirkungen auf das Ehrenamt. Es gibt viele andere Möglichkeiten der Förderung, wobei letztlich am wichtigsten die gesellschaftliche Anerkennung solchen Engagements ist. Menschen haben sehr unterschiedliche Zugänge zu einer solchen Aufgabe, selbstlose oder weil es einfach Spaß macht. Alle diese Motive sind zu respektieren und haben ihr Eigengewicht. Entscheidend ist die Bedeutung für die Gemeinschaft und für Gesellschaft und Staat als Ganzes. Deshalb darf das Sparen in Zeiten knappen Geldes nicht in diesem Bereich beginnen. Es gibt viele andere Sektoren, wo sinnvoller und folgenloser gespart werden kann, etwa bei überzogenen Standards bei den Bauten.

Traditionen – der konservative Beitrag

Für die Diskussion zukunftsfähiger gesellschaftspolitischer Konzepte ist die Klärung des möglichen und erwarteten Beitrags der Konservativen unerlässlich.

In der Zeit des allgemeinen Rufs nach mehr Innovation, Erneuerung und Veränderung mag die Betonung der Bedeutung konservativer Haltungen auf den ersten Blick anachronistisch erscheinen. Der Nobelpreisträger der Wirtschaftswissenschaften, Friedrich A. von Hayek, schrieb dazu:

»Es gab wahrscheinlich nie einen echten Glauben an die Freiheit und gewiss keinen erfolgreichen Versuch, eine freie Gesellschaft zu schaffen, ohne eine echte Ehrfurcht vor entstandenen Einrichtungen, vor Bräuchen und Gewohnheiten und vor allem jenen Sicherungen der Freiheit, die sich aus lange bestehenden Regelungen und alten Gepflogenheiten ergeben. So paradox es klingen mag, eine erfolgreiche freie Gesellschaft wird eine immer in hohem Maße traditionsgebundene Gesellschaft sein.«

(Friedrich A. von Hayek, »Die Verfassung der Freiheit«, 1991)

Mit Blick auf die Entwicklung in Deutschland formulierte dies der frühere Bundeswirtschaftsminister Karl Schiller in seinem Buch »Der schwierige Weg in die offene Gesellschaft« (1994) unter Bezugnahme auf Hayek so:

»Wenden wir diese Argumentation auf die Probleme des vereinigten Deutschlands an, so kommen wir zu dem Schluss: Nicht die Prinzipien der offenen Gesellschaft, nicht das marktwirtschaftliche Regelwerk, nicht der Wettbewerb als Entdeckungsverfahren tendieren zur Raffgesellschaft, sondern die Beschädigungen unserer Moralregeln, wie sie in den letzten Jahren sich deutlich zeigen, sind das Problem.

Das modische Vergessen wesentlicher Elemente einer ›traditionsgebundenen Gesellschaft‹, ja, deren Verachtung, etwa unter der zunehmenden Herabsetzung als ›Sekundärtugenden‹ (z. B. ein Minimum an Selbstdisziplin, Arbeitsfleiß und Korrektheit), das sind einige der Defizite unseres heutigen Lebens. Diese gilt es wieder aufzufüllen.«

Tradition, konservativ also vor allem verstanden als gelebte Wertvorstellung, ist mehr als Folklore. (Wobei auch diese als gemeinschaftsbildender Faktor durchaus ihren Platz hat.)

Die »Risikostelle« für die Traditionen ist der Generationenwechsel. Hinzu kommt, dass nirgendwo die Diskrepanz zwischen Jung und Alt, jedenfalls der Sozialforschung zufolge, so ausgeprägt ist wie in Deutschland.

Der Konservativismus war nie ein geschlossenes Lehrgebäude.

Das konservative Element, die Weitergabe von Traditionswissen, Erfahrungen und kulturellen Prägungen, ist entscheidend für die Identität der Menschen und damit ganz wesentlich auch für ihre Selbstgewissheit. Dies gewinnt gerade auch für den Dialog mit anderen Kulturen, Religionen und Wertvorstellungen, der zunehmenden Begegnung und auch Konfrontation, an Bedeutung.

Was sind Orientierungen und Maßstäbe für Konservative?

Der zentrale Anker konservativer Weltsicht ist das Menschenbild. Entgegen linker und liberaler Schwärmereien und Utopien ist für die Konservativen der Mensch unvollkommen und nicht unbegrenzt bildbar. Nicht nur das Gute, sondern auch das Böse ist eine reale Macht. Innerweltliche Verheißungen sind Konservativen verdächtig.

Diese Weltsicht hat Konsequenzen für die Leitvorstellungen für Erziehung und Bildung. Werte wie Respekt, Ordnung, Disziplin und Anstrengung haben darin einen Stellenwert als »Pflicht-Werte«. Nicht jedoch kann daraus die Forderung nach autoritären Erziehungsmethoden abgeleitet werden.

Für Konservative nimmt Ordnung einen hohen Stellenwert ein. Für die heutige Zeit ist entscheidend, dass sie sich dabei nicht strukturkonservativ verhalten, sondern sich in ihren Ordnungsvorstellungen auch orientieren an den Sachzwängen der modernen Welt. Der Rechtsstaat ist für Konservative in diesem Sinne auch das wichtigste Ordnungselement.

Längerfristige Orientierung ist ein Merkmal konservativen Denkens. Bislang wirkte dieses Denken freilich primär in Richtung Vergangenheit. Heute richtet sich der Blick mehr auf die Zukunftsverantwortung. Deshalb ist »Nachhaltigkeit« ein ursprüngliches Wertelement konservativen Denkens.

Konservative sehen Veränderungen nicht als Selbstzweck. Deshalb ist nicht jede Veränderung für sie automatisch Fortschritt. Sie stehen für eine Politik des »geprüften Fortschritts«. Dadurch wirkt die konservative Grundposition als Stabilitätsanker.

Konservative pflegen den Patriotismus, haben Sinn für Heimatliebe und grenzen sich entschieden ab gegen Nationalismus, dessen Wesensmerkmal vor allem die Feindschaft gegenüber den Anderen ist.

Es ist unverzichtbar, Traditionen zu pflegen und gleichzeitig bereit zu sein, diese dann zur Diskussion zu stellen, wenn sie zur Erstarrung führen. Es bedarf einer Neuinterpretation traditioneller Verhaltensweisen nach den Prinzipien einer offenen Gesellschaft.

Die bewusste Förderung stabilisierender Faktoren, also von Werten, Gemeinschaft und konservativem Denken, muss eine zukunftsorientierte Politik ebenso integrieren wie die gezielte Modernisierung und die Stärkung der Innovationskraft. Beides zusammen ergibt eine ganzheitliche Politik.

Die Gefahren seien nicht verschwiegen: Manchmal ist eine Tendenz zum Konservieren zu beobachten. Es besteht die Gefahr, in einer immer komplizierteren Welt die »überzeugungsstarken«, einfachen Schwarzweiß-Antworten zu suchen oder dafür anfällig zu sein und damit in eine fundamentalistische Richtung zu driften.

Gesinnung wird dann wichtiger als abwägende Vernunft und notwendiger Kompromiss.

Hier lauert die Gefahr der unheilvollen Verbindung von Ängsten in der Bevölkerung – etwa als Folge des Veränderungsdrucks mit seinen sozialen Konsequenzen oder der Zuwanderung – mit einem medienwirksamen Populismus seitens der Politik. Die richtige Antwort darauf ist aber nicht die Beschimpfung der »kleinkarierten Menschen«, die Ignorierung ihrer Anliegen, ihrer Betroffenheit und ihrer Ängste. Dies ist die schreckliche Oberflächlichkeit der Auseinandersetzung mit Jörg Haider und der FPÖ. Statt pauschaler Verteufelungen, mit ertragreichem Märtyrereffekt für Haider, sollte man offen darüber nachdenken, warum sich gerade viele Arbeiter, viele bisherige SPÖ-Anhänger und viele so genannte Modernisierungsverlierer in den verschiedensten gesellschaftlichen Gruppen diesem Populisten ohne Koordinatensystem zuwandten.

Wie vielfältig das Bild »konservativ« ist, zeigt auch ein Beitrag von Thomas Schmid in der WELT vom 17. April 2000 zum Protest gegen die WTO und die Globalisierung:

»Kein Zweifel: eine neue konservative Bewegung ist im Kommen – wenn nicht alles täuscht, weltweit. Sie ist nicht mehr so statuarisch, nicht mehr so steif wie ihre Vorgänger, auch fehlt ihr deren staatstragender wie autoritärer Gestus. Sie tritt vielmehr ziemlich modern auf, hat ihre beweglichen, gut ausgerüsteten Avantgarden, denen es gut gefallen würde, sich im Volk aller Länder so bewegen zu können wie der Fisch im Wasser. Jedenfalls können die kleinen Avantgarden dieser Bewegung vielerorts mit Sympathie und insgeheimer Zustimmung rechnen. Verbündete haben sie in Gewerkschaften, Naturschutzverbänden, Dritte-Welt-Gruppen, Verbraucherorganisationen, Bauernverbänden, Tierschützern und Menschenrechtlern.

Sie alle verbindet eine ebenso intensiv erlebte wie vage Furcht: die Furcht vor den Folgen der Globalisierung.

[...]

José Bové (anerkannter französischer Schafbauer – eine Leitfigur des Protestes) ist Teil einer neuen konservativen Protestbewegung, die sich von ihren linken Vorgängern durch zweierlei unterscheidet. Erstens nutzt sie, hier ganz bewusst ganz modern, perfekt die Möglichkeiten des Internet zu Austausch, Verabredung, Debatte. Sie bewegt sich kundig im globalen Dorf und ist (etwa wenn sie peruanischen Indio und amerikanischen Verbraucheranwalt in Kontakt bringt) in hohem Maße egalitär. Und zweitens gibt es in ihren Reihen den zwei Jahrhunderte lang quälenden Unterschied zwischen Rechts und Links nicht mehr: Alle, die mühselig und beladen sind, alle, die der Globalisierung nicht über den Weg trauen, sind willkommen.

Vielleicht sollte man nicht auf das (gemessen an den erklärten Zielen: unausweichliche) Scheitern dieser Bewegung, sondern auf ihre inhärente Intelligenz, auf ihre insgeheime Modernität setzen. Dass sie sich nicht wie das Gespenst in der Oper versteckt, sondern offen agiert, macht sie vielleicht ausschluss- und diskursfähiger. Die Globalisierung könnte die Korrekturmaschine des Zweifels an Deck gebrauchen.«

Diese Rolle der kritischen, wertorientierten Begleitung der Globalisierung darf nicht diesen Protestgruppen überlassen werden.

Zur Rolle der Konservativen gehört, dass sie sich gegen die Ökonomisierung aller Lebensbereiche wehren und damit einer neuen Variante eines grenzenlosen Materialismus Widerstand leisten. Ihr Beitrag zur modernen Gesellschaft mit ihren Vorteilen, aber auch ihren Sachzwängen sind Werte wie Kultur, Familie, Religion und Heimat. Sie müssen gegen das Leitbild der grenzenlosen Flexibilität und Individualisierung die Situation der Familien und des »Normalbürgers« stellen, die regionale Identität und den Heimatbegriff als Gegengewicht zur Globalisierung stärken. Schließlich ist es in dieser modernen Welt nur auszuhalten, wenn es auch eine Geborgenheit durch Kultur, Gemeinschaft, Geschichte und Traditionen gibt.

Für Konservative steht deshalb auch die Verpflichtung gegenüber der eigenen Gemeinschaft vor den Interessen der anderen Nationen und der Fremden.

Konservative Positionen wurden in der Vergangenheit in der Politik primär von den Unionsparteien vertreten. Für ihre künftige Identität, insbesondere aber für die CDU in ihrer heutigen Position, ist eine Entscheidung über den Stellenwert und die praktische Umsetzung konservativer Haltungen in der Politik unabdingbar.

Bei einer Umfrage des Spiegel (9/2000) bei 500 CDU/CSU-Anhängern werden mit »konservativ« folgende Begriffe in Verbindung gebracht:

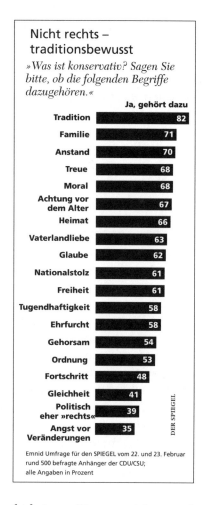

Nicht rechts –
traditionsbewusst

»*Was ist konservativ?* Sagen Sie
bitte, ob die folgenden Begriffe
dazugehören.«

Ja, gehört dazu

Tradition	82
Familie	71
Anstand	70
Treue	68
Moral	68
Achtung vor dem Alter	67
Heimat	66
Vaterlandliebe	63
Glaube	62
Nationalstolz	61
Freiheit	61
Tugendhaftigkeit	58
Ehrfurcht	58
Gehorsam	54
Ordnung	53
Fortschritt	48
Gleichheit	41
Politisch eher »rechts«	39
Angst vor Veränderungen	35

DER SPIEGEL

Emnid Umfrage für den SPIEGEL vom 22. und 23. Februar
rund 500 befragte Anhänger der CDU/CSU;
alle Angaben in Prozent

Nochmals: Es gibt keinen »Konservativismus« als geschlossenes
Lehrgebäude. Konservativ hat viele Gesichter, und viele Menschen sind in einem Lebensbereich konservativ, in einem anderen grenzenlos flexibel, modern und anpassungsbereit. Konservative zeigen sich manchmal als Technokraten einerseits, wenn
es um die Ökonomie geht, und andererseits als konservierend,
ängstlich festhaltend in Fragen der Religion oder gesellschaftlicher Entwicklungen.

Die Aktive Bürgergesellschaft
im Überblick und Vergleich

Die verschiedensten gesellschaftlichen Gruppen und Parteien nicht nur in Deutschland befassen sich gegenwärtig mit dem Thema »Bürgergesellschaft«. Handelt es sich um ein neues politisches Modewort? Bei genauerem Hinsehen wird erkennbar, dass mit diesem Begriff »Bürgergesellschaft« sehr unterschiedliche Ansätze und Konzepte vertreten werden.

Ein gemeinsamer Nenner ist die Suche nach Antworten, nach Alternativen zu den Fehlentwicklungen im Gemeinwesen.

Alle Diskussionen bewegen sich im Spannungsfeld des Dreiecks Bürger – Gesellschaft – Staat.

Lothar Roos beschreibt die verschiedenen Entwicklungsphasen und Hintergründe so:

»In der kontinentaleuropäischen Demokratietradition nimmt der Staat einen anderen Stellenwert ein als in der angelsächsischen. Die Ursachen dafür liegen im zentralistisch-etatistischen Denken der Französischen Revolution, in dem die staatliche Zentralgewalt der atomisierten Summe von ›gleichen‹ Bürgern gegenübersteht – eine bipolare Konstruktion, in der die Eigenständigkeit der Gesellschaft fast völlig verschwindet. In Deutschland, wo die Revolution ›von unten‹ (1848) scheiterte und danach durch den allmählichen Prozess einer ›Revolution von oben‹ nachgeholt wurde, spielten der preußische Staat und Hegels hoheitliches Staatsverständnis eine dominante Rolle. In England dagegen entstand die Demokratie durch die sich immer stärker ausbreitende Selbstregierung der Stände gegenüber dem Königtum. In den USA gab es zunächst überhaupt keinen Staat, sondern nur die Gesellschaft freier und gleicher Einwanderer, die sich im Unabhängigkeitskrieg gegen England erst ›ihren Staat‹ schufen. So verstand sich dieser vor allem als Schutzmacht für die Freiheit der Bürger. Wer etwas werden wollte, der konnte nichts vom Staat erhoffen, sondern musste sich ›bürgerschaftlich‹ selbst engagieren.

Ausgangs- und Mittelpunkt aller gesellschaftlichen Organisation ist im angelsächsischen Denken nicht der Staat, sondern die

Gesellschaft freier und gleicher Bürger (society). Sie bedarf selbstverständlich einer Regierung (government), die man aber als (unkündbaren) Angestellten der Gesellschaft ansieht, um Schutz gegen Angriffe von außen und Rechtssicherheit im Innern zu gewährleisten, sonst nichts. Allerdings sind inzwischen auch in den angelsächsischen Demokratien mancherlei Probleme zwischen Staat und Gesellschaft entstanden. In den USA läuft die Debatte in zwei Richtungen: zum Einen kritisiert man ein Zuwenig an Sozialstaat, was zwar zu einer Zunahme zentralstaatlich veranlasster Sozialgesetze, aber auch zu deutlichen Gegenbewegungen geführt hat. Zum Anderen stellt man sich zunehmend die Frage, ob es überhaupt noch einen ›inneren Zusammenhalt‹ der Gesellschaft gibt bzw. wie er wieder zu gewinnen sei.«

(Lothar Roos, in der Schriftenreihe Kirche
und Gesellschaft, Nr. 266)

Ralf Dahrendorf hat die Begriffe Bürgergesellschaft und Zivilgesellschaft in die deutschsprachige Debatte eingeführt.

Aus der amerikanischen Diskussion hat vor allem der Kommunitarismus in Deutschland Aufmerksamkeit gefunden. Er versteht sich als eine Gegenbewegung zum als für die Grundwerte zerstörerisch empfundenen Liberalismus. Die kommunitaristische Idee geht davon aus, dass das Gemeinschaftsleben wichtiger ist als die Selbstverwirklichung des Individuums. Im Mittelpunkt steht eine Erneuerung der moralischen Grundlagen der Gesellschaft.

»Wir brauchen wieder eine Gesellschaft, in der bestimmte Verhaltensweisen indiskutabel sind, also zu den Dingen zählen, die kein anständiger Mensch tut oder nur in Erwägung zieht: etwa seine Kinder im Stich zu lassen, Versicherungsbetrug zu begehen, bei Prüfungen zu täuschen, die Sparkonten anderer Leute zu plündern oder Untergebene sexuell zu belästigen. Wir brauchen auch wieder eine Situation, in der viele positive Verhaltensregeln – also Gebote – gültig sind und ohne Wenn und Aber akzeptiert werden.«

(Amitai Etzioni, »Die Entdeckung
des Gemeinwesens«, 1995)

Die Förderung des Gemeinschaftslebens durch die Selbstorganisation der Bürgerschaft, vor allem als Wertegemeinschaft, gehört zu den wesentlichen Bestandteilen dieser Konzeption.

Dahrendorf (in der amerikanischen Diskussion Charles Taylor, Michael Walker und anderen) geht es vor allem um die Aktivierung der Staatsbürger, die Stärkung der Bürgerrechte und die Mitwirkungsmöglichkeiten, um die Überwindung der »Zuschauer-Demokratie«. Diese Überlegungen zur Bürgergesellschaft werden in Deutschland gegenwärtig in der politischen Diskussion am meisten aufgegriffen.

Der zweite Akzent der deutschen Diskussion liegt auf der Förderung des bürgerschaftlichen Engagements. Der stärkste Impuls kam aus Baden-Württemberg. Die dortige Landesregierung hat schon vor Jahren die Thematik aufgegriffen und mit der Geislingen-Studie bundesweit vorangetrieben. Die Aktivitäten der Bertelsmann-Stiftung sind bei dieser Thematik ebenfalls zu nennen. Seit einigen Monaten widmet sich auch die Enquète-Kommission des Deutschen Bundestags »Zukunft des bürgerschaftlichen Engagements« diesem Themenkreis, wenn auch nur in einem Ausschnitt.

Ein besonders unfruchtbarer Zugang zum Thema ist die Begründung, der Staat habe kein Geld mehr, sei in vielfältiger Weise zunehmend überfordert und daher müsse wieder mehr Eigeninitiative der Bürger gefordert werden. Diese Argumentationslinie diskreditiert das Konzept der Bürgergesellschaft. Wer so argumentiert, drängt nicht auf Veränderung, weil diese besser wäre als der jetzige Zustand, will dem Bürger nicht bewusst mehr Freiraum, Gestaltungsfreiheit und Verantwortung geben, sondern gibt nur notgedrungen ab und vermeidet dies, wenn genügend Geld vorhanden ist. Dies ist im Übrigen auch das Ergebnis der Diskussion, die schon in den 70er Jahren, etwa in der Jungen Union in Bayern, zum Thema Entstaatlichung und Entbürokratisierung geführt wurde. Auch aus heutiger Sicht sind die damals erarbeiteten Positionen und Papiere beachtlich. Als es jedoch um die Konsequenzen und die damit verbundenen Schmerzen ging, waren die Konzepte nicht mehr realisierbar, weil man ja »genügend

Geld« für noch mehr staatliche Leistungen hatte. Dieser Weg war auch in bürgerlichen Kreisen beliebter als verstärkte Eigenanstrengung und Eigenverantwortung. Insofern bleibt Geldmangel immer hilfreich für neue Kreativität, ist aber eben keine ausreichende Begründung für eine Zukunftsstrategie.

In den Programmdiskussionen der Parteien finden diese Positionen zunehmend Widerhall.

Die Grundsatzkommission der CSU hat Ende Juni 2000 ein programmatisches Diskussionspapier vorgestellt. Nunmehr soll daraus ein Beschlusspapier für den Parteitag im Jahr 2001 entwickelt werden. Gegenstand der Diskussionsveranstaltungen sind dabei nicht nur programmatische Positionsbeschreibungen, sondern vor allem die Konsequenzen, die praktischen Schlussfolgerungen für die verschiedensten gesellschaftlichen und politischen Handlungsfelder.

Die FDP hat sich auf ihrem Parteitag im Juni 2000 in Nürnberg mit programmatischen Positionierungen zur Bürgergesellschaft befasst und einige Thesen zur Bedeutung der Eigenverantwortung und des Subsidiaritätsprinzips vorgelegt.

Der SPD-Vorsitzende Bundeskanzler Gerhard Schröder hat in seinem Grundsatzartikel »Die zivile Bürgergesellschaft – Anregungen zu einer Neubestimmung der Aufgaben von Staat und Gesellschaft« in: Neue Gesellschaft / Frankfurter Hefte 4/2000 das Konzept einer Zivilgesellschaft skizziert. Er bezeichnet dies als ein »gesellschaftspolitisches Projekt«, als die Antwort auf die Veränderungen der Arbeitsmärkte und auf die Folgen der Globalisierung sowie als Neubestimmung der Aufgabenverteilung zwischen Bürger und Staat. Betont wird die Überforderung des Staates, insbesondere der Finanzen. Daraus wird vor allem die Notwendigkeit zur Neuorientierung des Sozialstaates abgeleitet.

Eine grundlegende gesellschaftspolitische Konzeption und eine dieser zu Grunde liegende Wertorientierung sind allerdings nicht erkennbar.

Eine detailliertere Auseinandersetzung mit der Überbetonung von Rechten und der Geringschätzung von Pflichten, wie in Deutschland in den letzten Jahrzehnten zu beobachten, fehlt bei

Gerhard Schröder. Hier befindet er sich eher in Gesellschaft von Oskar Lafontaine, der Pflichtbewusstsein, Fleiß oder Zuverlässigkeit zu Sekundärtugenden abqualifiziert hat, als in der Gefolgschaft seines von ihm sonst gern wieder in Anspruch genommenen Vorgängers Helmut Schmidt. Ohne eine solche Auseinandersetzung ist aber eine wirksame Erneuerung, ein Aufbruch, nicht möglich.

Sehr allgemein und widersprüchlich werden die von Gerhard Schröder beispielhaft genannten drei Bereiche Gesundheitspolitik, Stadterneuerung und Stiftungsrecht in dieser Konzeption abgehandelt. In der Gesundheitspolitik propagiert Schröder die stärkere Eigenverantwortung und Eigenbeteiligung, aber seine Regierung gestaltet Gesundheitspolitik mit immer mehr Regulierung. Sie verurteilt die von der Vorgängerregierung eingeführte stärkere Beteiligung der Bürger an den finanziellen Kosten der Gesundheitsbehandlung, verschwiegen wird aber, dass die unionsgeführte Bundesregierung ganz gezielt die sozial Schwachen durch Sonderregelungen vor einer übermäßigen Belastung geschützt hatte. Beim Beispiel Stadterneuerung ist eine über die gegenwärtige Praxis hinaus bekannte Anregung nicht zu entdecken. Im Stiftungsrecht hat die neue Regierung einen erfreulichen Impuls gesetzt, aber durch einseitige Fixierung auf die Stiftungen bei Vernachlässigung anderer gemeinnütziger Einrichtungen gleichzeitig neue Probleme geschaffen.

Unverkennbar ist, dass sich in Deutschland eine breite Diskussion über die Neuordnung des Sozialstaates und die Aufgabenverteilung zwischen Bürger und Staat entwickelt. Eine tatsächliche Kurskorrektur der SPD, über finanzielle Zwänge und Begründungen hinaus, würde die überfälligen Reformen in Deutschland erheblich erleichtern.

Wie sehr Bürgergesellschaft und Zivilgesellschaft ein Zukunftsthema der modernen Gesellschaften und Demokratien geworden sind, zeigt die Diskussion in den postkommunistischen Staaten.

In Mittel- und Osteuropa hat schon zu Zeiten der kommunistischen Diktatur die Diskussion um die Entwicklung einer Zivilgesellschaft als Alternative zum damaligen System begonnen. Diese Überlegungen wurden auch nach dem Zusammenbruch des Kommunismus weitergeführt. Ein Grundproblem dieser Länder ist die bereits beschriebene »entstrukturierte« Gesellschaft, da der Kommunismus freie Initiativen und gesellschaftliche Vereinigungen außerhalb seiner Kontrolle nicht akzeptieren konnte. Dies wirkt in diesen Ländern bis heute nach, da sich gesellschaftliche Strukturen mit entsprechendem Selbstverständnis, Milieu und sozialer Bindung so schnell nicht bilden. Dies hat auch Auswirkungen auf die Parteienlandschaft in diesen Ländern, wo sich das Fehlen dieser sozialen Milieus insbesondere in der labilen Verfassung und Zersplitterung der »bürgerlichen Parteien« zeigt, die einem in der Regel bestens organisierten und über erhebliche finanzielle und personelle Ressourcen verfügenden linken Block gegenüber stehen.

Vaclav Havel hat in einem Beitrag in der Zeitung »Die Welt« vom 4. Februar 2000 die Situation eindrucksvoll beschrieben:

»Leider hat unsere junge demokratische Elite der Errichtung der Zivilgesellschaft bislang gleichgültig gegenübergestanden und wenig dafür getan, dass sie sich etablieren kann. Als sie vor zehn Jahren an die Macht kam, ging es ihr vornehmlich darum, die vielen Befugnisse aus der Zeit des Kommunismus zu bewahren. Darin liegt eine der Ursachen, warum heute noch immer die meisten Schulen, Krankenhäuser, kulturellen Institutionen und anderen Einrichtungen in den Händen des Staates liegen, obwohl sie längst unabhängig hätten sein können. Die Debatte über eine Dezentralisierung des Staates hat über neun Jahre die Öffentlichkeit beherrscht. Gebracht hat sie wenig.«

Havel beschreibt dann eine Situation, wie sie auch unverändert übertragen werden könnte auf die Haltung nicht weniger politisch Verantwortlicher im »alten« Westen. Er meint, viele Politiker sähen in dem Wunsch, eine Zivilgesellschaft zu entwickeln, einen Angriff auf das politische System im Allgemeinen und auf die repräsentative Demokratie im Besonderen. Die jeweiligen Regierungsparteien, die ihre Macht nicht zu teilen wünschten, werteten solche Bestrebungen mit der Aussage ab: »Regieren ist unser Geschäft. Also wählt unter uns aus, dann ist aber Ruhe.« Nach Havels Beobachtung begriffen die wenigsten

Politiker in den jungen mitteleuropäischen Demokratien, dass Parteien und demokratische Institutionen nur dann funktionierten, wenn sie Kräfte aus einer zivilen, pluralistischen Umwelt ziehen könnten. »Ohne diese Kräfte verkümmern die Parteien und Institutionen langsam, aber sicher. Zivilgesellschaften bringen Pluralismus hervor. Dieser wiederum schürt den Wettbewerb, und der sichert Qualität«.

Vaclav Havel schließt aus seiner Erfahrung mit dem kommunistischen System: »Wo die Zivilgesellschaft nur ungenügend entwickelt ist, besitzt die Regierung ein Höchstmaß an Macht und damit die besten Möglichkeiten zur Kontrolle. Die Kommunisten wussten das. Sie manipulierten deshalb selbst die Vereine der Bienenzüchter.

Den bedeutendsten Aspekt der Zivilgesellschaft aber stellt die Tatsache dar, dass sie den Menschen hilft, sich über sich bewusst zu werden. Die Menschen sind nicht nur Arbeiter, Angestellte, Beamte, Profitmacher oder Konsumenten. Sie sind soziale Wesen – das ist vielleicht ihre ursprünglichste Eigenschaft –, die mit anderen Menschen zusammen sein möchten, mehr als das, die sich nach verschiedenen Formen des Zusammenlebens und der Zusammenarbeit sehnen und die das, was um sie herum geschieht, beeinflussen wollen.

Die Zivilgesellschaft bietet dazu die beste Möglichkeit. Sie ermöglicht dem Menschen die Freiheit, so zu leben und zu arbeiten, wie es ihm beliebt. Die Feinde einer offenen Gesellschaft wissen das. Deshalb bekämpfen sie diese so vehement.«

Havel beschreibt einen zentralen Aspekt der Zivil- oder Bürgergesellschaft für die Politik in allen Ländern: »Wenn man damit ernst macht, hat es Auswirkung auf die Machtsituation der Politiker und die Rolle des Staates.«

Doch nicht nur Politiker sehen das mit Besorgnis. Herbert Kremp schreibt nach dem Treffen von 14 sozialdemokratisch / sozialistisch orientierten Regierungschefs in Berlin in der Zeitung »Die Welt« vom 7. Juni 2000:

»An die Stelle der Parteien tritt die Zivilgesellschaft, über die sich das Berliner Kommuniqué angelegentlich, wenn auch diffe-

renziert äußerte, weil die Sonderpolitik der NGOs (Nichtregierungsorganisationen), Bürgerinitiativen, Umweltverbände und religiös gefärbten Gruppierungen sich bislang der professionellen
Politik entgegenstellt. Sie fordern souveräne Macht und das Recht
der Gesetzesinitiative ein, proklamieren eine Verknüpfung von re-
präsentativer und partizipatorischer Demokratie, die dem Grund-
typus der europäischen Verfassung entgegenläuft. Hellhörig, wie
die sich ›links‹ definierenden Chefs der Konferenzen sind, haben
sie jedoch wahrgenommen, dass die Zivilgesellschaft nicht einfach
Konkurrenz und Antipode ist, sondern ein Gesellschaftsmodell auf
der Grundlage eines kontrollierten Kapitalismus, der Zivilisations-
werte Solidarität, Gerechtigkeit, Sozialnormen und Umwelt sowie
einer Humanität, die vor allem Ungleichheit, Rassismus und
Fremdenfeindlichkeit, also alles, ›was rechts ist‹, ins Visier nimmt.

Für die linken Regierungen und Parteien liegt es nahe, die
›Charta der europäischen Bürgerinnen und Bürger‹, wie sie das
Europäische Forum der Zivilgesellschaft am 22. März 1977 in
Rom vorlegte, als Chance zu begreifen. Ihre Präambel erhebt
den Anspruch, ›dass die Macht den Bürgerinnen und Bürgern
gehört und nicht dem Markt oder der Technologie‹. Vormoder-
nes Pathos durchzieht das Dokument. Seine eindeutig gegen den
›kalifornischen Kapitalismus‹ gerichtete Maginot-Politik kann
von Schröder und Blair zwar nicht unbesehen akzeptiert werden
– eher schon von Jospin –, doch bietet die Zivilgesellschaft als
Konzept und als Sammelbewegung eine Art plebiszitäre Grundlage und Legitimationsbasis für die Mehrheitssuche in der harten
Zeit der Globalisierung aller ökonomischen Lebensbezüge.«

Sehr zutreffend hat Kremp analysiert, dass es sich um ein ge-
sellschafts- und staatspolitisches Konzept für die Bedingungen
des 21. Jahrhunderts, genauer und bescheidener für die jetzt er-
kennbare Wegstrecke, und nicht nur um eine innenpolitische
Diskussion handelt.

Die Frage- und die Aufgabenstellungen sind international, zumindest europäisch, nicht nur im Hinblick auf die innere Situation der Länder, sondern auch auf die künftige Gestaltung der
Europäischen Union.

Eine neue Kultur
der Verantwortung

Verantwortung übernehmen –
Warum soll ich?

Die Menschen haben ganz verschiedene Motive und Zugänge zur Übernahme von Verantwortung. Stark hedonistisch und materialistisch geprägte Menschen, die schnell Geld verdienen und es großzügig ausgeben wollen und kein Interesse an der Situation von Mitmenschen und öffentlichen Belangen haben, finden dagegen wenig bis gar keine Zugänge. Auch diese Gruppe gibt es, aber sie befindet sich in der Minderheit. In manchem Rausch des schnellen Geldes wird diese Haltung gepflegt und wirkt auf andere ob des materiellen Erfolges anziehend, aber dem Rausch wird auch Ernüchterung folgen. Es handelt sich um eine von den Medien und der Werbung gehätschelte Minderheit, mit der natürlich »kein Staat« zu machen ist.

Die überwältigende Mehrheit hat eine grundsätzlich andere Einstellung zur Verantwortung. Gleichwohl ist aber auch die Tendenz des Rückzugs aus Verantwortung unverkennbar. Ursächlich dafür mögen eine ich-bezogene Selbstverwirklichung oder auch unliebsame Erfahrungen sein.

Für religiös fundierte Menschen bedarf die Übernahme von Verantwortung keiner besonderen Begründung, aber auch andere halten sie als Teil ihrer Lebenseinstellung für unverzichtbar. Es wäre eine eigene Untersuchung wert, ob grundsätzlich die Bereitschaft zur Verantwortungsübernahme sinkt oder ob nur die Rahmenbedingungen schwieriger, unattraktiver und abschreckender geworden sind.

Viktor Frankl hat mit seinem Konzept der Existenzanalyse und der Logotherapie eine für den Menschen unter den Lebensbedingungen von heute wegweisende Konzeption entwickelt. Dieses Gedankengut ist wissenschaftlich begründet und nicht von religiöser Überzeugung abhängig, es ist gleichwohl mit der jüdisch-christlichen Tradition weithin deckungsgleich. Dies kann auch für die Menschen Zugang sein, die, aus welchem Grund auch immer, zu jeder christlich formulierten Programmatik auf Distanz gehen.

Frankl betont besonders, der Mensch habe die Fähigkeit, in seiner jeweiligen Situation, auch mit ihren Begrenzungen, als geistiges Wesen seine eigenständige Antwort zu geben. Er sei nicht hilfloses Objekt seiner Lebensbedingungen. Der Mensch brauche für ein gelingendes Leben Aufgaben und Ziele, die über seine eigenen Interessen hinaus weisen.

Das primäre Motiv eines jeden Menschen, das, was er *im Grunde* will, was ihn vor allem anderen ins Leben hineinzieht, sei seine »Sehnsucht nach Sinn«. Sinn sei die »Hauptsache in meinem Leben«, das Wesentliche und Wichtige. In diesem Sinne beschreibt Viktor Frankl die Bedeutung der Sinnsuche

(Viktor E. Frankl, »Der Mensch vor der Frage nach dem Sinn«, 1979).

Wer die Menschen zur Übernahme von Verantwortung ermutigen will, muss vermitteln, dass es gerade die Übernahme von Verantwortung ist, die dem Leben Sinn gibt, auch wenn es zunächst bequemer erscheint, sich der Verantwortung zu entledigen.

Der Wert der Übernahme von Verantwortung für die eigene Lebensqualität ist nur über Erfahrungen erkennbar.

Daher hat Erziehung auch die Aufgabe, eine Hinführung zur Übernahme von Verantwortung durch ständige Lernprozesse und damit verbundene Erfahrungen zu bewirken. Der Appell allein wird nicht zu einer Verhaltensänderung führen. Mehr bewirkt schon das Vorbild, die Beobachtung des Verhaltens anderer, noch mehr die eigene Erfahrung, etwa neu entdeckte Fähigkeiten oder Befriedigung im Tun. Ermutigend ist die Erfahrung, dass Menschen zur Übernahme von mehr Verantwortung bereit sind, wenn man ihnen dafür das Vertrauen und entsprechende Gestaltungsmöglichkeiten gibt. Bei Betriebsbesuchen, bei denen das Thema »Gestaltung der Arbeitsorganisation und der Arbeitszeiten« im Mittelpunkt stand, machte ich die beeindruckende Erfahrung, dass mit der Delegation von Gestaltungsmöglichkeiten und Zuständigkeiten nach unten die Bereitschaft zur Übernahme von Verantwortung in vorher kaum vorstellbarer Weise gestiegen ist.

Verantwortung zu übernehmen ist also eine Frage der Wertvorstellungen, der Einsichten und – dies ist besonders zu beachten – der Erfahrungen und der Rahmenbedingungen.

Eine kurze Antwort auf die eingangs gestellte Frage könnte also lauteten: Weil es sich für mich persönlich letztlich lohnt. Christen haben eine darüber hinausgehende Begründung, weil sie sich im Sinne christlicher Menschenliebe den Mitmenschen verpflichtet fühlen – gleichwohl werden auch sie in ihrem Verhalten von den eigenen Erfahrungen und den vorgefundenen Strukturen nicht frei sein.

Verantwortungsbereitschaft kann also letztlich dauerhaft nur wachsen, wenn eine Erfahrung über die Wechselbeziehungen zwischen dem Verhalten und der Wirkung dieses Verhaltens gemacht wird.

Die Anonymität vieler Strukturen in einer immer komplexeren Welt und in großen Einheiten verringert drastisch die Bereitschaft, Verantwortung zu übernehmen. Diese Situation wird sich auch durch Appelle nicht ändern.

Die Erfahrung der Bereicherung für das Leben durch gelebte Verantwortung ist – wie alles Wertvolle im Leben, wie alle tieferen Erfahrungen – ohne Anstrengung und Belastung nicht zu erreichen. Die Alternative sind aber nur Oberflächlichkeit und Sinnlosigkeit. Wer für eine neue Kultur der Verantwortung plädiert, lastet den Menschen deshalb nicht einseitig etwas auf, sondern er erschließt ihnen neue Möglichkeiten.

Verantwortung übernehmen – für sich selbst

Die Forderung nach mehr Eigenverantwortung gehört schon gewissermaßen zur Grundausstattung der politischen Diskussion. Da das Motiv weithin die Erkenntnis ist, dass der überforderte Staat entlastet werden muss, ist dies in den Augen vieler Menschen keine positive Botschaft. Ähnlich verhält es sich mit der Betonung größerer Freiheit. Wenn die Mehrzahl der Menschen darunter nur die Freiheit der Starken versteht, kann diese Forderung wenig Gefolgschaft finden. Es fehlt dann die Einsicht, dass eine Welt ohne Regeln und Verpflichtungen gerade nicht eine Welt der Freiheit, sondern eine Welt extremster Unfreiheit ist, weil man sich bei der Verfolgung seiner Lebenspläne auf das Verhalten der Anderen nicht mehr verlassen kann. Deshalb ist es im eigenen Interesse, sich an Regeln zu halten, nicht wegen des Nutzens für die Anderen, sondern wegen der Sicherung der eigenen Freiheit.

So erfolgt auch die Übernahme von Verantwortung durchaus nicht nur uneigennützig. Wenn niemand mehr Verantwortung übernimmt, wird die eigene Lebenssituation immer inhumaner.

Mit all diesen Einsichten entsteht aber noch nicht von selbst die Fähigkeit zur Übernahme von Verantwortung. Diese Fähigkeit muss im Erziehungsprozess grundgelegt werden. Hier stellt sich zunächst wiederum die Frage nach dem Menschenbild.

Wenn der Mensch letztlich nur ein Produkt seiner Umwelt oder seiner Triebe ist, kann ihm Verantwortung für seine eigene Lebensgestaltung und Lebensplanung nicht abverlangt werden.

»Jeder Mensch ist selbst dafür verantwortlich, was er aus seinen Vorgegebenheiten macht. Er findet seine Veranlagung vor, seine Familie, seine Umwelt, seine Zeit und den kosmischen Lebensraum, und sie prägen ihn.

Seine Lebensaufgabe aber besteht darin, sich diesen Vorgegebenheiten gegenüber so frei wie möglich zu verhalten und sich selbst immer wieder neu zu prägen. Mensch sein ist Herausforderung zur Menschwerdung.«

(Uwe Böschemeyer, »Vom Typ zum Original«, 1994)

Diese Position steht freilich im krassen Gegensatz zu den in den letzten Jahrzehnten in Erziehung und Pädagogik weithin propagierten Leitbildern, die alle Mühen, alle Probleme, alles Versagen der schnöden Gesellschaftsordnung zugeschoben haben. Das galt leider in erheblichen Umfang auch für die kirchlichen Gruppen und Einrichtungen. Deshalb ist erfreulich und ermutigend, wenn nun eine Kommission der Deutschen Bischofskonferenz formuliert: »Eigenverantwortung als Voraussetzung gesellschaftlicher Solidarität [muss] von allen gefordert werden«.

(»Mehr Beteiligungsgerechtigkeit« – Memorandum einer Expertengruppe im Auftrag der Kommission für gesellschaftliche und soziale Fragen der Deutschen Bischofskonferenz, Oktober 1998)

Gerade bei jungen Menschen ist in einem erschreckenden Ausmaß die Unfähigkeit zu einem wirklich selbstbestimmten Leben zu beobachten. Sie fühlen sich frei, frei von Regeln und Normen, und befinden sich in Wirklichkeit in tiefen Abhängigkeiten von ihrer Umgebung. Die rasch wachsende Überschuldung junger Menschen, die nicht mehr die Fähigkeit haben, ihre Wünsche mit ihren Möglichkeiten in Übereinstimmung zu bringen, ist dafür ein trauriger Beleg. Es ist wahrscheinlich auch eine Bankrotterklärung für die Erziehung – wobei man deren Schwierigkeit angesichts vieler Miterzieher und verführerischer Leitbilder mitbedenken muss.

Übernahme von Verantwortung können wir in der heutigen Welt, in der soziale Normen dazu nicht mehr zwingen, nur von Menschen erwarten, die eine eigenständige Persönlichkeit sind. In der Erziehung kommt es deshalb darauf an, die Persönlichkeit zu stärken.

Eva Maria Waibel, zuständige Landesrätin für Schule und Wissenschaft der Vorarlberger Landesregierung, hat in ihrem Buch »Erziehung zum Selbstwert« dafür ein überzeugendes erzieherisches Konzept dargestellt. Ich sehe in diesem Konzept das Leitbild für eine Erziehung, das dem Menschenbild der Aktiven Bürgergesellschaft entspricht.

Eva Maria Waibel stellt die Grundposition voraus, dass die Person grundsätzlich immer frei ist zur persönlichen Stellungnahme. Die Kunst der Erziehung bestehe nun darin, den zu Erziehenden so anzusprechen, dass er sich als Person angenommen fühlt, dass das in ihm berührt wird, was Stellung nehmen kann.

Dies bedingt eine Grundhaltung des Respekts vor der Person, den Möglichkeiten und Grenzen des anderen Menschen, in diesem Zusammenhang vor allem der Kinder und der Jugendlichen. Sie haben ein Recht auf ihr Sosein, auf ihren eigenen Lebensweg, und sie müssen nicht die Kopie der Eltern oder anderer Vorstellungen werden. Sie können dies aber nur werden in einem erzieherischen Prozess, der Auseinandersetzung und Förderung beinhaltet. Dies ist ein hoher Anspruch an die Erziehenden.

»Man kann nicht wirklich erziehen, ohne sich selbst zu verändern und die Fallen der eigenen Erziehungsgeschichte zu entwirren«. Der Erziehende braucht eine Wertklarheit für sich selbst, muss also wissen, nach welchen Werten er das eigene Leben ausrichtet, und daraus auch erzieherische Werte entwickeln. Waibel beschreibt die Schwierigkeiten und Folgen verschiedener, gegenwärtig häufig praktizierter Erziehungsstile.

Sie erläutert die Probleme des traditionell-autoritären Erziehungsstils, bei dem sich die Kinder in erster Linie anpassen müssen, oder einer Erziehung, bei der Eltern ihre bei sich selbst nicht erfüllten Wünsche und Träume in den Kindern realisieren wollen.

»Wer sich in der Kindheit Eltern anpassen muss, um überhaupt angenommen zu werden, wird sich schwer tun, sich später selbst anzunehmen«. Ähnliche Gefahren sieht sie aber auch in einer anderen Variante: Die »blinde« Liebe sieht den Anderen nicht so, wie er ist oder wie er sein könnte, sondern wie ihn sich die außenstehende Person wünscht.

Eine ähnliche Ignoranz sieht die Autorin aber auch im Stil der Verwahrlosung und Verwöhnung.

»Bei Verwahrlosung wird die Person des Heranwachsenden ignoriert und übergangen, das heißt sich selbst überlassen und nicht angesprochen. Bei der Verwöhnung gibt es häufig eine Überkompensation der Eltern in materieller Hinsicht. Dann gibt es noch eine Erziehung, die eigentlich gar keine ist: Ein Tun- und Machen-Lassen, das sogenannte Laisser-faire, oder manchmal auch die vielleicht noch problematischere Schaukelerziehung, ein Schwanken zwischen übergroßer Strenge und übergroßer Nachgiebigkeit, die unberechenbar ist und nicht eingeschätzt werden kann.«

Diese Erziehungsstile führten zwangsläufig zu Unselbständigkeit, eigene Kräfte könnten sich nicht entfalten, Kinder würden in Abhängigkeit gehalten. Bei der verwöhnenden Erziehung würde ebenso wie bei der autoritären die Freiheit eingeengt, Verantwortung für das eigene Leben könne allenfalls in einem sehr eingeschränkten Maß wahrgenommen werden. Solche Erzieher orientieren sich nicht an der Person des Kindes, an dem, was das Kind braucht und will.

Eine Aktive Bürgergesellschaft ist nicht mit angepassten Kindern zu gestalten, sondern nur mit solchen Menschen, die aus einem gesunden Selbstwertgefühl heraus auch den Anderen annehmen und sich engagieren können. Eine solche Entwicklung sei, so Eva Maria Waibel, auch nicht mit dem Erziehungsstil des Laisser-faire möglich.

»Diese Erziehungsform spricht die Person des Kindes nicht an und fordert sie nicht zur Stellungnahme. Die Erzieher lassen maximale Freiheit, falsch verstandene Freiheit. Es ist dies eine Freiheit von Allem und nicht eine Freiheit zu etwas. Die Erzieher stülpen ihnen zwar keine fremden Werte über, bieten ihnen aber auch keine an. Durch die dadurch entstehende allgemeine Ziellosigkeit können Kinder weder Halt noch wertorientiertes Handeln entwickeln.«

In der Konsequenz betont Waibel die Notwendigkeit, in der Erziehung Grenzen zu setzen, denn damit würde der Mensch immer wieder auf sich zurück verwiesen, er erfährt mehr von sich, Selbstwert wird aufgebaut. Die Grenzerfahrung führt zu Demut. Demut bedeutet nichts anderes, als annehmen zu können, nicht allwissend oder allgegenwärtig zu sein, ohne dies als Fehler zu empfinden. Der Mensch ist nicht absolut, sonst wäre er nicht mehr Mensch, sondern bereits Gott.

In einer grenzenlosen Welt gibt es keine Reibung an eben diesen Grenzen und keine Auseinandersetzung mit den Grenzen und damit mit sich selbst. Der Mensch braucht aber diese Reibung, um zu wachsen. Um stark zu werden, braucht er einen Sparring-Partner.

Fehlende Grenzen machen haltlos. Sie fordern zu Grenzüberschreitungen und ausweichenden Verhaltensweisen heraus. Besonders Kinder, die nicht wissen, woran sie bei Erwachsenen sind, testen deren Grenzen aus, das heißt, sie versuchen dadurch, mit Erwachsenen eine Beziehung aufzunehmen, um Klarheit darüber zu gewinnen, wie es um das Verhältnis zwischen ihnen beiden steht.

»Ausweichende Verhaltensweisen« seien ein Symptom für existenzielles Vakuum, das sich in Sinnlosigkeit und in einer inneren Leere ausdrückt. Dies zeige sich etwa in den verschiedensten Ausdrucksformen der Sucht.

»Sucht ist die verirrte Suche nach Sinn, denn wer Drogen zum Leben braucht, dem fehlt in Wirklichkeit etwas anderes. Der Süchtige ist nicht ein Siechender, sondern nur ein Suchender. Es kann daher nie genügen, dem Menschen die Droge (das Suchtmittel) wegzunehmen. Wir alle müssen auch etwas geben, etwas anbieten, wofür es sich zu leben lohnt.«

Angesichts der ständig steigenden Zahlen der verschiedensten Formen von Sucht und Abhängigkeit ist dies ein Befund, der auf zentrale Probleme unserer Gesellschaft hinweist. Jeder Drogentote ist Anlass für Schlagzeilen, aber kaum für eine fundierte Auseinandersetzung über die Ursachen dieser Entwicklung. Dies würde nämlich zu einer Auseinandersetzung über innere Defizite, über Fehlentwicklungen im Verhalten und in den Wertevorstellungen führen. Deshalb wird die Erklärung dann lieber in einer allgemeinen Gesellschaftskritik gesucht. Die offene Diskussion über Erziehung und Bildung in unserer Zeit jedoch ist eine unabdingbare Grundvoraussetzung für die Entwicklung einer Aktiven Bürgergesellschaft. Programmaussagen zur Bürgergesellschaft, die das zu Grunde liegende Menschenbild und die Schlussfolgerungen für Erziehung und Bildung aussparen, sind nur Fassadenbau. Die bundesdeutsche Diskussion zum Thema wird bislang aber vielfach von derart vordergründiger Argumentation bestimmt.

Die Aktive Bürgergesellschaft beginnt in der Erziehung, die in den Familien und in den Schulen zu leisten ist. Um das Ziel der Aktiven Bürgergesellschaft zu erreichen, ist es deshalb unerlässlich, für die öffentlichen Schulen ein Leitbild für Erziehung und Persönlichkeitsbildung zu formulieren und im Alltag umzusetzen. Die Politik kommt nicht umhin, den Bürgerinnen und

Bürgern mehr Eigenverantwortung und damit mehr Eigenanstrengung abzuverlangen. Ein Leitmotiv der Aktiven Bürgergesellschaft lautet: »Was der Einzelne zumutbar leisten kann, muss er auch selbst leisten.«

Zu einer positiven Zukunftsstrategie gehört aber die Vermittlung der Erkenntnis, dass sich damit für die Menschen auch positive Erfahrungen und Bereicherungen eröffnen.

Dieses Leitthema hat, ernst genommen, weitreichende Konsequenzen für die Ausgestaltung unseres Zusammenlebens. Zunächst ist immer der Einzelne gefordert, seine Potenziale auszuschöpfen und sich entsprechend anzustrengen. Erziehung hat die Aufgabe, die Forderung umzusetzen. Die Leistungen des Staates haben sich ebenso am Vorrang der Eigenverantwortung zu orientieren.

Wenn man von diesem Menschenbild ausgeht, sind Eigenanstrengungen im Rahmen des für den Einzelnen jeweils Möglichen – hier beginnt der Schutz für die Schwachen –, etwa im Gesundheitswesen oder bei anderen Sozialleistungen, nicht mehr eine Zumutung, sondern eine Selbstverständlichkeit. Nach diesem Maßstab sind Mitnahmeeffekte für Unternehmer bei Subventionen ebenso zu bekämpfen.

Der Vorrang der Eigenverantwortung steht aber nicht im Widerspruch zur gegenseitigen Solidarität.

Verantwortung übernehmen – für die Mitmenschen und das Gemeinwesen

Der Mensch ist ein soziales Wesen, elementar darauf angewiesen, dass sich andere Menschen ihm zuwenden. Davon hängt nicht nur im Kleinkindalter die Lebensexistenz und die Prägung für das Leben ab. Lebenslang ist unsere Lebensqualität davon entscheidend beeinflusst.

Der Psychologe Uwe Böschemeyer drückt es so aus:

»Jeder Mensch ist ein Teil der Gemeinschaft der Menschen und des Lebens überhaupt. Daraus folgt, dass nur der sein Leben voll bejahen kann, der sich – soweit wie möglich – auf das ihn umgebende Leben einlässt. Jeder Mensch ist beides: Ein Homo individualis und ein Homo sozialis. Daraus folgt, dass nur der sein Leben voll bejahen kann, der – soweit wie möglich – beides auslebt: sich selbst und seine Beziehung zu anderem Leben.«

Eine Annahme seiner Selbst ist freilich Voraussetzung, um auch den Anderen annehmen zu können. In der Hinwendung zu anderen Menschen erschließen sich neue Dimensionen des Lebens. Dies ist die tiefe Erfahrung vieler Menschen, die sich, etwa im Ehrenamt, für andere Menschen engagieren. Sie nehmen damit teil an den Erfahrungen und Einsichten anderer Menschen. Sie entwickeln Fähigkeiten, die sie ohne diese Hinwendung und dieses Engagement gar nicht gewonnen hätten, sie weiten ihren Horizont, sie können ihr eigenes Leben besser einordnen. Die Grenze solchen Einsatzes liegt dort, wo einsatzbereite Menschen nur ausgebeutet werden. Dies ist in Gemeinschaften und Organisationen auch immer wieder zu beobachten. Hier gebietet der Selbstschutz eine Einschränkung des Engagements. Aber grundsätzlich überwiegt die positive Erfahrung, die auch bewusst gemacht werden sollte. Es ist problematisch, wenn nur über die mit dem Engagement verbundenen Belastungen geredet wird – womöglich, um nach Anerkennung zu heischen. Damit bleiben die positiven Erfahrungen verschlossen. Dies wirkt vor allem auf die jüngeren Menschen, die diese Erfahrung noch nicht haben können und die wir für das Engagement brauchen, fatal.

Dieser »persönliche Nutzen« ist bewusst vorangestellt, weil wir Menschen ohne entsprechende Motivation kaum gewinnen können.

Engagement für die Mitmenschen, Solidarität, bildet aber auch unabhängig vom eigenen Nutzen eine ethische Grundlage jeder menschlichen Gemeinschaft. Je mehr der Mensch im praktischen Leben aufeinander angewiesen ist, etwa in noch gering arbeitsteiligen Kulturen der Agrargesellschaft mit den wechselseitigen Formen der Hilfe, von der gemeinsamen Arbeit auf dem Feld bis zur ausgeprägten Nachbarschaftshilfe, desto mehr ist dies auch im Bewusstsein verankert. Je stärker die Unterstützung in einem großen Rahmen, etwa sozialstaatlich, organisiert ist, um so größer sind die Ungebundenheit und der Freiheitsgrad der Menschen – eine gewiss positive Entwicklung, da sie mehr selbstbestimmtes Leben ermöglicht –, aber um so größer ist auch die Versuchung, sich zurückzuziehen. Deshalb bedarf es in der modernen Gesellschaft einer ausdrücklichen Begründung für die Notwendigkeit des Engagements für die Mitmenschen und das Gemeinwesen. Dies gilt um so mehr dort, wo der Antrieb zum Engagement nicht mehr aus gelebten Werthaltungen und persönlichen Überzeugungen, wie etwa im Christentum, entspringt.

In der Verankerung des Gedankens der Solidargemeinschaft in unserer Gesellschaft wird auch eine besondere kulturelle Leistung des Christentums sichtbar.

Heinrich Böll hat es einmal so ausgedrückt:

»Selbst die allerschlechteste christliche Welt würde ich der besten heidnischen vorziehen, weil es in einer christlichen Welt Raum gibt für die, denen keine heidnische Welt je Raum gegeben hat, für Krüppel und Kranke, für Alte und Schwache. Und mehr noch als Raum gibt sie Liebe. Liebe für die, die in der heidnischen gottlosen Welt nutzlos erscheinen.«

(Zitiert nach Karl-Heinz Deschner,
»Was halten Sie vom Christentum?«, 1957)

Der frühere Bundeskanzler Helmut Schmidt sieht nun die Situation in Deutschland sehr pessimistisch:

»Auch bei uns in Deutschland stehen die Rechte in höherem Kurs als Pflichten. Ansprüche werden vielfältig mit überlauter Stimme erhoben, Verantwortung jedes Einzelnen gegenüber den vielen Bereichen unserer Gesellschaft kaum gelehrt und daher auch kaum wahrgenommen. Viele Wirtschaftsmanager werden ihrer Verantwortung nicht gerecht, ebenso viele Universitäten oder Fernsehkanäle. Eine weitgehend permissive Erziehung orientiert sich allzu einseitig an den Grundrechten, von Grundpflichten ist kaum die Rede. Rücksichtslose egoistische ›Selbstverwirklichung‹ erscheint als Ideal, Gemeinwohl eher als bloße Phrase.«

Man braucht diese Diagnose nicht zu teilen, obwohl sich manchmal dieser Eindruck aufdrängt. Andererseits gibt es viele Gegenbeispiele. Bemerkenswert viele junge Menschen sind beispielsweise in Behinderteneinrichtungen tätig.

Vielleicht gibt es auch so etwas wie eine Kehrtwende. Die »Süddeutsche Zeitung« berichtet in der Ausgabe vom 22./23. Januar 2000 über eine Erhebung des Sigmund-Freud-Instituts:

»Nach dem Egokult der 80er Jahre stehen heute Nähe, Soziale Offenheit und Geselligkeit wieder hoch im Kurs. Auch traditionelle Themen wie Ordnung, Verlässlichkeit und Anstrengung würden wieder bejaht. Damit habe sich zum ersten Mal seit 1968 der Individualismustrend umgekehrt. Ende der 70er Jahre hätten sich die Menschen noch parallel zur wirtschaftlichen Entwicklung auf ihre ›Ich-Energien‹ zurückgezogen und private Nähe aufgegeben. Jetzt werde nicht mehr in erster Linie Selbstverwirklichung angestrebt, sondern engeres Zusammenleben.«

Wie dem auch sei, wesentlich ist vor allem, den Menschen zu erschließen, dass Engagement für den Mitmenschen nicht eine unzumutbare Belastung, sondern eine bereichernde Dimension für das eigene Leben darstellt, und dass wir gegenseitig aufeinander angewiesen sind. Wir müssen die Einsicht vermitteln, dass Einzelwohl und Gemeinwohl einander bedingen.

Daher ist ein Leitthema der Aktiven Bürgergesellschaft für den Bereich der Erziehung und Bildung: Erziehung zum Engagement statt Erziehung zur kritischen Distanz.

Dies ist eine wesentliche Zielsetzung für Familie, Schule, Jugend- und Erwachsenenbildung.

Es wäre keinesfalls gerecht, die Defizite in unserer Gesellschaft nur der Jugend zuzuschreiben oder nur der Schule und der Lehrerschaft als Aufgabe zuzuweisen.

Für alle sollte als Selbstverständlichkeit, als innere Grundhaltung das *Prinzip Gegenseitigkeit* gelten: Jede/r gibt im Rahmen seiner Möglichkeiten zurück – durch Zuwendung zu anderen

Menschen, durch Engagement für andere. Es ist kaum vorstellbar, was sich in unserem Zusammenleben, im gesellschaftlichen Klima positiv verändern würde, wenn anstelle einseitiger Anspruchhaltung diese Maxime allgemein Geltung bekäme.

Wir müssen den Mut haben, diesen Maßstab zu formulieren!

Sich anderen Menschen zuzuwenden, sich zu engagieren, ist freilich nicht nur eine Frage des guten Willens. Dazu ist die Einübung sozialen Verhaltens, von Teamfähigkeit und Gemeinschaftsfähigkeit unerlässlich.

Voraussetzung dafür ist der Respekt voreinander. Das ist leider keine Selbstverständlichkeit. Diese so schlicht klingende Aufforderung ist ein Schlüssel im Kampf gegen die Seuche der Gewalt, gegen die vielfältige Entwürdigung von Menschen.

Reinhard Mohn betont aus der Erfahrung des erfolgreichen Unternehmers und der gesellschaftspolitisch denkenden Führungspersönlichkeit in seinem Buch »Menschlichkeit gewinnt« besonders die Bedeutung der Gemeinschaft und der Gemeinschaftsfähigkeit für die Lebensqualität des Menschen und die Zukunftsfähigkeit von Gesellschaft, Wirtschaft und Staat.

Ohne praktische Einübung, in allen Lebensbereichen, von der Familie bis hin zur Berufswelt, kann jedoch Gemeinschaftsfähigkeit nicht wachsen.

Verantwortung übernehmen – für die Zukunft

»Die Lebenskraft einer Epoche zeigt sich in ihrer Aussaat, nicht in ihrer Ernte.«

(Ludwig Börne)

In der politischen Diskussion der letzten Jahre tauchen zwei neue Begriffe auf: »Generationengerechtigkeit« und »Nachhaltigkeit«. Der erste Begriff wird mehr mit der Neuordnung der Sozialsysteme und hier insbesondere des Rentensystems verbunden, der zweite Begriff mit dem Umweltschutz. Beide sind jedoch umfassend zu verstehen und sollten nicht nur in diesen speziellen Fachbereichen gelten.

Mit den Möglichkeiten muss auch immer die Verantwortung mitwachsen, und noch nie hatte die Menschheit so viele Möglichkeiten zu Veränderungen, die in ihren Folgewirkungen die Nachkommen treffen, wie gegenwärtig.

»Nachhaltigkeit« ist deshalb zu einem maßgeblichen ethischen Orientierungsprinzip für politisches Handeln geworden. Diesem Prinzip gerecht zu werden, ist eine große Herausforderung, widerspricht es doch in hohem Maße der menschlichen Natur. Unsere menschliche Struktur ist geprägt vom täglichen Überlebenskampf. Diesen Kampf hat heute noch die Mehrheit der Weltbevölkerung zu bestehen, die deshalb den Kopf und die Kräfte nicht frei hat für längerfristiges, zukunftsorientiertes Denken. Erst die Sicherheiten und die Möglichkeiten der Wohlstandsgesellschaft eröffnen uns den Freiraum für diese Zukunftsorientierung. Die Dimension Zukunft hat damit eine neue Bedeutung bekommen. Gleichzeitig gehört aber die Zukunftsangst zu den auffälligsten Merkmalen unserer Zeit.

Nachhaltigkeit und Chancengerechtigkeit sind heute ein Thema in allen Parteien, sie sind aber ein ganz ureigenes Thema der Christen und der Konservativen – sollten es zumindest sein.

Teil der Aktiven Bürgergesellschaft ist ein generationenübergreifender Gesellschaftsvertrag, in dem die Errungenschaften der Vorfahren als wertvolles Erbe mit den Interessen der heutigen und der nachfolgenden Generationen zusammengefügt werden.

Längerfristiges Denken und weitsichtige Verantwortung wissen sich der Vergangenheit und ihrem Erbe verpflichtet und erkennen die daraus erwachsende Verpflichtung für die Zukunft.

Der Begriff Nachhaltigkeit stammt aus der bäuerlichen Land- und Forstwirtschaft. In dieser Kultur und Tradition war es Grundlage einer generationenübergreifenden Überlebensstrategie, nicht von der Substanz auf Kosten der Zukunft zu leben. In der bäuerlichen Welt war es geradezu ein Ehrenkodex, der mit entsprechendem Ehrgeiz verfolgt wurde, dass der Nachkomme den Betrieb möglichst so intakt übernehmen sollte, wie man ihn selbst übernommen hatte. Von der Substanz lebte man nur in Zeiten der Not und nur vorübergehend. Familien, die dauerhaft von der Substanz ihres Betriebes zehrten, verwirtschafteten die Grundlagen der Existenz ihrer Nachkommen.

Nach einigen Jahrzehnten scheinbar grenzenlosen Wachstums rücken Grenzen und Folgen unseres Tuns allmählich immer mehr ins Bewusstsein. Für die Umweltbewegung ist dieses Denken ein zentraler Orientierungspunkt. Mit der UNO-Konferenz von Rio de Janeiro 1992 erlangte der Begriff Nachhaltigkeit über die reinen Umweltfragen hinaus substanzielle Bedeutung für verantwortungsbewusste Politik.

So wurde über alle weltanschaulichen Lager hinweg ein konservativer Grundwert, nämlich die Verpflichtung zum generationenübergreifenden Denken, zur allgemein akzeptierten Zielvorstellung.

Für unsere Gesellschaft ist jedoch das kurzfristige Denken typisch. Dies gilt nicht nur für die gern gescholtenen Politiker, es ist ein generelles Wesensmerkmal unserer Zeit. Da gleichzeitig unser Handeln immer mehr langfristige Wirkungen hat, ergibt sich daraus eine für die Nachkommen bedrohliche Dimension. In der heutigen Wirklichkeit steht weithin Augenblicks- und Konsumorientierung über der Zukunftsorientierung.

Das Prinzip Nachhaltigkeit muss jedoch Handlungsleitlinie in all den Lebensbereichen werden, bei denen Langzeitwirkungen erzeugt werden und deshalb eine besondere Verantwortung gegenüber der Zukunft und den Nachkommen wahrgenommen werden muss.

Konkret seien dafür vier Aufgabenfelder benannt:

1. Natürliche Lebensgrundlagen

Es ist fast Allgemeingut geworden, dass wir die natürlichen Lebensgrundlagen nicht einfach verbrauchen dürfen. Gemessen an sonstigen Entwicklungsphasen hat die Umweltpolitik in relativ kurzer Zeit einen hohen Stellenwert erhalten, und Vieles ist bei uns heute als unabdingbare ökologische Rücksichtnahme selbstverständlich, was vor 20 Jahren noch heftig umstritten war und abgelehnt wurde.

Dennoch bleibt festzuhalten: Wir haben noch nicht eine Art zu leben und zu wirtschaften erreicht, die nicht mehr von der Substanz zehrt. Es ist viel erreicht, aber noch viel zu tun. Wir sind noch ein erhebliches Stück entfernt vom bäuerlichen Denken eines nachhaltigen Wirtschaftens.

2. Verschuldung – wie viel und wofür?

Schulden sind im privaten wie im öffentlichen Leben nicht in jedem Fall negativ zu bewerten. Die entscheidende Frage ist, wofür wir uns verschulden und in welchen Dimensionen. Haben die Nachkommen davon noch einen Nutzen oder nur die Lasten?

Die Wiedervereinigung und die Erblast des »realen Sozialismus« führten dabei zu einer besonderen Situation mit großen Schuldenlasten.

Wir haben uns in den vergangenen Jahrzehnten in einer erschreckenden Selbstverständlichkeit angewöhnt, ständig mehr auszugeben als wir erwirtschaften, nicht nur vorübergehend, sondern über Jahrzehnte hinweg.

Bei den Entscheidungen über die Zukunft der öffentlichen Haushalte bedarf es daher einer ethischen Orientierung.

In diesen insgesamt guten Zeiten ist es eine vordringliche politische Aufgabe, die Neuverschuldung allmählich zu beenden und alte Schulden zu reduzieren. Wann denn, wenn nicht jetzt?

3. Forschungs- und Zukunftsinvestitionen und wachsame Begleitung des technisch-wissenschaftlichen Fortschritts.

Geben wir genügend für Forschung, Entwicklung und für künftige Problemlösungen aus?

Wie sich jeder gut geführte Betrieb die Frage stellen muss, ob er genügend für die Anforderungen von morgen investiert und damit seine Lebensgrundlagen erhält, haben wir auch im öffentlichen Leben darüber Rechenschaft abzulegen, ob wir genügend

verfügbares Geld für Forschung, Entwicklung und Zukunftsinvestitionen (dazu zählen auch Bildung und Infrastruktur) ausgeben oder zu viel für augenblickliche Wohltaten.

Unter dem Aspekt der Zukunftsverantwortung, des Offenhal-
tens einer Option für Situationen in 20, 30 oder 50 Jahren, die
wir heute überhaupt noch nicht einschätzen können, ist ein er-
zwungener Ausstieg aus der friedlichen Nutzung der Kernkraft
ein grenzenloser Hochmut und unverantwortlich gegenüber den
Nachkommen.

Zur Zukunftsverantwortung gehört besonders die wachsame,
von ethischen Maßstäben geprägte Begleitung und Gestaltung
des technisch-wissenschaftlichen Fortschritts.

4. Generationensolidarität im Sozialsystem

Bedingt durch eine lange Menschheitserfahrung denken wir im
Sozialsystem vor allem an die Vorsorge für das Alter. Auf Grund
der aktuellen Entwicklung treten jedoch ebenso die Zukunftsperspektive der jüngeren Generation und die längerfristige Leistungsfähigkeit und Stabilität des Sozialsystems in den Vordergrund. Wir stoßen hier auf tief verankerte Barrieren, die aus der
Vorstellung resultieren, Alter sei gleichbedeutend mit Gefährdung der sozialen Situation, mit Altersarmut, mit Abhängigkeit
von Zuwendung und Wohlwollen der Jüngeren. Für Völker ohne
entsprechendes soziales Sicherungssystem trifft dies noch heute
zu. Deshalb ist die Diskussion um die Generationengerechtigkeit nach wie vor von einer Fehlvorstellung belastet. Ein geringerer Zuwachs an Rentenerhöhungen oder gar zusätzliche Belastungen sind weithin tabu, führen sofort zu emotionalen Auseinandersetzungen und bedeuten daher für die Parteien und die
Politik vermintes Feld. Demgegenüber ist kaum bewusst, dass
die materielle Lebenssituation junger Familien mit Kindern
heute oftmals schwieriger und kritischer ist als die der älteren
Menschen. Hinzu kommt, dass sich in der öffentlichen Diskussion die junge Generation für diese Thematik kaum engagiert, obwohl sie schon in hohem Maße persönlich Vorsorge trifft, um
sich im Alter auf das Funktionieren der bisherigen Generatio-

nensolidarität im Umlageverfahren nicht mehr verlassen zu müssen.

Hier ist noch viel Überzeugungsarbeit zu leisten, um das Feld für überfällige Korrekturen zu bereiten.

Woher die Kraft zur Selbstbeschränkung nehmen?

Die konkrete Umsetzung des Prinzips stößt in der Praxis auf Schwierigkeiten, da es in der Konsequenz häufig Begrenzung der gegenwärtigen Ansprüche zu Gunsten der Lebensmöglichkeiten der Nachkommen bedeutet. Ein moralisches Prinzip unseres gesellschaftlichen und politischen Verhaltens und Handelns muss werden, jetzt so zu leben und zu entscheiden, dass die Lebenschancen unserer Nachkommen nach heutigem Erkenntnisstand damit nicht geringer werden als unsere heutigen. Mit welchem Recht wollten wir ihnen dies verweigern?

Das häufig sehr vordergründige und manchmal recht konsumorientierte »Unsere Kinder sollen es besser haben« bedarf der Weiterentwicklung in eine verantwortungsbewusste und zukunftsorientierte Handlungsweise.

»Selbstbegrenzung ist keine Negativ-, keine Rest-, keine Kleinutopie, sondern ein historisch beispielloses Unternehmen, das ins Ungedachte eindringt«, schreibt Ulrich Beck.

Es stellt eine historische Zäsur dar, dass Menschen bewusst ihre Möglichkeiten nicht ausschöpfen.

Beck meint: »Letztlich geht es um Begrenzungen durch eine Ethik der Selbstverantwortlichkeit und der Selbstorganisation«.

Woher kann die Einsicht und vor allem die Kraft zur Selbstbegrenzung kommen?

Christlich gesprochen ist hier eine moderne Askese notwendig. Ich meine dies nicht im Sinne einer Selbstgeißelung, einer Bußbewegung oder eines Ventils für das schlechte Gewissen von Wohlstandsbürgern, sondern als Prinzip der Beschränkung, weil es um Chancen und Rechte der Nachkommen geht.

Wer jedoch den Menschen als autonome Größe sieht, den Lebensgenuss als wichtigstes Ziel, der wird für eine Selbstbegrenzung schwerlich die erforderliche Kraft finden. Dies war und ist das häufig zu beobachtende reale Dilemma der Umweltbewegung, die sehr stark vom emanzipatorischen Denken absolut autonomer Menschen geprägt ist.

Ohne ethische Fundierung kann das Prinzip Nachhaltigkeit kaum realisiert werden – eine rein ökonomische Argumentation wird dafür nicht ausreichen. Wie sehr wir hier an Grenzen der menschlichen Prägung stoßen und wie groß die Herausforderung ist, beschreibt der Verhaltensforscher Irenäus Eibl-Eibesfeldt (»In der Falle des Kurzeitdenkens«, 1998) so: »Doch helfen ungetrübter Verstand und kühle Vernunft allein, mit unseren Problemanlagen Kurzzeitdenken und Machtstreben zurechtzukommen? Daran habe ich meine begründeten Zweifel, kann man doch an vielen Beispielen, wie etwa an unserem Umgang mit den nicht ersetzbaren Ressourcen erkennen, dass das rational sicher als notwendig Erkannte uns kalt lässt, wenn die negativen Folgen unseres Tuns erst zwei Generationen später spürbar werden. ›Nach uns die Sintflut‹ ist eine Haltung, die der Entwicklung eines generationenübergreifenden Überlebensethos entgegensteht. [...] Gefahren, die nach statistischer Wahrscheinlichkeit nicht innerhalb eines Lebensalters eintreten, erleben wir nicht als bedrohlich, auch wenn wir sie rational als existent anerkennen.«

Die Erfahrungen mit der Gefahr hundertjähriger Hochwasser und der schwer zu findenden Akzeptanz für darauf ausgerichtete langfristige Vorsorgemaßnahmen, etwa bei der Bebauung, belegen diese Einschätzung.

Eine Mobilisierung unserer Kräfte für diese große Zielsetzung des Prinzips Nachhaltigkeit wird nur gelingen, wenn dafür neben der rein rationalen Argumentation ethische und emotionale Gründe wie die in der Regel im Menschen verankerte Fürsorge für Kinder und Enkel oder die Liebe zur Natur vermittelt werden.

Wer unterstützt eine solche Politik?

Für die Politik ist es ein besonderes Problem, dass die gesellschaftlichen Gruppen und ihre Repräsentanten eine längerfristige Politik in aller Regel bei der Umsetzung kaum unterstützen.

Im Gegenteil: Auch kirchliche Verbände und »moralische Autoritäten« engagieren sich gerade auch in der Finanz- und Sozialpolitik im Konkreten meist für die Umverteilung als Ausdruck sozialer Gerechtigkeit. Begrenzung der Umverteilung oder gar Kürzung trifft immer heute lebende, konkret betroffene Menschen. Zukunftsinvestitionen spielen sich demgegenüber für viele in einer eher abstrakten Welt ab. Dafür lässt sich kein Engagement der Betroffenheit mobilisieren. Ebenso wenig ist es möglich, moralische Forderungen publikums- und medienwirksam zu formulieren. Dies ändert aber nichts an der Dimension der Verantwortung und an der Notwendigkeit. Natürlich stellen sich Politiker auch die Frage, ob sich dafür bei Wahlen Zustimmung erhalten lässt. Aktuelle Wahlentscheidungen werden schließlich nicht von übergreifender Verantwortlichkeit, sondern in aller Regel primär von persönlicher Betroffenheit und Nützlichkeit gesteuert.

Dennoch muss verantwortungsvolle Politik für Zukunftsorientierung stehen, und zwar nicht nur durch die Förderung neuer Technik, sondern vor allem durch die Wahrnehmung von Langzeitverantwortung. Wir sollten uns dabei den eingangs zitierten Satz von Ludwig Börne vor Augen halten: »Die Lebenskraft einer Epoche zeigt sich in ihrer Aussaat, nicht in ihrer Ernte.«

Fünf Leitsätze für eine neue Kultur der Verantwortung

1. Was der Einzelne zumutbar leisten kann, muss er selbst leisten. Daraus entsteht eine neue »Kultur der Selbständigkeit«.

2. Wer trotzdem Hilfe braucht, hat auch Anspruch darauf, durch die Gemeinschaft und den handlungsfähigen Sozialstaat. Dies ist eine »Kultur des Helfens«.

3. Für alle gilt im Rahmen ihrer jeweiligen Möglichkeiten das »Prinzip Gegenseitigkeit«. Wer etwas erhalten hat – von den

Mitmenschen oder dem Staat –, muss auch seinen möglichen Beitrag einbringen.

4. Erziehung vermittelt die Werte von Eigenverantwortung und Engagement statt kritischer Distanz.

5. Jede/jeder hat Mitverantwortung für unser Gemeinwesen und die gemeinsame Zukunft. Dies gilt auch besonders gegenüber den nachkommenden Generationen. So wird das »Prinzip Nachhaltigkeit« umgesetzt.

Das Strukturprinzip der Aktiven Bürgergesellschaft

Die wachsende Bedeutung der Strukturen

Wenn für eine Firma eine neue Unternehmenskultur entwickelt wird, ist klar, dass gute Ideen für die Produkte und den Markt und die richtige Einstellung der Mitarbeiter allein für die Zukunftsfähigkeit der Firma nicht ausreichen. Ebenso bedarf es für die Verwirklichung dieser Potenziale der richtigen Strukturen, in denen sich die Mitarbeiter und das Unternehmen bestmöglich entfalten können.

Dies gilt auch für gesellschaftspolitische Konzepte und für das politische Handeln generell. Gerade die Konservativen erliegen oft der Versuchung, sich zu einseitig auf Moral und Appelle zu fixieren und zu wenig auf die Wirkung von Strukturen zu achten.

Ein in der politischen Diskussion bislang wenig beachteter Aspekt kommt hinzu:

Je weniger die Bürger von gemeinsamen Werten geprägt und in ihrem Handeln gesteuert werden, umso wichtiger wird die Gestaltung der Rahmenbedingungen.

Bis in die jüngere Vergangenheit gab es einen hohen Grad an Übereinstimmung darüber, was »man tut« – oder nicht: Das Verhalten wurde maßgeblich durch die daran orientierte Sozialkontrolle gesteuert. Wer sich anders verhielt, riskierte auch, gesellschaftlich zum Außenseiter zu werden oder jedenfalls in die Kritik zu geraten. Eine hohe Übereinstimmung in den Werten und handlungsleitenden Normen bestimmte das Koordinatensystem für den Einzelnen.

Gleichzeitig waren die Interessen innerhalb der eigenen gesellschaftlichen Gruppe weitgehend gleich. Die offene Gesellschaft, die soziale und räumliche Mobilität und die zunehmende Pluralität in den Wertvorstellungen und Zielen haben die Situation tiefgreifend verändert. Dies ist nicht gleichzusetzen mit Werteverfall.

Die Menschen leben heute in unterschiedlichen Beziehungssystemen – etwa im Beruf, bei Freizeitaktivitäten oder im Freundeskreis – nach oft sehr unterschiedlichen Verhaltensmustern und Interessen. Nicht nur als Konsument verhalten sich viele scheinbar widersprüchlich – mittags McDonalds und am Abend Feinschmeckerlokal, Einkauf im second-hand-shop und beim teuren Fachgeschäft –, viele sind bei einem Thema konservativ – etwa Wirtschafts-, Sicherheits- oder Ausländerpolitik – und bei Fragen des Lebensstils – beispielsweise Erziehung oder Abtreibung – ebenso ausgeprägt liberal.

In der »geschlossenen Gesellschaft« dagegen, also bei hoher innerer Übereinstimmung über die Normen, Ziele und Interessen sowie in den Lebensbedingungen, war es zwar nicht immer leicht, die Werte zu leben, aber das allgemeine Bewusstsein, der Orientierungsrahmen, war danach ausgerichtet, und der Gruppendruck lenkte in die Richtung der Normerwartung.

In der heutigen Lage kann die Politik nicht mehr darauf setzen, dass die Menschen von der Übereinstimmung in Werten und Zielen gesteuert werden oder auf dieser Grundlage gelenkt werden können.

Viele möchten nach traditionellen Wertvorstellungen leben – bestes Beispiel sind die Wünsche junger Menschen für Familie, Kinder und Partnerschaft –, aber sie geraten häufig in Konflikte mit der realen Situation.

Je stärker unser Leben von Wettbewerb und Veränderung geprägt ist, umso häufiger werden die Konflikte auftreten.

Deshalb kommt in unserer Zeit der Gestaltung der Rahmenbedingungen, der Strukturen, besondere Bedeutung zu. Fördern oder erschweren sie die Verwirklichung und das Leben der Werte?

Karl Homann fordert daher die Politik auf, den Schwerpunkt ethischer Überlegungen auf die Gestaltung der Rahmenbedingungen zu setzen. Die traditionelle Fixierung auf die Handlungsethik reiche nicht mehr aus, eine »Bedingungsethik« sei die dringliche Aufgabe und Orientierung für die Politik.

»Diese Bedingungsethik bezeichnet man auch als Ordnungs-ethik, Institutionenethik oder Strukturenethik. Und da Handeln nicht gegen grundlegende Bedingungen erfolgreich sein kann, ist diese Bedingungsethik fundierend, grundlegend, für die Handlungsethik. Sie ist systematisch dominant, weil es die Be-dingungen sind, die die Chancen und Grenzen, die Optionen und Kosten des Handelns definieren.«

(Karl Homann, »Taugt die abendländisch-christliche Ethik
noch für das 21. Jahrhundert?«
in: »Wirtschaft & Wissenschaft«, Februar 2000)

Homann betont, dass man vom Einzelnen nur solche Handlun-gen erwarten dürfe, für die er nicht auf Grund der Bedingungen systematisch benachteiligt wird. »Wenn der Ehrliche immer der Dumme ist, wird es in der Gesellschaft bald keine Ehrlichkeit mehr geben.«

Die moralischen Anstrengungen der Politik dürfen sich da-nach eben nicht auf den Appell an die Gesinnung der Bürger beschränken, sie müssen sich auf die Gestaltung der Rahmen-bedingungen konzentrieren.

Dazu gehört auch die Frage, wie Anreize und Sanktionen ge-staltet sind. Welches Verhalten lohnt sich letztlich? Nach diesem Muster müssen beispielsweise alle Leistungen des Staates und der Sozialversicherungen überprüft werden. Wenn wir dies nicht leisten, setzen wir uns dem Vorwurf doppelter Moral aus. Von den Bürgern dies und jenes zu erwarten und zu verlangen, aber seitens der Politik die Rahmenbedingungen nicht entsprechend zu gestalten, ist tatsächlich Ausdruck einer doppelten Moral.

Das Subsidiaritätsprinzip als Zukunftsstrategie

Welche Strukturen entsprechen nun einem zukunftsfähigen Konzept und welche können unter den heutigen Bedingungen geschaffen werden?

Mit welchen Strukturen können sich
– die Bereitschaft zur Übernahme von Verantwortung,
– die Entfaltung der Innovationskraft,
– die größtmögliche Stabilität der Gesellschaft in Zeiten des raschen Wandels und
– der Wettbewerb der Ideen und Initiativen
bestmöglich entwickeln?

Was sind strukturell die bestmöglichen Antworten auf
– die wachsende Anonymität und Undurchschaubarkeit, das Krebsgeschwür der modernen Zivilisationen,
– die wachsende Komplexität und
– die spezifischen Gefährdungen durch die rasante Internationalisierung unseres Lebens?

Die Antworten müssen im konkreten Einzelfall sicher differenziert sein, trotzdem gibt es eine generell richtige Grundentscheidung: Vorfahrt für die kleinere Einheit im Sinne des Subsidiaritätsprinzips.

»Ohne diese Durchsetzung des Grundsatzes der Subsidiarität ist unsere Gesellschaft nicht zukunftsfähig«, schreibt Reinhard Mohn in seinem Buch »Menschlichkeit gewinnt«.

Dieses Prinzip kann natürlich nicht in dogmatischer Strenge und Einfalt umgesetzt werden.

Bei vielen Aufgaben müssen die kleineren Einheiten verbunden agieren, in einem Netzwerk, mit dem sowohl die lokale Differenzierung wie die größere Einheit erreicht werden können.

Es geht nicht um Separatismus, um Isolation oder um Abkapselung, sondern um zeitgemäße Netzwerke.

»Global denken – lokal handeln«: Nie war diese aus der Umweltdiskussion der 70er und 80er Jahre stammende Devise so richtig wie heute und nie war sie so gut umsetzbar wie heute, weil uns die moderne Kommunikationstechnik dafür auch Voraussetzungen bietet, die vor zehn Jahren noch undenkbar waren.

In der Wirtschaft gab es mit der Einführung der EDV einen Zentralisierungsschub. Nun, so träumten viele, steht der Führungsebene alles Wissen zur Verfügung und sie kann, computergestützt, zentral und effizient, die richtigen Entscheidungen treffen. Die Nachteile der Zentralisierung wurden aber rasch spürbar. Die Konsequenzen waren eine zu weite Entfernung von den Menschen, von der Mitarbeiterschaft und den Kunden, Entfremdung, Undurchschaubarkeit, Erstickung der Kreativität und der Flexibilität.

Im Wettbewerb entdeckten die Ersten die Vorteile und die neuen Möglichkeiten der Dezentralisierung und setzten, wie immer im Wettbewerb, die Anderen unter Zugzwang. Wer Organisationsstrukturen in der Wirtschaft vor zehn oder zwanzig Jahren und heute vergleicht, kann diese Veränderung unschwer nachvollziehen.

Parallel zu dieser Veränderung in den Führungsstrukturen entwickelte sich auch die Systematik der Datenverarbeitung. War am Anfang die Zentraleinheit mit verschiedenen, von ihr abhängigen Bildschirmarbeitsplätzen alleiniger Maßstab in der EDV-Entwicklung, so ist eine solche EDV-Architektur heute eher die Ausnahme. Mittlerweile stellt das Netzwerk mit dezentral selbständigen Computern, die durch entsprechende Server-Technik koordiniert und gesteuert werden, die Standardarchitektur dar. Die Vorteile liegen auf der Hand: Der Ausfall eines PC's hat nicht sofort die Funktionsunfähigkeit des gesamten Systems zur Folge und selbst bei einem Netzwerkausfall können die einzelnen Stationen immerhin noch lokal betrieben werden. Insoweit braucht die Politik nur von der Wirtschaft und EDV-Entwicklung zu lernen.

Aber ihr Ansatz darf nicht die Dezentralisierung sein. Die Ergebnisse sind pragmatisch häufig zunächst die selben wie beim Handeln nach dem Subsidiaritätsprinzip und dem Föderalismus, trotzdem unterscheidet sich die innere Begründung und damit die Gewichtigkeit der Positionen grundsätzlich. Bei der Dezentralisierung liegt alle Kompetenz für Bewertung und Handeln ausschließlich bei der Zentrale. Dort ist das eigentliche Zentrum der Legitimation.

Beim Subsidiaritätsprinzip ist dagegen das Zentrum der Legitimation die kleinstmögliche Einheit.

Eine klassische Definition fand das Subsidiaritätsprinzip in der Sozialenzyklika »Quadragesimo anno« (1931): »Wie dasjenige, was der Einzelmensch aus eigener Initiative und mit seinen eigenen Kräften leisten kann, ihm nicht entzogen werden darf, so verstößt es gegen die Gerechtigkeit, das, was die kleineren und untergeordneten Gemeinwesen leisten und zum guten Ende führen können, für die weitere und übergeordnete Gemeinschaft in Anspruch zu nehmen.«

Das Subsidiaritätsprinzip wurde viele Jahrzehnte nur im katholischen und deutschen Raum beachtet. Mit dem von den Mitgliedsstaaten der Europäischen Union 1992 geschlossenen Vertrag von Maastricht fand dieses Prinzip allgemeine Anerkennung und gewinnt nun auch in der politischen Diskussion zunehmend an Bedeutung. In dem dadurch ergänzten Artikel 3 b des Vertrags zur Gründung der Europäischen Wirtschaftsgemeinschaft wurde festgelegt, dass die Gemeinschaft außerhalb ihrer ausdrücklich zugewiesenen Zuständigkeit nur nach Maßgabe des Subsidiaritätsprinzips aktiv wird.

Subsidiarität schützt die kleineren spontanen, familiären, lokalen, regionalen und nationalen Gemeinschaften vor der Übermacht der großen Einheiten.

Das Gemeinsame Wort der Kirchen »Für eine Zukunft in Solidarität und Gerechtigkeit« übersetzt Subsidiarität prägnant mit »Vorfahrt für Eigenverantwortung«.

Die vielen Interpretationen des Subsidiaritätsprinzips aus dem Geist der katholischen Soziallehre lassen sich etwa so zusammenfassen: Man kann einen positiven und einen negativen Begriff von Subsidiarität unterscheiden. Wörtlich meint »subsidium« im Lateinischen Hilfe. Dazu sind zunächst die einzelnen Gemeinschaften aufgerufen und erst dann, wenn diese nicht hinreichend Hilfe leisten können, die übergeordneten Organisationen (positiver Begriff). Obere Einheiten dürfen keine Kompetenzen übernehmen, die auch untere wahrnehmen können (negativer Begriff). Der positive Begriff sollte den Vorrang genießen, um so seine neoliberale Vereinnahmung zu verhindern. In diesem Sinne formuliert das Gemeinsame Wort: »Aufgabe der staatlichen Gemeinschaft ist es, die Verantwortlichkeit der Einzelnen und der kleineren Gemeinschaften zu ermöglichen und zu fördern. Die gesellschaftlichen Strukturen müssen daher gemäß dem Grundsatz der Subsidiarität so gestaltet werden, dass die Einzelnen und die kleineren Gemeinschaften den Freiraum haben, sich eigenständig und eigenverantwortlich zu entfalten.«

Subsidiarität ist das »Kompetenz- und Zuständigkeitsprinzip« einer freiheitlichen Gesellschaft. Gesellschaftliche und staatliche Einrichtungen haben ihren Ursprung und damit ihren Sinn in den sozialen Beziehungen zwischen den Personen. Sie sind nicht Selbstzweck, sondern sollen den Einzelnen durch ihre Hilfe die Entfaltung ermöglichen. Deshalb sollen die Personen selbst sowie die personennäheren Gemeinschaften und Einrichtungen in Fragen der Zuständigkeit prinzipiellen Vorrang genießen vor den entfernteren. Subsidiarität zur Ermöglichung von Eigenverantwortung stellt in Zeiten der Globalisierung, Informationsflut und Risikovielfalt eine Herausforderung an Staat und Bürgerkultur dar, die nur durch entschlossenes Handeln aller Akteure gemeistert werden kann. Subsidiarität lässt sich nicht schlicht mit »weniger Staat« übersetzen, sondern setzt einen dynamischen Wandel der staatlichen Subsidiärfunktion ebenso voraus wie ein an die jeweiligen Aufgaben angepasstes Handeln der verschiedenen staatlichen und öffentlichen Akteure.

Das Subsidiaritätsprinzip bedeutet für die Wechselbeziehung von Staat und Bürgergesellschaft zum Einen, dass der Staat den Freiraum geben muss für die Entfaltungsmöglichkeiten des Einzelnen und der gesellschaftlichen Gruppen. Dies zieht aber gleichzeitig auch eine Verpflichtung nach sich. Freiheit und Verantwortung gehören zusammen. Ohne diesen Zusammenhang wird aus der Freiheit rasch Bequemlichkeit, Anspruchsdenken und Trittbrettfahrerei auf Kosten anderer. Subsidiarität ist deswegen nicht nur einzufordern im Hinblick auf Rechte, Zuständigkeiten und Entfaltungsmöglichkeiten – sie ist gleichzeitig auch Verpflichtung zur Verantwortung und zum Handeln. Ernst-

Wolfgang Böckenförde interpretiert dies als »eine Subsidiarität der Pflichtigkeit: Was der Einzelne oder Gruppen von Einzelnen selbst tragen können an Verantwortung für Sicherung und Vorsorge, das haben sie auch zu übernehmen, es darf nicht länger auf die höhere Gemeinschaft, letztlich den Staat und damit die Allgemeinheit verlagert werden.«

(Ernst-Wolfgang Böckenförde,
»Wie viel Staat die Gesellschaft braucht«,
in: Süddeutsche Zeitung vom 9. November 1999)

Subsidiarität setzt auf eine »gelebte« Moral, die in der konkreten, handlungsrelevanten Entscheidungssituation greift.

Versuche der Formulierung einer »globalen Ethik« hingegen laufen Gefahr, sich in unverbindliche Gemeinplätze zu verlieren. Rhetorik bei Weltkonferenzen darf sich nicht in folgenloser Moralsprache erschöpfen. Nicht die universale Akzeptanz der Grundsätze, sondern ihre Verbindlichkeit und Umsetzbarkeit sowie ihre Umsetzung vor Ort sind entscheidend.

Das Subsidiaritätsprinzip bedeutet als Konsequenz für die Politik, in allen Lebens- und Handlungsbereichen, gesellschaftlichen wie politischen, die Verantwortungs-, Handlungs- und Entscheidungsebene so menschennah und so problemnah wie möglich zu gestalten. Die Beweislast, dass dies in der kleineren Einheit nicht möglich ist, liegt bei der größeren Einheit! Im Verhältnis zwischen Bürgern und Staat gebietet das Subsidiaritätsprinzip Vorfahrt für die Selbstverantwortung und Selbstorganisation der Bürger. Die Politik inspiriert und stärkt gesellschaftliche Initiativen, aber sie ersetzt sie nicht und sie mischt sich auch nicht ständig ein.

Die Stärkung der kleinen Einheiten, der kleinen Lebenskreise – Familien, Vereine, Gemeinschaften – hat eine zentrale Bedeutung. Hier erleben die Menschen sozialen Kontakt und Gemeinschaft, ein Stück Zuhause, Orientierung und Halt, auch durch Sozialkontrolle und Solidarität.

Die kleinen Einheiten sind das soziale und staatsbürgerliche Lernfeld. In ihnen erleben die Menschen die Folgen ihres Verhaltens und Tuns, dort wächst auch Verantwortungsbereitschaft. Sie wirken der Gefahr der Entwurzelung und der Tendenz zur Anonymisierung in der modernen Gesellschaft entgegen und sind damit auch ein wirksames Mittel gegen Radikalisierung. Das Subsidiaritätsprinzip, der Vorrang der kleineren Einheit als inneres Gestaltungsprinzip unseres Zusammenlebens, ist deshalb ein unverzichtbarer Bestandteil einer gesellschaftspolitischen Zukunftsstrategie. Es bietet gerade auch im Zeitalter der Globalisierung einen Schutz für lokale Besonderheiten, kommunale und regionale Selbstverwaltung sowie für die Partizipationsmöglichkeiten lokal betroffener Gruppen.

Eine konsequente Umsetzung des Subsidiaritätsprinzips ermöglicht
– mehr Verantwortungsbereitschaft
– mehr Kreativität und Flexibilität
– mehr Wettbewerb der Ideen und Initiativen
– geringeres Risiko für das Ganze bei Fehlentwicklungen
– und damit die bestmögliche Antwort auf die wachsende Komplexität unserer Welt.

Reform des Föderalismus in Deutschland

Für die Revitalisierung unseres Landes ist eine umfassende Föderalismusreform unabdingbar. Das Ziel ist eine Neuordnung der Aufgabenverteilung zwischen dem Bund, den Ländern und den Kommunen. Nur so können die fast undurchschaubaren Mischverantwortungen zwischen Bund und Ländern aufgelöst werden. Stärkster Ausdruck dafür sind Entscheidungen im Vermittlungsausschuss von Bundestag und Bundesrat, mit denen sich am Schluss niemand mehr identifiziert.

In der Zeit der großen Koalition zwischen 1967 und 1969 wurde mit dem »kooperativen Föderalismus« ein Geflecht von Gemeinschaftsaufgaben und Mischverantwortungen geschaffen, das heute oft lähmend wirkt und die kollektive Unverantwortlichkeit fördert.

Voraussetzung für eine Reform ist, dass man sich endlich von dem Gedanken freimacht, es handle sich um einen eigennützigen, verbissenen Machtkampf. Es geht um zukunftsfähige Strukturen für Deutschland! Es geht nicht um Separatismus, sondern um einen zeitgemäßen Föderalismus! Es geht auch nicht um die Aufkündigung der Solidarität der Stärkeren mit den Schwächeren, auch wenn dies gerne behauptet wird.

Die Diskussion um die Neuordnung des Länderfinanzausgleichs ist ein Beleg dafür, mit welchen Vorurteilen diese Auseinandersetzung belastet ist. Zu keinem Zeitpunkt wurde von den Zahlerländern der Länderfinanzausgleich insgesamt in Frage gestellt. Die Position heißt vielmehr, vereinfacht dargestellt, dass künftig nicht mehr bis zu 90 Prozent jeder zusätzlich eingenommenen Steuermark in den Länderfinanzausgleich einbezahlt werden sollen, sondern nur noch maximal 50 Prozent.

Dabei ist freilich eine Grundsatzentscheidung zu treffen: Ja zu mehr Wettbewerb der Ideen und der Möglichkeiten, zu einem »Wettbewerbsföderalismus«, oder möglichst viel Gleichheit?

Natürlich wird es bei einer Stärkung des Föderalismus wieder mehr Unterschiede geben, aber insgesamt bessere Ergebnisse. Das Ideal der überall »gleichwertigen Lebensverhältnisse« darf nicht die Kreativität im politischen und gesellschaftlichen Handeln vor Ort hemmen. Dieser Preis der Gleichheit ist zu hoch! Ohne geistige Auseinandersetzung mit den Wertvorstellungen von Gleichheit, die der Staat gegebenenfalls durch den Durchgriff staatlichen Handelns mehr oder minder garantieren muss, lässt sich jedoch ein Revitalisierungsprogramm durch gelebten Föderalismus nicht realisieren.

Bayern ist traditionell ein engagierter Anwalt für den Föderalismus in Deutschland. Der jetzige Bayerische Ministerpräsident, Edmund Stoiber, hat in einer Regierungserklärung vor dem Bayerischen Landtag am 22. März 2000 die aktuellen Forderungen Bayerns für eine Reform des Föderalismus dargelegt:

»Mit der Neugestaltung der föderalen Ordnung verfolgt die Bayerische Staatsregierung vier Ziele:

Erstens, mit der Reform des Föderalismus wollen wir der schleichenden Aushöhlung der föderativen Ordnung unseres Landes einen Riegel vorschieben. Wir wollen keinen ›verkappten Zentralstaat‹ mit föderaler Fassade! [...]

Mit der Reform des Föderalismus wollen wir zweitens auch die zunehmende Verflechtung und Verkrustung der politischen Strukturen in Deutschland aufbrechen. Die komplexe Verflechtung von Zuständigkeiten und Kompetenzen steht im Widerspruch zum demokratischen Gebot der klaren Zuordnung politischer Verantwortung. [...]

Die Bürgerinnen und Bürger durchschauen dieses Geflecht und diese Strukturen nicht mehr. Das ist auch ein Ergebnis des Gleichheitswahns der letzten Jahre und Jahrzehnte in Deutschland. Wir brauchen wieder mehr Mut zur Vielfalt! [...]

Die Revitalisierung des Föderalismus, das ist, drittens, eine Antwort auf den zunehmenden Zentralismus in Europa. Der europäische Einigungsprozess hat tiefgreifende Konsequenzen für die Handlungsspielräume der Länder.

Durch übermäßige Reglementierung und Überdehnung ihrer Kompetenzen beschneidet die EU empfindlich den Gestaltungsspielraum der Regionen und Länder. [...]

Die Revitalisierung des Föderalismus ist, viertens, unsere Antwort auf die Globalisierung.

Der weltweite Wettbewerb der Wirtschaft hat dazu geführt, dass nicht nur die Volkswirtschaften, sondern auch die Standorte zueinander im Wettbewerb stehen. Das verlangt von den Nationen und Regionen Flexibilität, Innovationsfähigkeit, Anpassungsbereitschaft und vor allem Anpassungsfähigkeit. Wer in diesem Wettbewerb erfolgreich sein will, muss in der Lage sein, schnelle und maßgeschneiderte politische Entscheidungen in der Region vor Ort zu treffen. Zentralistische Entscheidungsstrukturen sind dafür nicht nur zu schwerfällig. Sie verhindern geradezu einen produktiven und kreativen Wettbewerb der Standorte und Regionen. [...]

Unser Programm heißt Solidarität und Wettbewerb. Das hat nichts mit Verdrängungswettbewerb zu tun. Föderalismus heißt auch Solidarität mit den Schwächeren, aber mit dem Ziel, sie dauerhaft zu stärken. Eine Kette ist so stark wie ihr schwächstes Glied. Und wir wollen eine starke Kette.

Wir bekennen uns ausdrücklich zu unserer Solidarität mit den neuen Ländern. Wir waren im Gegensatz zu manchen Kleingläubigen [...] stets für die Einheit Deutschlands und wir sind heute für eine nachhaltige Stärkung der neuen Länder. Die Reformen, die wir anstreben, werden deshalb in besonderer Weise ihrer Situation Rechnung tragen.«

Dass diese Vorschläge nicht durch eine gefärbte Parteibrille oder einen machtpolitisch verengten Blickwinkel der politischen Führung eines Landes bestimmt sind, zeigt der Vergleich mit den Reformvorschlägen »Entflechtung 2005« der Kommission »Verfassungspolitik und Regierungsfähigkeit« der Bertelsmann-Stiftung. Als Maßstäbe für eine Neuverteilung der Aufgaben – von der Kommission als Entflechtung beschrieben – werden folgende Leitsätze formuliert:

1. Klare Zuordnung von Verantwortung.

2. Durchschaubarkeit der politischen Strukturen.

3. Verbesserung der Beteiligungsmöglichkeiten.

4. Stärkung der Entscheidungsfähigkeit.

5. Wahrung der Gemeinschaftlichkeit.

Die Begründung für die Dringlichkeit der Neuordnung deckt sich ebenfalls weitestgehend mit den Motiven und den Zielen der bayerischen Initiative:

»Die Notwendigkeit solcher Maßnahmen und Konzepte zeigt sich sowohl im politischen als auch im wirtschaftlichen Kontext: Politisch werden die dringend notwendigen, kurzfristigen und flexiblen Reformprozesse der Zukunft auch in Deutschland nur in einem ›entflechteten‹ Staatswesen möglich sein; ökonomisch hat dieses System seine kritischen Punkte vor allem in der Ausgleichregelung der Finanzverfassung, bezüglich derer das Bundesverfassungsgericht im November 1999 grundsätzliche ›Maßstäbe‹ angemahnt hat. Generell widerspricht der hohe Verflechtungsgrad der Entscheidungsebenen einem Grundgedanken des Föderalismus, nämlich dem Prinzip eigenverantwortlichen Handelns von Bund und Ländern, durch welches die Möglichkeit zum Test unterschiedlicher politischer Lösungsansätze im Bundesstaat erst eröffnet wird. Der Föderalismus kann in diesem Sinne – richtig genutzt – ein lernfähiges und selbstlernendes System zugleich sein. Er ist auch für die Zukunft ein potenzielles Erfolgsmodell, sofern er versteht, seine Stärken zu nutzen. Diese liegen in konsequenter Subsidiarität, klarer Strukturierung politischer Handlungsebenen sowie dem Mut zu Wettbewerb und Vielfalt von Lösungsentwürfen. Nur durch Mut zu neuen Ansätzen kann der politische Stillstand beendet werden.«

Am eindrucksvollsten ist die Überfälligkeit einer Reform des Föderalismus in Deutschland durch die Begleitumstände der Verabschiedung der Steuerreform am 14. Juli 2000 im Bundesrat dokumentiert worden. Otto Graf Lambsdorff spricht in einem Beitrag für die »Frankfurter Allgemeine Zeitung« (19. Juli 2000) von einer »Schande für das gesamte politische System der Bundesrepublik. Es sollte daher auch als Systemfrage begriffen werden.« In der selben Ausgabe formuliert Christian Starck, Professor in Göttingen: »Ein schwarzer Tag für das bundesstaatliche System geregelter Zuständigkeiten.«

»Was in der Presse als taktische Meisterleistung, als Triumph des Bundeskanzlers beschrieben worden ist, ist nichts anderes als Machtausübung außerhalb der verfassungsrechtlich vorgesehenen Formen und Finanzierungsvorschriften.« Graf Lambsdorff folgert, wer eine bessere Politik wolle und solche demokratieschädlichen Begleitumstände vermeiden möchte, müsse eine grundlegende Föderalismusreform realisieren. An konkreten Beispielen nennt er exakt die eben geschilderten Problem- und Aufgabenfelder. Ich teile aber auch seine Befürchtung, dass sich einige Länder so sehr an die Annehmlichkeit solcher Zuwendungen gewöhnt haben, dass sie lieber diese entwürdigende Abhängigkeit akzeptieren als die Unannehmlichkeiten einer Reform. Diese Strukturen und Mechanismen schaden aber allen, vor allem unserer Demokratie und unserem Gemeinwesen.

Föderalismus in der Europäischen Union

Die Europäische Union steht am Scheideweg. Entweder ihr gelingen wesentliche innere Reformen oder der europäische Einigungsprozess führt in Selbstlähmung und zu wachsender Ablehnung durch die Bürger. Eine Erweiterung der Europäischen Union ohne innere Reformen würde rasch an das Ende einer Sackgasse führen. Diese Prognose wird allmählich von vielen geteilt. Deshalb steht die innere Reform der Europäischen Union, die Reform der Institutionen, seit Jahren auf der Tagesordnung. Die Kompetenzverteilung zwischen der europäischen Ebene, den Mitgliedsländern und – je nach Interessenslage bei den Mitgliedsländern unterschiedlich – den Regionen ist ein dominantes Thema aller europäischen Konferenzen und Diskussionen.

Allgemein wird betont, so könne es nicht mehr weitergehen. Die Frage ist aber, wie der künftige Weg gestaltet wird.

Es fehlt ein ordnungspolitisches Konzept, durch das die Dimension der Machtfragen und der nationalen Interessen überwunden werden kann, indem die Überlegung in den Vordergrund rückt, wie zukunftsfähige Strukturen zu gestalten sind. Ministerpräsident Edmund Stoiber hat die Anforderungen so formuliert:

»Wir brauchen ein Europa,

– das im Interesse seiner Bürger in einer globalisierten Welt politisch und wirtschaftlich Einfluss nehmen kann,

– das die Spaltung des Kontinents überwindet und eine Friedensgemeinschaft bleibt,

– das effektiv handlungsfähig ist.

Wir brauchen dazu

– ein Europa der Vielfalt,

– ein Europa des Wettbewerbs,

– ein Europa der Solidarität,

– ein Europa der Bürger und

– ein Europa der Demokratie und Werte.«

(Edmund Stoiber, Rede vor der EVP-ED-Fraktion des Europäischen Parlaments am 10. Mai 2000 in Brüssel)

Im Geiste der Aktiven Bürgergesellschaft gelten auch für die Konzeption Europas die beiden Pfeiler

- Verantwortung übernehmen – mit dem Vorrang der Eigenverantwortung und mit Solidarität;
- Subsidiarität.

Nun ist das Subsidiaritätsprinzip für die Europäische Gemeinschaft kein Neuland. Durch den Maastricht-Vertrag wurde das Subsidiaritätsprinzip als allgemeine Handlungsmaxime für alle Gemeinschaftsorgane festgeschrieben. Zentrale Vorschrift ist der bereits erwähnte Artikel 3b Absatz 2 EG-Vertrag:

»In den Bereichen, die nicht in ihre ausschließliche Zuständigkeit fallen, wird die Gemeinschaft nach dem Subsidiaritätsprinzip nur tätig, sofern und soweit die Ziele der in Betracht gezogenen Maßnahmen auf der Ebene der Mitgliedstaaten nicht ausreichend erreicht werden können und daher wegen ihres Umfangs und ihrer Wirkungen besser auf Gemeinschaftsebene erreicht werden können.«

Für diese Formulierungen bedurfte es langwieriger Verhandlungen.

Strittig war vor allem, ob das Subsidiaritätsprinzip im Sinne der »Besser-Klausel« oder der »Notwendigkeits-Klausel« auszulegen ist. Die Europäische Kommission hatte im Vorfeld eine Festschreibung des Subsidiaritätsprinzips in der Art gefordert, dass die Gemeinschaft immer dann handeln könne, wenn sie ein Ziel (nach ihrer Vorstellung) »besser« erreichen könne. Nach aller Lebenserfahrung neigen die Besitzer der Entscheidungsgewalt immer zu der Überzeugung, dass sie selbst die Aufgabe am besten bewältigen können. Damit hätte eine Normierung des Subsidiaritätsprinzips im Sinne der Kommission von Anfang an wenig Wirkung gezeigt. Aus diesem Grund hatte sich Deutschland in den Maastricht-Verhandlungen für eine Definition des Subsidiaritätsprinzips eingesetzt, wonach die Gemeinschaft nur dann handeln könne, wenn zuvor festgestellt wurde, dass ein Tätigwerden der Gemeinschaft tatsächlich »notwendig« ist, weil das Ziel auf mitgliedstaatlicher Ebene nicht angemessen erreicht werden kann.

In Artikel 3b Absatz 2 EG-Vertrag wurde schließlich eine Stufenfolge der Prüfung vorgeschrieben: Zuerst muss geprüft werden, ob ein Ziel auch auf Ebene der Mitgliedstaaten in hinlänglicher Weise erreicht werden kann. Nur wenn dies zu verneinen ist, schließt sich als zweiter Schritt die Frage an, ob die Europäische Union das angestrebte Ziel besser verwirklichen kann.

Für die Anhänger des Subsidiaritätsprinzips fällt die bisherige Bilanz enttäuschend aus. Die Ursache liegt nicht nur darin, dass sich das zentralistische Denken in den europäischen Institutionen und Entscheidungsebenen durch die Subsidiaritätsklausel nicht verändert hat. Dort dominiert die Einstellung: So wenig Subsidiarität und einzelstaatliches Handeln wie möglich. Hinzu kommt das unterschiedliche Verständnis von Subsidiarität und Föderalismus in der Entwicklungsgeschichte dieser Begriffe. Entsprechend der amerikanischen Tradition verbindet sich im anglo-amerikanischen Sprachgebrauch mit Föderalismus zumeist der Gedanke an eine Stärkung der jeweiligen Zentralgewalt (auch zum Schutz des Einzelnen). So wird Föderalismus etwa in Großbritannien verstanden. In Deutschland wird mit Föderalismus die Dezentralisierung, die Wahrung der Rechte der kleineren Einheit, assoziiert. Ein weiteres Hindernis für die Realisierung des Subsidiaritätsprinzips ist die in Europa weit verbreitete Verwechslung von Föderalismus, Separatismus und Regionalismus. Vor allem die Staaten mit Volksgruppenproblemen, mit ausgeprägten Autonomiebestrebungen, wie etwa Spanien, plagt die Sorge, dass ein nach den Prinzipien der Subsidiarität organisiertes Europa zum Sprengsatz für ihre nationale Einheit werden könnte.

Wie sich das Subsidiaritätsprinzip konkret auf die Aufgabenstellungen und Handlungsmöglichkeiten der Regionen, in Deutschland der Bundesländer, auswirkt, hängt von vielen Einzelentscheidungen ab. Unter Wahrung der Handlungsfähigkeit der Europäischen Union für überregionale Angelegenheiten kann die Leitlinie aber nicht in Richtung eines verstärkten Zentralismus weisen. Dagegen ist mehr Vielfalt und Selbstverwaltung zuzulassen.

Als Folge der Subsidiaritätsklausel im Maastricht-Vertrag wurde der Ausschuss der Regionen geschaffen, der eine beratende Stimme im EG-Rechtsetzungsverfahren besitzt. Die Wirksamkeit dieses Gremiums ist wegen der sehr unterschiedlichen inneren Strukturen in den Mitgliedsländern und wegen eines fehlenden Klagerechts vor dem Europäischen Gerichtshof relativ schwach.

Von Anfang an musste man den Eindruck gewinnen, dass die Kommission das Subsidiaritätsprinzip so weit wie möglich aushebeln will. So legte sie den Bereich der ausschließlichen Zuständigkeiten der Gemeinschaft, in denen das Subsidiaritätsprinzip keine Anwendung findet, exorbitant weit aus, etwa für alle Maßnahmen zur Verwirklichung des Binnenmarktes (Artikel 100a EG-Vertrag).

Bis heute ist es nicht gelungen, eine klarere Abgrenzung der Aufgaben zwischen der Europäischen Union einerseits und den Mitgliedstaaten und deren Regionen andererseits zu erreichen.

Die Durchsetzung des Subsidiaritätsprinzips in der Europäischen Union ist in den letzten Jahren aus meiner Sicht nicht voran gekommen. Der Zentralismus entwickelt sich durch seine Eigendynamik weiter, und die Regierungen der Mitgliedsländer fördern diese Tendenz. Beim Europäischen Rat im März 2000 in Lissabon wurde dieser Trend zu mehr Zentralismus und zur Allzuständigkeit der EU nochmals verstärkt.

Dafür wird ein Weg gewählt, der auch unter dem Blickwinkel der Transparenz und Demokratie abzulehnen ist. Unter dem Motto »offene Koordinierung« werden an den in den Gemeinschaftsverträgen festgelegten Kompetenzen vorbei in europäischen Leitlinien Vorgaben gesetzt, die von den Mitgliedstaaten und Regionen umgesetzt werden sollen. Die Verwirklichung dieser Ziele soll dann regelmäßig auf der EU-Ebene kontrolliert werden. Die Mitgliedstaaten und Regionen werden damit zu ausführenden Organen degradiert.

Für die Bürger wird die Zuordnung demokratischer Verantwortung nahezu unmöglich. Dies ist eine nach den Maßstäben der Aktiven Bürgergesellschaft kompromisslos abzulehnende Entwicklung.

Für diese unbefriedigende Situation ist auch typisch, dass es bis heute nicht gelungen ist, das Selbstverwaltungsrecht der Kommunen in Deutschland europarechtlich abzusichern.

Mit der Übernahme der Präsidentschaft durch Frankreich am 1. Juli 2000 schien in die Europapolitik neue Bewegung zu kommen. Die Rede von Präsident Jacques Chirac im Deutschen Bundestag sprach dafür. Rasch wurde aber klar, dass es in Frankreich innenpolitisch tiefe Meinungsverschiedenheiten über den künftigen Weg und die künftige Gestaltung Europas gibt. In Deutschland ist als Tendenz überwiegend eine Hinorientierung zu einem föderalistischeren Europa erkennbar. Auch die von der SPD geführten Bundesländer pochen auf ihre Mitwirkungsrechte nach Artikel 23 Grundgesetz. Der Bundesaußenminister hat sich mit dem Hinweis, als Privatmann zu sprechen, zu einer wichtigen Rolle der Nationen auch im künftigen Europa bekannt. In der CDU haben sich seit dem Wechsel in die Opposition die europapolitischen Positionen eindeutig zu einer mehr föderalistischen Konzeption verändert.

Man muss aber auch zugestehen, dass eine konsequent durchstrukturierte und durchformulierte Konzeption für die künftige Aufgabenverteilung in einem föderalistischen Europa insgesamt fehlt.

Die Leitidee vom Bundesstaat Europa wird nur noch von wenigen vertreten. Insoweit ist eine gewisse Klärung erreicht. Die Verneinung dieses über viele Jahre hinweg geltenden Leitbildes ersetzt aber noch nicht die Formulierung der Alternative. Hier ist Neuland zu gestalten, da auch die andere Alternative eines Staatenbundes den Anforderungen ebenso wenig gerecht wird. Es muss etwas originär Neues entwickelt werden.

Als Maßstäbe für die künftige Gestaltung der Europäischen Union dürfen nicht nur Erwägungen der Effizienz und Machtverteilung dienen. Damit die Europäische Union Zukunft hat, muss sie so strukturiert und gestaltet werden, dass sie von den Bürgern angenommen wird.

Wenn in unserer Zeit sogar ökonomisch orientierte Einheiten wie Betriebe eine Unternehmenskultur entwickeln, mit der ökonomische, kulturelle und psychologische Erkenntnisse zu einer ganzheitlichen Betrachtungsweise zusammengeführt und als grundlegende Erfolgsvoraussetzung verstanden werden, ist ein ganzheitlicher Ansatz für die Konzeption europäischer Politik erst recht unverzichtbar. Europa erscheint kulturell, geschichtlich und politisch weit vielfältiger als die Vereinigten Staaten von Amerika. Die innere Organisationsstruktur und das Innenverständnis müssen diese Vielfalt bejahen und gleichzeitig die Handlungsfähigkeit gewährleisten. Für die emotionale Verbindung der Bürger Europas zur Europäischen Union ist die Integration der Leitbilder von Heimat und Nation von überragender Bedeutung.

Auch aus dem Blickwinkel der Aktiven Bürgergesellschaft braucht Europa noch mehr Zuständigkeiten
– in der Außen-, Sicherheits- und Verteidigungspolitik,
– bei der Vertretung europäischer Interessen bei den weltweiten Regelungen für den Handel,
– beim grenzüberschreitenden Umweltschutz,
– bei transeuropäischen Verkehrs- und Energienetzen,
– bei der Förderung europäischer Spitzentechnologie.

Dies ist noch keine vollständige und andere Aufgabenbereiche ausschließende Aufzählung.

Als Gegengewicht zur zunehmenden internationalen Verflechtung unseres Lebens in allen Bereichen entwickelt sich heute immer mehr die Sehnsucht nach der kleinen Einheit, nach der Nische, in die man sich vielleicht zurückziehen könnte. Viele Menschen identifizieren sich immer stärker mit dem überschaubaren Lebensraum, mit ihrer Heimat. Dies ist zunächst sicherlich das engere Lebensumfeld, die Gemeinde, die Stadt oder das Land. Die meisten Menschen sehen aber auch in ihrem Nationalstaat ein Element der Identifikation und der Identitätsbestimmung. Die Nation dient als Anker in einer immer unübersichtlicher werdenden Welt.

Der Nationalstaat gibt emotionalen Halt in einer Zeit allgemeiner Verunsicherung und Orientierungslosigkeit. Er stiftet Identität, er erlaubt die Identifizierung mit Sprache, Kultur, Geschichte und Symbolen. Die politische und rechtliche Gemeinschaft des Staates erzeugt auf Dauer einen Bestand gemeinsamer Rechtswerte und eine Grundstruktur gemeinsamer rechtlicher, politischer und soziokultureller Überzeugungen und Werthaltungen. Auf dieser Grundlage wiederum entsteht gemeinsame Geschichte und das Erlebnis einer gemeinsamen Identität. Sie prägen den Begriff und das Bild der Nation, sie sind Grundlage für den verfassungs- und staatspolitischen Konsens.

Die nationale Kultur besitzt Eigenwert und Eigenständigkeit. Der Begriff der Nation ist also nicht im völkischen Sinne zu verstehen, sondern als Willens- und Wertegemeinschaft.

Die Gefahren eines übersteigerten Nationalbewusstseins müssen natürlich gesehen werden. Das Gegensatzpaar von Patriotismus und Nationalismus bringt das Gefahrenpotenzial am besten zum Ausdruck: Ein Patriot ist jemand, der sein Vaterland liebt, ein Nationalist jemand, der andere Länder verachtet.

Der europäische Einigungsprozess macht den Nationalstaat nicht überflüssig, ebenso wie der Nationalstaat nicht an die Stelle von Ländern und Regionen treten kann. Der amerikanische Soziologe und Politikwissenschaftler Daniel Bell hat es treffend zum Ausdruck gebracht: »Der Nationalstaat ist für die Lösung der ›großen‹ Probleme zu klein und für die Lösung der ›kleinen‹ Probleme zu groß.«

Die Erfahrung zeigt: Macht, Einfluss und Kontrollmöglichkeit des Nationalstaats sind stark geschwunden. Die neuen Herausforderungen sind weithin globaler Natur. So fällt es Regierungen zunehmend schwer, nationalstaatliche Lösungen durchzusetzen. Der Weg zu einer weiteren europäischen Integration ist deshalb unverzichtbar.

Europäische Union, Nationalstaaten und Regionen sind gut miteinander vereinbar; es ist töricht, Nation und Europa als Gegensätze darzustellen. Wer kein Verhältnis zu seinem Vaterland hat, der kann auch kein guter Europäer sein. Nationalgefühl und das europäische Bewusstsein sind eng verknüpft.

Der moderne, in die Europäische Union eingefügte Nationalstaat hat einen anderen Charakter als der ungebundene Nationalstaat des 19. und der ersten Hälfte des 20. Jahrhunderts. Der alte Nationalstaat verwirklichte sich vor allem selbst, ohne Rücksicht auf Europa und die Welt. Dies führte zum Gegeneinander, zur Staatenanarchie, zu schrecklichen und sinnlosen Völkerkriegen, die durch die Entwicklung immer vernichtenderer Waffensysteme in totalen Kriegen gipfelten. Bis in unsere Zeit hinein führt Nationalismus zu Massenvertreibung und schlimmen Verbrechen, wie sie kaum mehr für möglich gehalten worden waren.

Der in eine Staatenunion eingefügte neue Nationalstaat bewahrt seine Eigenständigkeit, tritt aber gleichzeitig Kompetenzen an die Union ab. Er verpflichtet sich zur institutionell verankerten Zusammenarbeit mit anderen Staaten.

Das Vereinte Europa kann und darf kein Schmelztiegel sein. Es soll vielmehr die nationale Identität, Kultur und Lebensweise jedes Volkes schützen. In Europa sind die Einzelstaaten Träger nationaler Kulturen, die zum Teil Weltrang besitzen. Sie in Europa aufgehen zu lassen, wäre nicht nur für Europa ein schmerzlicher Verlust, sondern für die Welt.

Unser Ziel sollte nicht ein europäischer »Überstaat«, sondern die »Einheit in Vielfalt« sein. Das Subsidiaritätsprinzip begrenzt die Aufgaben für die Ebene der Europäischen Union auf das Notwendige. Seine konsequente Anwendung bewahrt vor Überreglementierung, bürokratischem Perfektionismus und Zentralismus.

Subsidiarität und Globalisierung

Global denken – lokal handeln. Dieser Slogan der Umweltbewegung aus den 70er Jahren ist eine Kurzformel für die Wechselbeziehungen von Subsidiarität und Globalisierung. Global denken bestimmt dabei freilich nicht nur das Maß für das Handeln im lokalen Bereich, sondern verlangt auch Mitverantwortung für die globalen Zusammenhänge und Wechselwirkungen.

Die Forderung nach dem Vorrang der kleineren Einheit erscheint vielen angesichts der rasanten Internationalisierung kleinkariert, romantisch oder unrealistisch. Manche sehen darin auch die Gefahr der Abschottung, des Rückzugs, der Abkoppelung von der weltweiten Entwicklung und ihren Anforderungen.

Gerade die Verengung auf eine derartige Nabelschau würde aber den Grundprinzipien der Aktiven Bürgergesellschaft, einer neuen Kultur der Verantwortung und dem Subsidiaritätsprinzip als Strukturmerkmal widersprechen. Ihr Ziel sind Einstellungen und zukunftsfähige Strukturen, die der zunehmenden Komplexität und der internationalen Verantwortung gerecht werden.

Eine große Belastung für die Realisierung des Subsidiaritätsprinzips bei der Gestaltung staatlicher und innerstaatlicher Beziehungen, vor allem auch im Sinne von Föderalismus, ist die Verwechslung mit selbstfixiertem Regionalismus und spalterischem Separatismus.

Föderalismus bedeutet Freiraum für die Gestaltung des eigenen Lebensraums, ergänzt durch verbindliche Vernetzungen zu größeren Einheiten, zur Nation und zu den internationalen Gemeinschaften. Heimatverbunden und weltoffen zu sein ist die bodenständige Variante zu global denken und lokal handeln.

Das Konfliktmuster unserer Zeit sind ethnische Konflikte. Die Pflege der eigenen Identität und Individualität, beim Einzelnen und bei Volksgruppen, ist eine unausrottbare Sehnsucht der Menschen. Überall dort, wo dieses Bedürfnis mit einer Politik der Gleichmacherei oder der Dominanz einer Volksgruppe und Kultur auf Zeit unterdrückt wird, bricht es mit manchmal zerstörerischer Kraft hervor, wenn sich die Fesseln lockern. Der Zerfall der Sowjetunion oder Jugoslawiens bietet dafür erschreckendes Anschauungsmaterial.

Die Zukunft des Balkans wird wesentlich davon abhängen, ob Formen des Miteinanders und des Freiraums gefunden werden, die die kulturelle Identität innerhalb der staatlichen Gemeinschaft bewahren.

Dies ist der friedensstiftende Charakter des Subsidiaritätsprinzips!

Die meisten Bedenken gegen die Durchsetzung des Subsidiaritätsprinzips in der internationalen Politik beziehen sich auf das erforderliche Denken und Handeln in größeren Einheiten und Zusammenhängen. Man fürchtet, dass damit Führungs- und Handlungsfähigkeit nicht erreicht werden kann oder verloren geht.

Reinhard Mohn hat aus seiner Erfahrung mit einem international operierenden Konzern und als ständiger Beobachter der gesellschaftlichen und politischen Entwicklung eindringlich wie kaum jemand zuvor darauf hingewiesen, dass gerade angesichts der ständig wachsenden Größenordnungen international operierender Unternehmen und der zunehmenden Komplexität nur durch Delegation und Kooperation noch zeitgemäß und erfolgreich geführt werden kann.

Dies sei nicht nur eine Arbeits- und Führungstechnik, sondern vor allem Antwort auf die Vielfalt der Situationen. Gerade auch auf Grund der unterschiedlichen kulturellen Prägungen würden Dezentralisierung und das Subsidiaritätsprinzip zu zwingenden Organisationsleitlinien für international operierende Firmen. Nur so könne die örtliche Kultur ausreichend berücksichtigt werden, um dadurch eine Identifikation mit den Menschen, den jeweiligen Gegebenheiten und Rahmenbedingungen zu ermöglichen, was wiederum eine Grundvoraussetzung für nachhaltigen Erfolg sei.

Unabdingbar sei dafür die Entwicklung einer Unternehmenskultur, mit der sich die Mitarbeiter, aber auch alle Verantwortungsträger, identifizieren und die sie als Leitmaßstab anerkennen.

Ganz ähnlich argumentierte der Allianz-Vorstandsvorsitzende Henning Schulte-Noelle in einem Interview in der Süddeutschen Zeitung vom 28. Juni 2000, als er angesprochen wurde auf die Integrationsschwierigkeiten bei internationalen Fusionen wegen erheblicher Kulturunterschiede:

»Hier half uns die spezifische Allianz-Philosophie. Sie lautet: Wir werden immer internationaler, aber mit immer dezentraleren Strukturen. Wir wissen, dass wir unterschiedliche Mentalitäten berücksichtigen müssen, ein unterschiedliches Marktumfeld, den ganzen kulturellen Überbau. Uns ist das sehr bewusst, und wir haben darauf immer Rücksicht genommen – beim Erwerb von RAS in Italien, oder bei Fireman's Fund in den USA – und eben auch bei der AGF. Gemeinsame Standards als Rahmen unserer Gruppe sind selbstverständlich, natürlich auch volle Transparenz auf allen Ebenen. Operativ setzen wir aber auf eine große Autonomie aller Gesellschaften. Das wissen unsere Partner.«

Beide Wirtschaftsführer sprechen eine Dimension der Globalisierung an, die bislang noch zu sehr im Hintergrund steht: Die kulturelle Dimension. In der Regel werden nur die technischen und ökonomischen Zwänge, die Risiken für den Sozialstaat und der erhebliche Veränderungsdruck für die staatlichen und gesellschaftlichen Strukturen als Folge der Globalisierung erörtert.

Wir brauchen nicht nur bessere Regeln für den internationalen Wettbewerb in der Wirtschaft und für die bessere Zusammenarbeit der Staaten, wir brauchen vor allem einen Dialog der Kulturen, der eine innere Verständigung ermöglicht. Dabei müssen wir uns zunächst bewusst machen, dass eine »Entwestlichung« des internationalen Lebens im Gange ist. Die Repräsentanten anderer Regionen dieser Erde entdecken wieder den Wert ihrer eigenen Kulturen und wehren sich zunehmend dagegen, dass die europäische Kultur und Wertetradition, die auch der Nährboden der kulturellen Entwicklung Nordamerikas mit vielen Einflüssen auf andere Regionen waren, weiter als dominanter Maßstab für die Gestaltung des Zusammenlebens der Völker gelten. Wir haben auch kein Recht, nur unsere Wertvorstellungen zur allgemeinen Richtschnur zu erheben. Gleichzeitig müssen wir aber mühsam erkämpfte Errungenschaften wie Menschenrechte, Rechtsstaat, parlamentarische Demokratie und soziale Verantwortung auch entschlossen verteidigen.

Konstruktiv kann das Zusammenleben der Völker nur gestaltet werden, wenn im gegenseitigen Respekt Strukturen und Regeln entwickelt werden, die Vielfalt und notwendige Einheit miteinander verbinden. Mittlerweile gibt es hierfür vielversprechende Ansätze. Altbundeskanzler Helmut Schmidt hat im Rahmen der Bemühungen um eine Erklärung der Menschenpflichten anlässlich des 50. Jahrestages der Erklärung der Menschenrechte der UNO darauf hingewiesen, dass die einseitige Betonung der Rechte mehr das europäische Denken bestimmt, während in der asiatischen Kultur die Pflichten stärker hervorgehoben werden. Die Zusammenfügung beider Aspekte könnte allen weiterhelfen.

Das Projekt Weltethos von Hans Küng stellt die spirituelle und kulturelle Begleitung des Globalisierungsprozesses dar, die ebenso dringlich ist wie die Diskussion über ökonomische Regeln. Letztlich kommt es nicht so sehr darauf an, ob einzelnen Vorschlägen zugestimmt werden kann und wie ihre Realisierungschancen gesehen werden, maßgeblich ist das Erkennen dieser Aufgabe und das Mitwirken am Entwicklungsprozess. Im Geiste der Aktiven Bürgergesellschaft kann dies nicht der Politik und dem Staat überlassen werden, aktive Menschen und Gruppierungen sind ebenso aufgerufen, Verantwortung zu übernehmen und sich daran zu beteiligen.

Weltethos oder Weltethik zielen nicht auf eine einheitliche Regelung, sondern auf die Formulierung von essenziellen Grundregeln der Verständigung und der Zusammenarbeit bei Wahrung, ja Pflege der eigenen kulturellen und religiösen Identität. Entscheidend ist die Bereitschaft zur globalen Problemsicht und zur Zusammenarbeit. Hier kommt vor allem den Kirchen eine große Aufgabe zu. Eine Fixierung auf einen zentralistischen Führungsanspruch auch in Fragen der Ausgestaltung des religiösen Lebens und eine einseitig auf europäisch-abendländische Kulturformen festgelegte Interpretation von Grundwahrheiten sind dabei freilich hinderlich.

Das Subsidiaritätsprinzip gibt nicht nur Freiraum für die Entfaltung regionaler Besonderheiten, es setzt auch den Respekt vor diesen voraus. Dies ist die Richtschnur bei der Auseinandersetzung mit anderen Kulturen und Wertesystemen. Dadurch werden entwicklungsgeschichtliche Prägungen besser verständlich, bis hin zur Wechselbeziehung zwischen religiösen Wertvorstellungen und wirtschaftlicher Entwicklung.

Technokraten und »Macher« in Politik und Wirtschaft werden ohne solche Kenntnisse, Einfühlungsvermögen und Respekt früher oder später scheitern. Schon schicken weitsichtige Firmen ihre Auslandsmitarbeiter zu Vorbereitungsseminaren, in denen kulturelle Eigenarten der künftigen Einsatzorte vermittelt werden. Es genügt nicht mehr, die Ökonomie eines Landes zu studieren, gleichwertige Anstrengungen für das kulturelle Verständnis sind die Voraussetzung für dauerhaften Erfolg. Leo A. Nefiodow hat in seinem Buch »Der fünfte Kondratieff« (1990) die Wirkung der jeweiligen religiösen und kulturellen Werte auf die Entwicklung der Volkswirtschaften in Deutschland, Europa, Nordamerika und Asien dargelegt.

Die Religionen haben erhebliche Auswirkungen auf die Bedeutung der Individualität des Einzelnen, auf die Menschenrechte und die Entwicklung der Rechtsordnung, um nur einige Beispiele zu nennen.

Im asiatischen Denken wird das Verhältnis zwischen Gott und Mensch noch immer stark nach kosmologischen Vorstellungen definiert, und die Götter sind Teil der Weltordnung. Innerhalb der asiatischen Religionen gibt es wiederum erhebliche Differenzierungen mit sehr unterschiedlichen Auswirkungen etwa auf die Einstellung zum Mitmenschen, zur aktiven Gestaltung der Welt, zur Umwelt oder zur Arbeit. Werte wie Treue, Pflichterfüllung, Loyalität, Zusammengehörigkeit und die Verpflichtung zur Verbindung von individuellen Entscheidungen mit gesellschaftlichen Erfordernissen sind auch heute noch wesentliche Bestandteile der asiatischen Kulturen. Die Familie spielt in anderen Kulturkreisen eine ungleich größere Rolle als bei uns, die Stellung der Frau ist oft grundlegend anders.

Diese Beispiele sollen nur verdeutlichen, wie sehr wir uns auf abweichende kulturelle Grundlagen einstellen und diese respektieren müssen, damit wir gemeinsam nach den Prinzipien der Aktiven Bürgergesellschaft Heimat und Welt gestalten können.

Bürgerschaftliches Engagement zeigt sich auch in den vielen Nichtregierungsorganisationen (NGOs), die sich internationalen Aufgaben in vielfältiger Weise widmen. Nicht nur innerhalb unseres Staates und unserer Gesellschaft bedarf es neuer Wege der qualifizierten Zusammenarbeit zwischen bürgerschaftlichem

Engagement einerseits und Staat und Politik andererseits, sondern auch auf internationaler Ebene. Bei der UN-Hauptabteilung Presse und Information sind rund 1600 Organisationen in über 140 Ländern registriert. Die politisch orientierten NGOs sind zu einer wirksamen Konkurrenz zu klassischen Organisationen wie Parteien, Kirchen und Verbänden geworden. Sie besitzen oft die Meinungsführerschaft und sind international gut vernetzt.

Ebenso müssen multinationale Konzerne und die Gestalter der globalen Finanzmärkte mit einbezogen werden.

Die Beteiligung von Nichtregierungsorganisationen an Weltkonferenzen ist bereits ein Element der Entwicklung von Subsidiarität in der Außen- und Weltpolitik.

Die Aktive Bürgergesellschaft und die staatliche Ordnung

Ein starker Staat ist weiter wichtig

Der starke Staat wird heute in erster Linie als allzuständiger Staat interpretiert. Dies wird einerseits erwartet und andererseits häufig als Belastung und Lähmung empfunden. Mit der Bürgergesellschaft verbinden manche die Sorge, dass sich nun der Staat weitgehend zurückzieht und alles der Macht des Wettbewerbs und damit der Macht der Stärkeren überlassen bleibt.

Die ordnende Hand des Staates ist auch in der Bürgergesellschaft unverzichtbar. Er muss die Rahmenbedingungen für die Gestaltung des Zusammenlebens bestimmen. Zunächst ist jedoch zu klären, welche Aufgaben und welche Rolle der Staat in einem solchen Konzept hat, wenn er nicht mehr der allzuständige Staat ist, der »Vater Staat« mit seiner Fürsorge.

Die Konzentration auf die Kernaufgaben wird häufig verlangt. Aber was sind diese Kernaufgaben?

Einen bemerkenswerten Beitrag dazu hat die Kommission für gesellschaftliche und soziale Fragen der deutschen Bischofskonferenz in ihrem Papier »Mehr Beteiligungsgerechtigkeit« (19. Oktober 1998) formuliert:

»Durch die Globalisierung und den europäischen Einigungsprozess wird es wichtiger, dass sich der Staat auf seine zentralen Aufgaben konzentriert. Gerade in der Beschränkung auf wohldefinierte Aufgaben, in der strikten Zurückweisung darüber hinaus gehender Ansprüche sozialer Vollversorgung und in der Rückgewinnung seiner Unabhängigkeit gegenüber Interessengruppen liegt der Schlüssel zu einem leistungsstarken Staat. Leistungsstarker Staat heißt hier: Dass er fähig ist, Kernaufgaben zu erfüllen.

In der Perspektive der Beteiligungsgerechtigkeit bestehen diese darin, die Rechtsordnung zu garantieren, verlässliche Rahmenbedingungen für eine leistungsfähige und zugleich am Gebot der Nachhaltigkeit orientierte Wirtschaft zu setzen, sozialen Ausgleich zu gewährleisten sowie Bildung und Ausbildung institutionell zu sichern.«

Besonders beachtlich ist für mich diese Positionsbeschreibung, weil im Kirchenvolk eine umfassende Staatsgläubigkeit weit verbreitet ist, die vermutlich auch eine Folge der Amts- und Hierarchie-Fixierung in der katholischen Kirche darstellt. Außerdem wird, entgegen den Prinzipien der katholischen Soziallehre, das Gerechtigkeitsverständnis vieler kirchlicher Kreise stark vom Umverteilungsgedanken geleitet.

Die primär innenpolitisch orientierte Sicht des Kommissionspapiers bedarf im Hinblick auf die Kernaufgaben des Staates sicher der Ergänzung um die Europa- und Außenpolitik, die besonderen Aufgaben der Verteidigungsfähigkeit im NATO-Bündnis und die damit über das eigene Land hinaus gehenden Anforderungen.

Gelegentlich wird mit der Bürgergesellschaft die Illusion eines großen Konsens-Modells verbunden. Diese Gedanken spielen vor allem bei der Kommunitarismusbewegung in den USA und den daran orientierten Ideen bei uns eine starke Rolle. Realität ist aber wohl, dass der Konsens über Werte und Ziele und die daraus abgeleiteten Übereinstimmungen im Verhalten und Handeln tendenziell eher geringer werden. Dies ist sicher eine Folge der Individualisierung, eine dynamische Umbruchzeit fördert aber auch die Tendenz der Auseinanderentwicklung, wodurch Gegensätze eher noch zunehmen.

Gerade in dieser Zeit sind deshalb verbindliche Regeln für das Zusammenleben mehr denn je unverzichtbar. Die offene Gesellschaft braucht diese letztlich mehr als die geschlossene, stark von Sozialkontrolle und allgemein akzeptierten Verhaltensnormen geprägte Gesellschaft.

Die Bürgergesellschaft ist keine Schönwetterveranstaltung, die nur Gemeinsamkeiten produziert.

Bei einer Umfrage über die existenziellen Kernaufgaben des Staates würden vermutlich der soziale Ausgleich und der Sozialstaat an erster Stelle stehen.

Um so wichtiger ist es, unmissverständlich festzuhalten, dass die oberste Aufgabe des Staates auch im Zeitalter der Globalisierung und der Bürgergesellschaft die Bewahrung des Rechtsstaates bleibt. Erst durch die Rechtsordnung wird die Freiheit eine gesicherte Freiheit. Dazu gehört, einerseits den Freiraum für die Lebensgestaltung des Einzelnen zu erhalten und andererseits auch Grenzen zu setzen. Die ordnende Kraft des Rechtes ist unverzichtbar. Sie gewährleistet die öffentliche Sicherheit. Im Mittelpunkt der staatlichen Aufgaben in der Bürgergesellschaft stehen also Sicherheit, Recht, Freiheit und die Möglichkeiten der Entfaltung jedes Einzelnen. Dies bedeutet Chancengerechtigkeit für alle. Deshalb ist die Qualität des Rechtsstaats, eng verbunden mit der Unabhängigkeit der Justiz, der Qualität der Gesetzgebung und der Durchsetzungskraft des Staates, weiter von elementarer Bedeutung. Defizite in diesem Bereich können auch durch eine formal korrekte Demokratie nicht aufgehoben werden. Dies kann man in postkommunistischen Staaten, vor allem im Bereich der früheren Sowjetunion, aber auch in vielen anderen Regionen dieser Erde beobachten.

Das innere Auseinanderdriften der Gesellschaft und die Globalisierung mit ihren negativen Begleiterscheinungen organisierter Kriminalität, von Drogenhandel und Menschenhandel durch hochprofessionelle, mit Technik und Geld ausgestattete, international operierende Organisationen fordern den Rechtsstaat heraus. Hinzu kommen raffinierte Wirtschaftskriminalität und vielfältige Formen der Korruption.

Die Pflege des Rechtsbewusstseins ist ein fester Bestandteil der Aktiven Bürgergesellschaft. Dies ist eine wichtige Aufgabe für die Gestaltung eines konfliktfreien Zusammenlebens und für geregelte Konfliktlösung. Je weniger allgemeine Normen akzeptiert werden, um so mehr Bedeutung kommt der Inanspruchnahme und Durchsetzung des Gewaltmonopols des Staates zu.

Mir liegt an der Klarstellung, dass auch in der Bürgergesellschaft die Politik und die Parteien innerhalb der Regeln der parlamentarischen Demokratie eine besondere und unverzichtbare Rolle spielen. Diese kann durch die vielfältigen Formen bürgerschaftlichen Engagements und auch durch die effizient organisierten und mitunter mit erheblichen Geldmitteln ausgestatteten Nichtregierungsorganisationen (NGOs) nicht ersetzt werden.

Eine neue Qualität der Zusammenarbeit zwischen dem einzelnen Bürger, solchen Organisationen und der Politik ist ein wesentliches Merkmal der Aktiven Bürgergesellschaft. Gegenüber der Allgemeinheit rechenschaftspflichtig sind die gewählten Mandatsträger, die Parlamente und die Parteien. Die freien Organisationen sind dieser Rechenschaftspflicht nicht unterworfen. Sie können aber auch nicht den Anspruch erheben, die Allgemeinheit anstelle von Parlamenten und gewählter Volksvertretung zu repräsentieren.

Die heute weit verbreitete Forderung nach dem Rückzug des Staates, nach Entstaatlichung, ist also keine ausreichende Zieldefinition für die Rolle des Staates in der Bürgergesellschaft.

Die Gestaltung der Kernaufgaben – neben dem Rechtstaat die soziale Absicherung, das Bildungswesen mit Wissenschaft und Forschung, verlässliche Rahmenbedingungen für die Wirtschaft und die Schaffung der Infrastruktur – wird in den folgenden Kapiteln unter dem Blickwinkel der Aktiven Bürgergesellschaft erläutert.

Dabei ist bei jeder Aufgabe nochmals zu differenzieren, inwieweit der Staat selbst Träger und Gestalter sein muss oder ob es besser ist, entsprechende rechtliche und planerische Vorgaben zu machen, Finanzen bereitzustellen oder/und Anreize für die Eigeninitiative zu gewähren.

In der Aktiven Bürgergesellschaft ist der Bürger nicht Kunde des Dienstleistungsunternehmens Staat, sondern Staatsbürger, der sich mit verantwortlich fühlt und ein Teil des Gemeinwesens ist.

Die Rolle des Staates liegt also vor allem in der Ordnungspolitik, nicht in der ständigen Intervention in den verschiedensten Lebensbereichen. Der Interventionsstaat verliert zunehmend an Kraft, nicht nur an Finanzkraft.

Zeitenwende in der Kommunalpolitik

Nirgendwo sind sich Bürger und Politik so nahe wie auf der kommunalen Ebene, in der eigenen Gemeinde, der Stadt und dem Landkreis. Dies ist der unmittelbare Lebensraum des Bürgers, hier entscheidet und konkretisiert sich seine Lebensqualität, vor allem durch die klassische Infrastruktur als Dienstleistung des Staates, die Einrichtungen für das kulturelle und soziale Leben, die Verkehrserschließung, das Angebot an Arbeitsplätzen, die Gesundheitsdienste und durch alles, was der Bürger an staatlicher Daseinsfürsorge braucht oder erwartet. In und über die Kommunalpolitik muss realisiert werden, was Bundes- und Landespolitik für die Bürger schaffen wollen. Dies ist das unmittelbarste und konkreteste Handlungsfeld für die Bürgergesellschaft.

Auf der kommunalen Ebene werden auch Veränderungen in der Gesellschaft, in den Einstellungen und in sozialen Strukturen sowie neue Anforderungen am schnellsten und konkretesten spürbar. »Nirgends ist Politik greifbarer und transparenter, nirgends wirken Veränderungen schneller, nirgends sind die Gestaltungsmöglichkeiten für den Einzelnen größer.«

(Bundespräsident a. D. Roman Herzog, in:
»Neue Wege in der Kommunalpolitik«, 2000)

Überschaubarkeit ist ein Nährboden für bürgerschaftliches Engagement. Je anonymer die Lebensverhältnisse sind, umso unwahrscheinlicher ist der Einsatz der Bürger für das Gemeinwesen.

Bürgerschaftliches Engagement ist ein Schwerpunkt der Diskussionen um die Zukunft der Bürgergesellschaft. Das Konzept der Aktiven Bürgergesellschaft umfasst alle Lebens- und Politikbereiche, konkretisiert sich aber auch in besonderer Weise auf der kommunalen Ebene.

Zu den erfreulichen Entwicklungen unserer Zeit zählt eine kaum mehr überschaubare Zahl beeindruckender Beispiele für neue Formen des Bürgerengagements. Hier zeigen sich soziale Phantasie und Einsatzbereitschaft. In vielen Unterredungen und

Veröffentlichungen wird dieser Befund dokumentiert. Trotzdem ist noch keine Trendwende im Verhältnis von Bürger und Staat, von Anspruchsgesellschaft und Selbstverantwortung zu beobachten. Aus den vielen guten Einzelbeispielen muss eine flächendeckende Veränderung entstehen, wenn das Ziel der Aktiven Bürgergesellschaft erreicht werden soll. Dieser Prozess ist aber in Gang gekommen. Jetzt ist es unsere Aufgabe, die bisherigen Erfahrungen auszuwerten, die Entwicklung bewusst zu fördern, zu strukturieren und in den Rahmen eines durchgängigen politischen Konzeptes zu bringen, das gleichzeitig den Freiraum für die Vielfalt der Situationen, der Initiativen und der Gestaltungsmöglichkeiten lässt.

Für die kommunale Ebene zeichnet sich bereits hier deutlich ein Veränderungsprozess ab, der alle Beteiligten, ob Bürger, Politik oder Verwaltung, betrifft und ebenfalls zu Veränderungen herausfordert. Bürgerschaftliches Engagement hat es seit jeher gegeben. In der Ständegesellschaft war dies vor allem ein Anliegen des Bürgertums, der oberen und allenfalls noch der mittleren sozialen Schicht.

Die Vielfalt unseres Vereinswesens ist ein großes soziales Kapital. Sie hat ein Wurzelgeflecht bürgerschaftlichen Engagements geschaffen, das vielen soziale Heimat ist und für die innere Stabilität unserer Gesellschaft Großartiges geleistet hat. Diese Vielfalt ist eine Frucht der demokratischen Entwicklung, des bürgerschaftlichen Bewusstseins, und kann sich nur in einer freien Gesellschaft entfalten, weil sich Diktaturen diesen Freiraum nicht leisten können.

In den 70er Jahren entstanden neue Formen bürgerschaftlichen Engagements vor allem auf der kommunalen Ebene in Form von Bürgerinitiativen, deren Aktivitäten sich meist auf die Abwehr kommunaler oder staatlicher Projekte bezogen. Später organisierten Aktivisten der sozialen Bewegung neue Formen der Selbsthilfe und gingen dabei zunächst auf Distanz zu den gewachsenen Strukturen, etwa den großen Wohlfahrtsverbänden. Die Politik und die Kommunen wurden ebenso distanziert betrachtet. Zwischen diesen Gruppen und den Repräsentanten des öffentlichen Lebens herrschte weniger eine Beziehung als eine gepflegte Distanz und nicht selten ein massiver Konflikt.

Zu den besonders positiven Entwicklungen des letzten Jahrzehnts zählt, dass sich Staat und Bürger wieder mehr aufeinander zu bewegen. Bürgerbeteiligung neuer Art erschöpft sich nicht mehr nur in einer Abstimmungs- und Unterschriftendemokratie, sondern besteht in gelebter Verantwortung für das Gemeinwesen.

Die Einführung kommunaler Bürgerentscheide und die dadurch geschaffene Mitwirkungsmöglichkeit sind ein durchaus sinnvolles und insgesamt auch erfolgreiches Instrument der Bürgerbeteiligung, eine Fixierung auf dieses Instrument reduziert bürgerschaftliches Engagement jedoch auf die Wahrnehmung von Rechten und häufig nur auf die Intervention.

Die kommunale Ebene erlebt derzeit einen Paradigmenwechsel. Sie besitzt in Deutschland ein Ausmaß an Selbständigkeit und damit auch der Selbstbestimmung der Bürger für ihren eigenen Lebensraum wie in kaum einem anderen Staat der Welt. Diese tief verankerte und vor europäischen Eingriffen zu schützende Selbstbestimmung wird traditionell verstanden als »kommunale Selbstverwaltung«. Sie ist meist stark vom Denken in staatlichen Kategorien und von Verwaltungsvollzug dominiert, und die Doppelstruktur der kommunalen Selbstverwaltung, die auf der einen Seite im so genannten übertragenen Wirkungskreis staatliche Maßnahmen vollzieht und auf der anderen Seite die eigenen Angelegenheiten der Bürger regelt, führt in der Praxis dazu, dass doch häufig in hohem Maße das Verwalten und die staatliche Perspektive im Vordergrund stehen. Durch den Trend zum Rückzug ins Private hat sich diese Schieflage in den 70er und 80er Jahren eher noch verstärkt. Deutscher Perfektionismus bei den Rechtsvorschriften und in der Verwaltung sowie der Anspruch auf die Qualität der Infrastruktur und all der Leistungen der Daseinsvorsorge von Seiten der Bürger haben ebenso dazu beigetragen. Die rechtlich abgesicherten Beteiligungsformen der Bürger bei Planungsverfahren blieben deshalb weithin blutleer und werden, wenn überhaupt, in aller Regel nur von einer ganz kleinen Zahl jeweils unmittelbar Betroffener wahrgenommen.

In den 90er Jahren hat sich in Verbindung mit der Debatte um ein neues Verständnis von staatlicher Verwaltung und staatlicher Leistung das Denken hin zur Kategorie Dienstleistung für den Bürger verlagert.

»Noch bis vor wenigen Jahren war behördliches, war auch kommunales Tätigsein geprägt von der Idee des Obhuts- und Obrigkeitsdenkens.« *(Heribert Thallmair,*
Vorsitzender des Bayerischen Gemeindetags)

Nunmehr bestimmen die Überlegungen zur Bürgergesellschaft auch die kommunalpolitische Diskussion. Dabei setzt sich immer mehr der Gedanke einer Bürgerkommune durch.

Eine unverzichtbare Voraussetzung für bürgerschaftliches Engagement und für Partnerschaft ist der Wille zur Transparenz aller Sachverhalte und Entscheidungsprozesse sowohl auf der politischen Ebene wie insbesondere auch in den Verwaltungen. Die Bereitschaft zur Transparenz führt in der Konsequenz zum Verzicht auf Herrschaftswissen, mit dem man manche Planungen durchsetzen kann, die bei mehr Transparenz nicht mehr so ohne weiteres realisierbar sein mögen. Dies setzt aber auch Strukturen voraus, mit denen diese Transparenz ermöglicht wird.

Die Gestaltung der öffentlichen Haushalte ist dafür exemplarisch. Die kameralistische Buchführung steht einer Kostentransparenz eher entgegen. Wenn man jedoch den Bürgern kaum präzise sagen kann, was ein Kindergartenplatz, die Schulausbildung, der Gang in die Bücherei oder ins Schwimmbad, die kommunalen Aktivitäten unterschiedlichster Art bis hin zur Ausstellung oder die Dienstleistungsprodukte der Verwaltung tatsächlich kosten, wenn also auch kein Vergleich möglich ist mit den Kosten in anderen Kommunen, kann kein Kostenbewusstsein von den Bürgern erwartet werden. Bei dieser Transparenz können natürlich auch Lieblingsprojekte eines Bürgermeisters nicht mehr versteckt finanziert und realisiert werden! Dies ist nicht nur vorteilhaft, weil manch weitsichtiges Projekt oder mancher kreativer oder riskanter Versuch auch nur so möglich war.

Der Weg zur Bürgerbeteiligung und zur Bürgergesellschaft sowie die Zielsetzungen der Verwaltungsreformen werden von Kommunalpolitikern häufig als Weg zu ihrer Entmachtung verstanden. Widerstand ist die logische Folge. Das Motiv dafür ist aber nicht nur egoistischer Machtwille. Vielmehr empfinden viele Mandatsträger eine Spannung zwischen dem Engagement von Bürgern und der dann doch wieder eingeforderten Verantwortung der Kommunalpolitik.

Die Antwort darauf liegt wohl in der Entwicklung neuer Führungsinstrumente. Wenn die Verwaltung mehr Freiraum bekommt, müssen gleichzeitig die Durchschaubarkeit des Verwaltungshandelns und, nötigenfalls, die Eingriffsmöglichkeiten der politisch Verantwortlichen gewährleistet sein. Ein laufendes Berichtswesen gegenüber dem kommunalen Parlament über den Sachstand auf dem Weg zu den Zielvorgaben für die einzelnen Verwaltungsbereiche könnte hier weiterführen.

In den 90er Jahren ist mit dem Agenda-21-Prozess bundesweit eine neue Form bürgerschaftlichen Engagements und der Bürgerbeteiligung an öffentlichen Angelegenheiten entstanden. Ausgangspunkt war die UNO-Konferenz »Umwelt und Entwicklung« 1992 in Rio de Janeiro. Hier wurden neue Ziele und Wege der Politik beschrieben, die der Welt, den Industriestaaten wie den Entwicklungsländern, eine gemeinsame, dauerhafte, umweltverträgliche und somit nachhaltige Entwicklung sichern können, »welche die Bedürfnisse der gegenwärtigen Generation befriedigt, ohne zu riskieren, dass künftige Generationen ihre Bedürfnisse nicht befriedigen können«, wie der Brundtland-Report definiert. Damit wurde ein Denken aus der Land- und Forstwirtschaft zum Ideal für die Weltpolitik.

Im Rahmen dieser Zielsetzungen der UNO-Konferenz kommt dem Dokument »Agenda 21« eine besondere Bedeutung zu. Es handelt sich dabei um ein Aktionsprogramm für das 21. Jahrhundert, das die Staaten, Regionen und Kommunen aufruft, Strategien für eine nachhaltige Entwicklung zu erarbeiten und umzusetzen. Die Unterzeichner der Agenda 21 von Rio setzten sich als Ziel, dass die Kommunen weltweit bis zum Jahr 1996 eine lokale Agenda 21 erarbeiten sollten. Diese Erwartung war zu optimistisch, zumal vor allem in den Entwicklungs- und Schwellenländern die rechtlichen und politischen Möglichkeiten für solche Initiativen auf kommunaler Ebene fehlen. In Deutschland wurde mit der »Gemeinsamen Erklärung der Umweltministerkonferenz und der Präsidenten der kommunalen Spitzenverbände zur Lokalen Agenda 21« vom Mai 1998 der Startschuss für einen bundesweiten Prozess gegeben.

Mittlerweile gibt es vielfältige Initiativen, die Ergebnisse sind sehr unterschiedlich und nicht selten entstehen Konflikte an den Schnittstellen zwischen diesen Formen bürgerschaftlichen Engagements und der Kommunalpolitik sowie der Kommunalverwaltung. Eine frühzeitige Klärung von Kompetenzen und Legitimation ist deshalb unerlässlich. Unzweifelhaft ist über diesen Prozess aber auch eine neue Form bürgerschaftlichen Engagements gefördert worden, die sich nicht auf Abwehr richtet, sondern auf Zukunftsplanung, auf ganzheitliches Denken und auf Mitverantwortung. Ziel ist ein gemeinsames Leitbild für die künftige, nachhaltige Entwicklung des eigenen Lebensraumes und des Aufgabenbereiches der jeweiligen kommunalen Einheit. Natürlich ist unverkennbar, dass sich alle Parteien mit ihren verfassten Strukturen schwer tun, diesen Prozess ausreichend in ihre politische Arbeit zu integrieren. Dies ist aber nur ein Spiegelbild des allgemeinen Problems der schwierigen Kombination gewachsener Strukturen und neuer Arten des bürgerschaftlichen Engagements.

Eine längere Erfahrung gibt es in Bayern mit der Dorferneuerung, die eine umfassende Bürgerbeteiligung vorsieht. Der Bayerische Landtag hat 1992 mit einem Grundsatzbeschluss dafür die Weichen gestellt. Kamen früher Planer ins Dorf, um mit ihrem Expertenwissen die Baumaßnahmen im Rahmen der Dorferneuerung zu gestalten, so wird jetzt nichts mehr realisiert, was nicht gemeinsam über diverse Arbeitskreise und Diskussionsprozesse im Dialog von Bürgerschaft, Experten und kommunaler Letztverantwortung entwickelt wird. Dieses Verfahren ist mitunter mühsam, braucht Zeit und stellt auch einen Lernprozess für alle Beteiligten dar, führt aber zu ganz neuen Qualitäten dauerhafter Kooperation, weil über diese Beteiligung ein Bürgerengagement geweckt wird, das über den Zeitrahmen der Baumaßnahmen hinaus Bestand hat. Vor allem werden damit aber auch ein ganzheitliches Denken für das Gemeinwesen gefördert und Einzelinteressen, seien es Verkehrsführung, Platzgestaltung oder auch besondere Interessen im kulturellen, sozialen oder ökonomischen Bereich, in ein ganzheitliches Entwicklungs-Leitbild eingeordnet.

In diesen Planungsforen ist die Beherrschung von Methoden der Diskussionsführung, der Steuerung von Gruppenprozessen und der Konfliktlösung von überragender Bedeutung. Dadurch werden die für die Bürgergesellschaft bedeutsamen Methoden der Konfliktlösung, etwa über die Gesprächsführung und Gestaltung von Diskussionsprozessen durch neutrale Moderatoren, erheblich gefördert. Nicht wenige Kommunen, Landgemeinden, insbesondere aber auch Städte mit häufig schärferen Konturen und unterschiedlichen Interessen innerhalb der Bürgerschaft, haben damit beste Erfahrungen gemacht. So laufen beispielsweise in der Stadt Regensburg seit Sommer 2000 fünf solcher Projekte des Dialogs, der gemeinschaftlichen Diskussion, Klärung und schlussendlich Formulierung von Positionen bei Vorhaben der Stadtentwicklung, die mit Zündstoff geladen sind.

Solche Dialoge führen nur dann zum Erfolg, wenn die Kommunalpolitik sich auf diesen Prozess einlässt und erkennt, dass dieser nicht Entmachtung, sondern Entschärfung und Gestaltungsmöglichkeiten zur Folge hat.

Eine neue Form der Bürgerbeteiligung sind die »Bürgergutachten«. Nach dem Zufallsverfahren werden Bürger ausgewählt, die für einen bestimmten Zeitraum von ihren alltäglichen Verpflichtungen freigestellt werden, um Empfehlungen zu Planungsvorhaben oder Kontroll- und Bewertungsproblemen zu erarbeiten. Ein solcher Diskussionsprozess wird von einer unabhängigen Stelle geleitet und moderiert. In Baden-Württemberg nimmt diese Funktion die Akademie für Technikfolgenabschätzung wahr. In dem Bericht der »Zukunftskommission Gesellschaft 2000« der Landesregierung Baden-Württemberg vom Dezember 1999 wird über die Ergebnisse solcher Bürgergutachten, hier »Planungszellen« genannt, berichtet. Die inneren Abläufe dieses Bürgerforums stellen mit ihren Informations- und Entscheidungsvorgängen erhebliche Anforderungen an die einzelnen Teilnehmer. Diese sind schließlich »Laien«, kommen aus höchst unterschiedlichen Lebenssituationen und sind zunächst im Hinblick auf die spezielle Planungsaufgabe unzureichend informiert und nicht auf einen derartigen Gruppenprozess eingestellt. Eine solche Laiengruppe muss daher begleitet werden von einem Team, das über Kenntnisse und Fähigkeiten zur Initiierung und Handhabung eines derartigen Verfahrens und die methodischen Fähigkeiten zur Vermittlung der erforderlichen Sachinformationen verfügt. Die Bürger bleiben in dieser Planungszelle also nicht sich selbst überlassen.

Für die Vorbereitung und Durchführung gibt es mittlerweile ein ausgefeiltes System. Ein Pionier dieser Vorgehensweise ist Peter C. Dienel. Er hat seine Konzeption mit dem Buch »Die Planungszelle« (1997) einer breiten Öffentlichkeit vorgestellt. Aus den verschiedensten Bereichen der Anwendung dieser Methode werden erstaunliche Ergebnisse berichtet.

Bürgerschaftliches Engagement auf kommunaler Ebene umfasst alle Lebensbereiche: Aktivitäten für die Kinder, die Gestaltung von Kindergärten, Mitarbeit an der Schule, neue Wege der Nachbarschaftshilfe und der Sozialdienste im Familienzentrum und in Familienselbsthilfegruppen – der Phantasie und den denkbaren Gestaltungen in der jeweiligen Lebenssituation sind keine Grenzen gesetzt. Zum Aufgabenspektrum gehört auch die Förderung regionaler Wirtschaftsbeziehungen.

Übereinstimmende Voraussetzung für den Erfolg dieser vielfältigen Initiativen ist die Bereitschaft zum Lernen und zur Veränderung.

Aktive Bürgergesellschaft entwickelt sich von unten her, kann nicht staatlich verordnet und reglementiert werden. Die Politik, vor allem die Kommunalpolitik, hat jedoch die Aufgabe, diese Entwicklung zu unterstützen und ihr gleichzeitig möglichst viel Freiraum zu geben.

Der aktivierende Sozialstaat

Vorrang der Eigenverantwortung – Chancengerechtigkeit – Solidarität

Unser Sozialstaat hat sich unter den Bedingungen der Industriegesellschaft entwickelt und ist davon geprägt. Er wurde konzipiert, um die Probleme zu lösen, die entstanden waren durch die Auflösung der ständischen Gesellschaft und der ihr eigenen sozialen Sicherungen sowie durch die beginnende Industrialisierung und ihre revolutionären Auswirkungen auf die Arbeitswelt, die gesellschaftlichen und sozialen Strukturen.

Heute erleben wir wieder ähnliche Umbrüche. Deshalb können die bisherigen Lösungsmuster nicht einfach fortgeschrieben werden. Der moderne Sozialstaat muss den neuen gesellschaftlichen Strukturen und Situationen gerecht werden. Die Auflösung traditioneller Solidargemeinschaften mit den an einem Ort zusammenlebenden Großfamilien, die Emanzipation der Frauen und ihre zunehmende Erwerbstätigkeit, der Wandel in der Arbeitswelt und in den Wohnstrukturen haben die Lebensbedingungen erheblich verändert.

Ausgehend von diesem Befund sollten wir unser heute vorherrschendes Sozialstaatsverständnis überdenken, das den Sozialstaat als »Reparaturbetrieb« der Marktwirtschaft begreift. Er wird im Wesentlichen als der erforderliche Ausgleich zum harten Wettbewerb gesehen. Damit entsteht zwangsläufig ein Dualismus aus Effizienz und Gerechtigkeit. Dieser Dualismus steht einer zeitgemäßen Sozialstaatskonzeption jedoch im Wege.

Das übergeordnete Ziel des modernen Sozialstaates liegt dagegen in der Entfaltung der Leistungsfähigkeit unseres Volkes in allen Lebensbereichen, bei sozialen, ökonomischen, kulturellen und ökologischen Belangen. Das Ziel ist ein vitales Gemeinwesen, ebenso leistungsfähig wie stabil. Dies wird nicht erreicht durch ein Höchstmaß an Regelungen, Transfers und Absicherungen, sondern durch die Kombination von drei Aspekten: Förderung der Eigeninitiative, erforderliche Absicherung der Risiken und Solidarität mit den Schwachen.

Sozialpolitik ist so verstanden vor allem auch eine Investition in die Stabilität des Gemeinwesens und damit in seine Leistungsfähigkeit. Davon profitieren alle, Geber und Nehmer. Deshalb ist der Sozialstaat eine Aufgabe im Interesse und im Nutzen aller, nicht eine einseitige Transferangelegenheit.

Unser heutiges Sozialstaatssystem leidet an zwei grundlegenden Strukturmängeln:

1. Es fördert nicht die Aktivität des Einzelnen, sondern die Passivität.

2. Es ist in seinen Strukturen und Wechselwirkungen so anonym, dass die Folgen des eigenen Verhaltens für das Ganze nicht spürbar und erkennbar sind.

Für einen zukunftsfähigen Sozialstaat müssen diese beiden Strukturfehler überwunden werden.

Die Kritik an der Förderung einer passiven Lebenseinstellung richtet sich nicht pauschal gegen einzelne Menschen, sondern gegen Rahmenbedingungen.

Vor der Ausgestaltung einzelner Maßnahmen sind zunächst die leitenden Prinzipien und die zu Grunde liegenden Wertvorstellungen zu klären.

Evangelische Sozialethik und die katholische Soziallehre mit den Elementen der Personalität, Subsidiarität und Solidarität haben die Entwicklung unseres Sozialstaates wesentlich beeinflusst.

Die Mehrheit der Christen und vor allem die in den kirchlichen Sozialverbänden Engagierten tendieren überwiegend zu einem Sozialstaatsverständnis, das man als »Sozialstaatsgläubigkeit« bezeichnen kann. Diese ist unverändert stark, weil immer mehr Menschen unter dem Druck der Veränderungen Schutz und Hilfe beim Staat suchen.

Es gibt keine authentische Fassung des Sozialstaats und des Gemeinwesens aus dem Geist des Christentums. In der katholischen Kirche gibt es darüber kontroverse Diskussionen unter den Wissenschaftlern der christlichen Soziallehre wie auch zwischen dem Bund Katholischer Unternehmer und der Katholischen Arbeitnehmerbewegung.

Die in den Kirchen im Rahmen gesellschafts- und sozialpolitischer Diskussionen häufig angemahnte »Option für die Armen« stellt eine problematische Forderung dar. Natürlich müssen die Kirchen in besonderer Weise Anwalt der Schwächeren sein. Dies ist ein wesentlicher Kern der christlichen Botschaft. Christus hat dies in seinem Leben oft bezeugt. Für das politische Handeln besteht damit aber die Gefahr, dass die ordnungspolitischen Gestaltungen vernachlässigt werden und der Blick für das Ganze verloren geht. Damit beraubt man sich der größtmöglichen Wirkkraft. Das Engagement für die Armen wird so schnell einseitig. Eine Gestaltung des Gemeinwohls und einer dauerhaft guten Entwicklung im Sinne einer Gegenseitigkeit, die allen Beteiligten hilft, wird unmöglich.

Daraus wächst dann Polarisierung und Kampf. Dabei ist freilich nicht zu verkennen, dass zur Überwindung ungerechter Strukturen häufig auch der Kampf, Einseitigkeit und Zuspitzung in der Auseinandersetzung notwendig sind. Die Situation in Deutschland unterscheidet sich hier aber ganz wesentlich von der Lage in Entwicklungsländern oder im Bereich der früheren Sowjetunion.

Gerade die *gleichgewichtige* Entfaltung der Prinzipien persönliche Verantwortung, Subsidiaritätsprinzip und Solidarität bietet den Kompass für ein zukunftsfähiges Gemeinwesen und einen zukunftsfesten Sozialstaat unter den Bedingungen des Übergangs und des Umbruchs in unserer Zeit.

Damit wird eine Verkürzung auf nur ökonomische Sachverhalte und Notwendigkeiten vermieden. Die ethische Dimension des eigenen Handelns ist so erkennbar, und diese Grundprinzipien sind gleichzeitig geeignet, den Anforderungen der modernen Welt, der demografischen Entwicklung in Deutschland und den Konsequenzen der Globalisierung gleichermaßen gerecht zu werden.

Solange die Verkünder der Sozialstaatsgläubigkeit nicht ganz offensichtlich scheitern, werden die Unionsparteien mit einem Konzept, das den Menschen mehr Eigenverantwortung und mehr gelebte Solidarität abverlangt, auch im Kreis der Christen Schwierigkeiten haben.

Gemessen an der bisherigen Werteskala brauchen wir eine deutliche Akzentverschiebung:

Die Eigenverantwortung hat Vorrang. Das bedeutet: Was der Einzelne zumutbar selbst leisten kann, muss er selbst leisten. In diesem Sinne brauchen wir eine neue Kultur der Selbständigkeit, die sich auf alle Lebensbereiche, von der Erziehung und Bildung bis zu den staatlich gesetzten Rahmenbedingungen des Rechts und der Fördersysteme auswirkt. Eigenverantwortung und Eigeninitiative sind nicht die zweitbeste Antwort, wenn dem Staat die Mittel fehlen, sondern die vorrangige und bessere Antwort.

Dies ist nicht nur ein Anspruch an, sondern auch eine Chance für den Einzelnen. Nur wenn er die eigenen Kräfte mobilisiert, wird er seine Fähigkeiten entwickeln und seine Persönlichkeit entfalten können. Deshalb brauchen wir auch eine positive Einstellung zur Leistung. Leistungsorientierung und Humanität sind keine Gegensätze, sondern bei richtigem Verständnis und richtiger Umsetzung eine Einheit.

Zugleich möchte ich betonen: Der Wert eines Menschen hängt nicht von seiner Leistungsfähigkeit ab. Differenzierung nach Leistungsfähigkeit ist kein Gradmesser für den Wert eines Menschen. Entscheidend ist das Verhalten zueinander. Unabdingbar ist, dass die Leistungsfähigen ihre Möglichkeiten entfalten können, während die weniger Leistungsfähigen ebenso den Einsatz von Gesellschaft und Politik für ihre Lebenschance erfahren. Inhuman wäre es, möglichst alle auf ein formales Einheitsmaß zu drängen, das die Einen unterfordert, die Anderen überfordert und nur das Mittelmaß fördert. Steckt hinter solchem Einheitsstreben doch die Vorstellung, dass die Leistungsfähigkeit die Wertigkeit des Menschen bestimmt?

Größtmögliche Chancengerechtigkeit zu sichern ist der wichtigste Aspekt der Aufgabe »soziale Gerechtigkeit«. Gegenüber dem Einzelnen haben Staat und Gesellschaft die Pflicht, ihm die Chance zu geben, seine Fähigkeiten zu entwickeln und in der Gesellschaft seinen Platz zu finden. Eigene Anstrengungen, gesellschaftliche und politische Rahmenbedingungen sowie staatliche Fördermaßnahmen müssen in diesem Sinne aufeinander abgestimmt sein. Chancengerechtigkeit sichert in einer lebendigen und durchlässigen Gesellschaft, in der ein Wettbewerb der Ideen und Initiativen möglich ist, dem Einzelnen die größtmögliche Entfaltungsfreiheit und dem Gemeinwesen die größtmögliche Vitalität und Leistungsstärke.

Besondere Bedeutung hat dabei ein Bildungswesen, das allen, unabhängig von sozialer Stellung und finanziellen Möglichkeiten, den freien Zugang zu Bildungswegen mit Durchlässigkeit und Qualität eröffnet. Für die junge Generation ist dann von überragendem Stellenwert, dass sie nach der Ausbildungsphase den Zugang zur Arbeitswelt findet. Dabei handelt es sich aber nicht um eine einseitige Bringschuld des Staates, der Gesellschaft und der Wirtschaft. Voraussetzung ist vielmehr die eigene Anstrengung – entsprechend den individuellen Möglichkeiten.

Gelebte Solidarität ist das Fundament des menschlichen Miteinanders, des lebendigen Sozialstaates. Diese Solidarität konkretisiert sich im persönlichen Verhalten, in der sozialen Verantwortung und in der finanziellen Hilfe der Stärkeren für die Schwachen. Mit dem Wandel der gesellschaftlichen Strukturen müssen wir auch neue Formen der Solidarität entwickeln, die eine Kombination von persönlicher Freiheit, Mobilität und Solidarität ermöglichen.

»Solidarität ist die Fähigkeit eines Menschen, sich für das Gemeinwohl und darin für eine gerechtere Verteilung der Lebenschancen (wie bewohnbare Welt, Nahrung, Wohnen, Familiengründung, freie Erziehung, Bildung, Arbeit, gemeinsame öffentliche Religionsausübung) stark zu machen.«

(Paul Michael Zulehner, zitiert in: Andreas Khol,
»Mein politisches Credo«, 1998)

Markus Vogt interpretiert das Wesen der Solidarität aus christlicher Sicht so:

»Solidarität in christlichem Sinne meint das Füreinander-Einstehen im Aufbegehren gegen Bedingungen, die der Entfaltung des Humanen entgegenstehen. Die solidarische Zuwendung zum Schwachen und Bedürftigen findet in der jüdisch-christlichen Tradition ihre nachhaltigste Begründung. Christliche Ethik ist darauf angelegt, die Hilflosen zu verteidigen, den Stummen die eigene Stimme zu leihen und den Ärmsten ein menschenwürdiges Leben zu ermöglichen.«

(Markus Vogt, »*Globale Nachbarschaft*«, *2000)*

Nicht zu verkennen ist, dass auch Begleiterscheinungen des wissenschaftlichen und medizinischen Fortschritts unsere Solidarität in besonderer Weise herausfordern können. Ich denke hier an Berichte aus den USA, wonach dort Menschen, in deren Familien Erbkrankheiten aufgetreten sind oder die selbst Träger krankheitsverursachender Gene sind, von keinen Krankenkassen mehr aufgenommen und nicht mehr versichert werden. In Deutschland sind zwar derartige Fälle bislang nicht bekannt geworden, theoretisch sind solche Situationen jedoch denkbar. Gerade diese Menschen haben Anspruch auf die Solidarität der Anderen, der Versichertengemeinschaft und der Gesellschaft.

Sozialstaat und Sozialpolitik müssen immer auch einen sozialen Ausgleich und damit eine Umverteilung bewirken. Dabei dürfen jedoch nicht nur die Leistungsempfänger im Mittelpunkt aller Überlegungen stehen. Die Leistungserbringer, weit überwiegend Menschen, die sich ihre Lebensbedingungen hart erarbeiten müssen, haben ebenso Anspruch auf Gerechtigkeit. Dies hat eine Begrenzung des staatlichen Zugriffs auf die Ergebnisse persönlicher Anstrengung zur Folge.

Markt und Wettbewerb stehen nicht in einem unvereinbaren Konflikt zu Solidarität und Gerechtigkeit. Die wirtschaftlichen Voraussetzungen für die Leistungen des Sozialstaates sind am günstigsten in den Volkswirtschaften, die von Markt und Wettbewerb geprägt sind. Die Soziale Marktwirtschaft hat dafür seit 50 Jahren den Beweis erbracht.

Auch für die Leistungen des Sozialstaates ist der Wettbewerb der Ideen und Initiativen eine Bereicherung. Monopole führen überall auf der Welt zu Stagnation und Erstarrung.

Das Aufbrechen der fast monopolartigen Situation bei den Angeboten der großen Wohlfahrtsorganisationen durch den Wettbewerb mit privaten Leistungsanbietern und die Entwicklung von Selbsthilfegruppen hat auch zu vielen besseren Problemlösungen für die betroffenen Menschen geführt. Dies ist aber kein pauschales Argument gegen die großen Wohlfahrtsorganisationen, deren Stabilität und deren Erfahrungsschatz unverzichtbar sind. Viele Beispiele im Sozialstaat zeigen leider auch, dass weniger Staat und mehr gesellschaftliche Eigenverantwortung noch nicht automatisch zu besseren Lösungen führen. Die Erfahrungen mit der Selbstverwaltung etwa im Bereich des Gesundheitswesens und der Arbeitsverwaltung sind alles andere als ermutigend. Auch deshalb kann sich der Staat nicht einfach zurückziehen. Er muss die Rahmenbedingungen und die Regeln bestimmen.

Es wäre ein Irrweg, auf diese negativen Erfahrungen mit der Forderung nach noch mehr Staat zu reagieren. Wettbewerb mit Regeln, eine sinnvolle Kombination aus Wettbewerb und Solidarität, ist vielmehr die Antwort.

Subsidiaritätsprinzip im Sozialstaat

Nirgendwo sonst wird das Subsidiaritätsprinzip so häufig genannt, geradezu strapaziert, wie in den sozialpolitischen Debatten. Meist erschöpft sich die Diskussion dann in Schlagworten und dient lediglich zur Begründung des Vorrangs und der Ansprüche freier Träger gegenüber dem Staat.

Gleichzeitig wird nirgendwo sonst der konsequenten Anwendung des Subsidiaritätsprinzips so viel leidenschaftlicher Widerstand entgegengesetzt.

Vorrang der Eigenverantwortung und konsequente Anwendung des Subsidiaritätsprinzips sind eine gemeinsame, miteinander verbundene Voraussetzung für einen zukunftsfähigen Umbau des Sozialstaates.

Kurt H. Biedenkopf, der sich wie kaum ein anderer seit Jahrzehnten intensiv mit diesen Problemen auseinandersetzt und Vorschläge entwickelt, sagte dazu in einem Vortrag bei der Bertelsmann-Stiftung:

»Ich habe vorhin gesagt, dass der Zentralismus nicht in der Lage sei, die gewachsene Komplexität einer hochentwickelten Industrie- und Wissensgesellschaft zu bewältigen.

Hier ist ein wesentlicher Zusammenhang: Die Strukturkrise des sozialen Systems ist ebenfalls nur durch Dezentralisation zu lösen. [...]

Je größer ein kollektives System im Sinne von Abdeckung der Bevölkerung ist – und unsere Systeme decken rund 90 Prozent der Bevölkerung ab –, um so unsensibler ist es in Bezug auf personale Situationen und personale Verantwortung. Das heißt, ich kann eine Kontrolle durch personale Verantwortung – in einem Regelkreis, in dem personale Verantwortung keine Rolle spielt – überhaupt nicht mehr herstellen. Klassische Beispiele sind die Versuche der Bevölkerung, möglichst viel von ihren Einzahlungen aus dem System zurückzuholen.

Viele empfinden den Zusammenhang der Gefahrengemeinschaft nicht mehr, sondern sie empfinden eine staatliche Aktivität, die sie finanzieren müssen und die sie nur dann für gerecht halten, wenn sie wenigstens einen Teil dessen, was sie eingezahlt haben, auch wieder herauskriegen. Das kann man den Menschen nicht übel nehmen, denn ihre Lebenserfahrung lehrt sie, dass zwischen ihrem richtigen Verhalten im Sinne einer Inanspruchnahme nur im Falle der Not und den Lasten, die sie tragen, keinerlei Zusammenhang besteht. Je größer das System ist, um so anonymer dessen Zusammenhänge.«

(Vortrag »Bertelsmann-Stiftung und Aktive Bürgergesellschaft – Wege zur Erneuerung der Demokratie«, veröffentlicht in: Projektdokumentation der Bertelsmann-Stiftung 1999 – Bürgerorientierte Kommune – Wege zur Stärkung der Demokratie)

In welchen Strukturen können sich Eigenverantwortung und Solidarität am besten entwickeln? Das ist die Schlüsselfrage!

Einen bemerkenswerten, mutigen und konkreten Diskussionsbeitrag hat auch das Präsidium des Landeskomitees der Katholiken in Bayern in einem Diskussionspapier geliefert (Frühjahr 2000).

Der Vorsitzende Bernhard Sutor erläuterte die Konzeption in seinem Vortrag:

»Wir wollen mehr Eigenverantwortung und gerade dadurch mehr Solidarität. Das geht nur, wenn wir den Sozialstaat durchgehend subsidiär gestalten, von unten nach oben. Das heißt Abschied nehmen von manchen liebgewonnenen Gewohnheiten, und das mag hie und da weh tun. Aber es bedeutet nicht Abschied vom solidarisch begründeten Sozialstaat. Eine Reform ist gerade nötig im Interesse der wirklich Bedürftigen. [...]

Das Ausbalancieren all dieser Dimensionen sozialer Gerechtigkeit ist eine ständige und schwierige Aufgabe. Sie geht weit über die unter Interessen-Politikern so beliebte Gewährung ›sozialer Wohltaten‹ hinaus. Sie besteht zentral in der Gestaltung der entsprechenden Institutionen, die die richtigen Anreize für die Bürger setzen. Sie müssen

– Leistungsbereitschaft und Solidarverhalten positiv verbinden, dürfen also beides nicht bestrafen;

– die Kräfte der Menschen in ihrer Gesellschaft freisetzen, statt zu gängeln, aber zugleich Investitionen in soziale Sicherheit fördern;

– den Staat so weit wie möglich auf die Gestaltung der Rahmenordnung zurücknehmen, Eigenverantwortung der Bürger und Selbstverwaltung ihrer Einrichtungen stärken.

In diesem Sinn formulieren wir zunächst allgemeine Leitregeln für die Reform der Sozialversicherungen, bevor wir für die drei wichtigsten zu Einzelvorschlägen kommen. Das Wesentliche an diesen Leitregeln ist:

– Die Bürger bleiben verpflichtet, sich gegen Grundrisiken zu sichern, aber sie sollen dafür mehr Spielraum erhalten.

– Versicherungspflicht muss nicht mehr umfassende Pflichtversicherung heißen, soll vielmehr Wahlmöglichkeiten und Wettbewerb zulassen.

– Zur Entkoppelung der Sozialversicherungsbeiträge und der Arbeitskosten soll die Fiktion der paritätischen Beteiligung der Arbeitgeber an den Beiträgen aufgegeben werden. Die Gesamtsumme der Beiträge ist Lohnbestandteil und sollte deshalb, jedenfalls längerfristig gesehen, in die freie Verfügung der Arbeitnehmer für ihre Eigenvorsorge gegeben werden.«

Diese Positionen haben gerade in den kirchlichen Sozialverbänden heftige Reaktionen ausgelöst. Ohne Konflikte und Erschütterungen kann es jedoch keine tatsächlich wirksame Reform geben.

Nochmals Bernhard Sutor: »Die entscheidende Frage, die mit der Sozialstaatsreform an Politiker wie an alle Bürger gestellt ist, lautet: Sind wir bereit, uns aus den Fesseln eines alles regulierenden, bevormundenden und gängelnden Staates zu befreien, ihn auf seine Hauptaufgabe zurückzuführen, nämlich die Rahmenbedingungen für eine freie Gesellschaft zu setzen? Mehr Eigenverantwortung zu übernehmen und gerade damit mehr Kräfte frei zu setzen sowohl für wirtschaftliche Freiheit und Effizienz als auch für soziale Gerechtigkeit und solidarisch gewährleistete Sicherheit?«

Außerordentlich umstritten sind auch die Initiativen für eine subsidiäre Struktur in der Organisation der Sozialversicherungen, die die Bayerische Staatsregierung vorgelegt hat. Ihre Vorschläge für eine Regionalisierung der Sozialversicherungssysteme haben einen Proteststurm ausgelöst, mit dem vor allem der Vorwurf unsolidarischen Verhaltens artikuliert wurde.

Der Länderfinanzausgleich mit seiner nivellierenden Wirkung und seinen Problemen ist allmählich ins Bewusstsein gerückt, vor allem weil mehrere Regierungen von so genannten »Geberländern« sich dieses Thema zu eigen gemacht haben. Schließlich kam es auch zu einer Grundsatzentscheidung durch das Bundesverfassungsgericht, das den Korrekturbedarf bestätigte. Bei den konkreten Schlussfolgerungen für eine Regionalisierung in den

Sozialversicherungen erfuhren dagegen die Bayern bislang kaum Unterstützung. Dies ist erstaunlich, wird doch die größte Finanzmasse zwischen den einzelnen Ländern nicht beim Länderfinanzausgleich bewegt, sondern über das System der sozialen Sicherungen. Rund ein Zehntel der gesamten Beitragseinnahmen in den Sozialversicherungen werden zwischen den Ländern umverteilt. Es handelt sich dabei um ein Finanzvolumen von vorsichtig geschätzt 70 Milliarden Mark und damit um deutlich mehr als die 50 Milliarden Mark, die im Jahr 1996 in den Länderfinanzausgleich flossen.

Bei den Beitragssätzen für die Sozialversicherung entsteht das selbe Grundproblem wie beim Länderfinanzausgleich: Eigene Anstrengung und erfolgreiche Landespolitik werden für die Bürger des Landes und für die politisch Verantwortlichen nicht belohnt. Betrachten wir etwa die Arbeitslosenversicherung: Ihre Beitragsquote ist unabhängig von der regionalen Arbeitsmarktentwicklung, die auch erheblich mit der unternehmerischen Initiative und dem sozialen Klima im Land sowie den Rahmenbedingungen der Politik zu tun hat. Diese bundesweite globale Umverteilung reduziert den Anreiz für eigene Anstrengungen.

Die Situation in der Krankenversicherung ist ähnlich. Durch die bundesweiten Ausgleichsmechanismen werden regionale Verbesserungen letztlich bestraft und der Anreiz für eigene Anstrengungen vermindert. Dies widerspricht der Lebenswirklichkeit. Es gibt doch erhebliche regionale Unterschiede beispielsweise bei der krankheitsbedingten Abwesenheit am Arbeitsplatz, die mit dem jetzigen System aber völlig nivelliert werden. Der Durchschnittswert liegt bei 20,94 Tagen, die Spitzenwerte liegen bei 28,30 Tagen, etwa in Hamburg und Schleswig-Holstein, die Werte in Bayern bei 18,27 Tagen und in Sachsen bei 18,29 Tagen.

Bayern wendet umfangreiche Landesmittel für die Krankenhäuser auf. Dies wirkt sich positiv auf das medizinische und pflegerische Angebot und auf die Kosten in den Krankenhäusern aus. Nach einer Untersuchung der Siemens-Betriebskrankenkasse sind in Berlin die Ausgaben für Krankenhausaufenthalte pro Versicherten mehr als doppelt so hoch wie etwa im Raum Erlangen. Die Umverteilung nivelliert dies.

Ohne Regionalisierung sind Transparenz und sichtbare Verantwortung kaum herzustellen. Die überwiegende Mehrzahl der Verantwortlichen hat daran aber offensichtlich wenig Interesse. »Gezahlt wird nach Bedarf. Nicht gefragt wird nach Zurechenbarkeit und Eigenanstrengung« (Barbara Stamm, Bayerische Staatsministerin für Arbeit und Sozialordnung).

Wie das ganze System des Sozialstaats ist auch die Organisation der Sozialversicherungen an der Industriegesellschaft orientiert. Spiegelbildlich dazu existiert auch eine Trennung zwischen Rentenversicherung für Angestellte (mit einer Bundesanstalt) und für Arbeiter (mit den Landesanstalten), was für die heutige moderne Arbeitswelt einen Anachronismus darstellt. Als Konsequenz darf es aber nicht zu einer Zentralisierung bei einer Bundesanstalt kommen. Die Grundsatzentscheidung, die früher oder später zu treffen ist, lautet: Zentralismus oder subsidiäre, flexible und problemnahe Strukturen.

Nach Angaben des bayerischen Sozialministeriums dauert beispielsweise die Bearbeitung einer Altersrente bei der Bundesversicherungsanstalt durchschnittlich 90 Tage, bei den Landesversicherungsanstalten insgesamt 61 Tage und bei den bayerischen Landesversicherungsanstalten sogar nur 34 Tage. Kleinere Organisationen arbeiten eben in aller Regel effizienter bei niedrigen Verwaltungskosten.

Im Hintergrund stehen gewaltige Finanzpotenziale. Der föderative Aufbau der Rentenversicherung in Deutschland würde verloren gehen, wenn es künftig nur noch einen zentralen Träger unter Bundesaufsicht gäbe. Dies wäre eine Machtkonzentration auch im Hinblick auf Finanzmittel, denn ohne eine Reform würde die Bundesanstalt für Angestellte langfristig etwa über die Hälfte der Finanzkraft des Bundeshaushalts verfügen.

Auch in den Sozialversicherungen, also in der Arbeitslosen-, der Kranken- und der Rentenversicherung, muss ein Ideenwettbewerb möglich sein. Die Zielvergabe lautet, einerseits die jeweils obliegenden Aufgaben möglichst effektiv, das heißt mit möglichst wenig Verwaltungsaufwand, und andererseits so kundengerecht wie möglich zu erfüllen.

Ich plädiere daher für eine Reform der Arbeitslosenversicherung durch eine Dezentralisierung mit selbständigen Landesanstalten. Um einen gezielten Einsatz von Steuermitteln durch die Länder zu ermöglichen, sollte die Finanzierung der Arbeitsmarktpolitik vom System der Sozialversicherungen abgetrennt werden. Dadurch entsteht auf der einen Seite eine beitragsfinanzierte Arbeitslosenversicherung mit regionalisierten Beitragssätzen und auf der anderen Seite eine aus Steuermitteln des Landes finanzierte aktive Arbeitsmarktpolitik. Dafür sind allerdings längere Übergangszeiten und Zwischenlösungen für einen zeitlich begrenzten Strukturausgleich unabdingbar. Das System kann nicht von heute auf morgen nur auf die Länder umgestellt werden. Es geht zunächst um die Grundsatzentscheidung in der Zielsetzung und dann um die Gestaltung der zeitlichen Übergänge.

In der Krankenversicherung sollen nach den Vorstellungen der Bayerischen Staatsregierung regional differenzierte Beitragssätze bei den bundesweit tätigen Kassen eingeführt werden. Der Risikostrukturausgleich soll auf Landesebene regionalisiert werden.

Für die Rentenversicherung haben 1997 elf Bundesländer einen Gesetzentwurf für eine organisatorische Regionalisierung eingebracht. Nach diesem Gesetzentwurf sollen die Landesversicherungsanstalten neben den Versicherungskonten von Arbeitern auch die Konten von Angestellten ab dem Geburtsjahr 1960 führen. Bei der Bundesversicherungsanstalt würden Angestelltenkonten früherer Jahrgänge verbleiben. Als neue bundeszentrale Aufgabe sollten die Versicherten mit Auslandsbezug hinzukommen. Bis heute liegt das Projekt immer noch in den Ausschüssen des Bundesrates und bei der gegenwärtigen Unlust, wirklich föderale Reformen zu realisieren, ist nicht damit zu rechnen, dass es in absehbarer Zeit zu Ergebnissen kommt, die uns dem Ziel eines subsidiären Sozialstaates näher bringen.

Der Begriff des »aktivierenden Sozialstaates« ist ein gutes Leitmotiv für die künftige Sozialpolitik: Alle Maßnahmen sind darauf auszurichten, dass die Kräfte des Einzelnen geweckt und gefördert sowie Eigenanstrengungen belohnt werden, die Strukturen sind so zu gestalten, dass sich Verantwortlichkeit, Engagement und selbst regulierende Systeme bestmöglich entwickeln können.

Gerade im ganzen Sektor des Sozialstaats muss der Staat seine Rolle als ständig präsente Interventionskraft gegen den Widerstand aller möglichen Interessensgruppen überwinden. Wir brauchen ein System, das sich durch effiziente Mechanismen selbst reguliert. In der Rentenpolitik, um ein Beispiel zu nennen, ist der demografische Faktor ein derartiger Mechanismus. Nicht die Politik entscheidet durch Intervention, die leicht den Verdacht erweckt, nach Beliebigkeit, Opportunität oder Kassenlage zu erfolgen, sondern nachvollziehbare Veränderungen bewirken vorhersehbare Konsequenzen. Gleiches gilt für den Indikator der Nettolohnentwicklung bei der Rentenerhöhung. Für die anderen Bereiche der Sozialpolitik können ähnliche Regelsysteme entwickelt werden. Diese entlasten den Staat, machen die Veränderungen transparenter, objektiver und damit vertrauenswürdiger für die Menschen.

Doch dagegen gibt es Widerstand, wohl wegen der damit verbundenen Transparenz.

Dazu nochmals Kurt H. Biedenkopf:»Regelkreise sind, in Bezug auf die Stellung von Komplexität, bürokratischen Kontrollen immer überlegen. Je mehr ich erreichen kann, dass sich zum Beispiel ein Sozialsystem oder ein Fördersystem durch einen Regelkreis jedenfalls in gewissem Umfang selbst stabilisiert und kontrolliert, um so besser kann ich Ressourcen verwenden. Aber, und das ist der entscheidende Punkt, Regelkreise zerstören Macht. Die Macht mag den Wettbewerb nicht und sie mag auch die Regelkreise nicht. [...]

Wenn ich zum Beispiel ein Betriebskrankenkassensystem so aufbaue, wie das auch bei Bertelsmann einmal war oder noch ist, dass nämlich die Arbeitnehmer das System im Wesentlichen selbst verwalten und damit auch ein eigenes Interesse daran haben, dass keine Missbräuche stattfinden, weil nämlich sonst die Beiträge steigen, und wenn sie sich auch Methoden überlegen, wie man solche Missbräuche untereinander verhindern kann, dann ist das eine soziale Kontrolle in Form eines Regelkreises. Dazu brauche ich keine Bürokratie. Die Bürokratie legt aber überhaupt keinen Wert darauf, durch solche Regelkreise abgelöst zu werden, denn das bedeutet, dass sie selbst ihre Machtposition verliert.«

Die Strukturreform des Sozialstaats unter strikter Beachtung des Subsidiaritätsprinzips bildet den Rahmen für die einzelnen sozialpolitischen Maßnahmen, die dann wiederum eine sinnvolle Kombination aus dem Vorrang der Eigenverantwortung und der gegenseitigen Solidarität darstellen müssen. Dabei ist stets die menschliche Natur zu beachten, was in der Konsequenz bedeutet, Anreize für erwünschtes und Sanktionen für unerwünschtes Verhalten zu setzen.

Die Familie – Gemeinschaftsaufgabe der Bürgergesellschaft

Die Familie ist ein zentrales Aufgabenfeld der Aktiven Bürgergesellschaft. Die geschichtliche Erfahrung zeigt, dass für die Entwicklung des Einzelnen und der Gemeinschaft die Familie unersetzlich ist. Auch die Familienstrukturen und das Familienleben unterliegen der Veränderung des gesellschaftlichen Umfeldes. Die Familie ist keine isolierte Insel. Nach wie vor sind die Familien entscheidend für das humane und soziale »Kapital« einer Gesellschaft. In der Familie erfährt das Kind die wesentlichsten Prägungen für die Entwicklung der eigenen Persönlichkeit und für den Lebensweg. Noch immer ist die Familie das tragfähigste soziale Netz in den Wechselfällen des Lebens. Trotz aller sozialen Sicherungssysteme sind gerade in einer Welt des Umbruchs dieser Zusammenhalt und diese Solidarität wichtiger denn je.

Alle reden gerne von der Bedeutung der Familie. Schließlich ist dies ein »edles« Thema, bei dem kaum jemand widerspricht. Wenn aber die Demoskopen nach den politischen Prioritäten fragen, landet die Familienpolitik in der Regel irgendwo nach

Platz zehn. Andererseits nimmt bei Umfragen in Deutschland wie in Europa die Familie im Wertekatalog der Bürgerinnen und Bürger regelmäßig eine Spitzenstellung ein.

»Wo immer sie gefragt werden, verbinden junge Menschen mit einem erfüllten Leben auch Treue und Partnerschaft, Kinder und Familie. Aber sie wollen deshalb auf eigenes Leben nicht verzichten. Sie wollen nicht auf bestimmte Rollen festgelegt werden und sich andere Perspektiven von Anfang an verbauen.«
(Warnfried Dettling, »Wirtschaftskummerland?«, 1998)

Die Diskrepanz zwischen Wünschen und Lebensentwürfen einerseits und den gesellschaftlichen Realitäten andererseits wird offensichtlich immer größer. Anscheinend sehen sich vor allem immer mehr junge Menschen in einem Dilemma zwischen ihren Wünschen und den gesellschaftlichen Rahmenbedingungen für die Gründung einer Familie. Die klassische Familienpolitik hat trotz aller Anstrengungen diesen Trend nicht verändern können.

Die Ehe zählt trotz hoher Scheidungsraten zu den wirksamsten bestandssichernden Faktoren der Lebensgemeinschaft Familie. Nach einer Untersuchung des Deutschen Jugendinstituts erleben 80 Prozent aller Kinder, die in Ehen aufgewachsen sind, den 18. Geburtstag mit ihren verheirateten Eltern, aber 80 Prozent aller Kinder aus nichtehelichen Lebensgemeinschaften haben bis dahin die Trennung ihrer Eltern erfahren und verkraften müssen.

Die Familienpolitik leidet oft an einer Überbetonung einzelner Bereiche aus dem Gesamtsystem »Familie«. Sobald eine ausschließlich an bestimmten Adressaten (z. B. Alleinerziehenden) ausgerichtete Familienpolitik betrieben wird, besteht die Gefahr, dass sich andere Familientypen benachteiligt fühlen. Eine an Einzelproblemen orientierte Debatte in der Politik und in den Medien, etwa zur Situation der Alleinerziehenden, zur Gewalt in Familien oder zum Spannungsverhältnis von Mutter und Beruf, führt leicht zu Einseitigkeiten. Immer mehr rückt die Interessenlage einzelner Familienmitglieder, der Frau, der Kinder oder der Senioren, in den Vordergrund.

Häufig wird die Bedeutung der Familie mit Kindern reduziert auf den Aspekt der Zukunftssicherung des Volkes, für die eine ausreichende Zahl von Kindern erforderlich sei. Der Nutzen solcher Betrachtungen ist in einer Zeit anonymer Sozialsysteme, in der Kinder keinen zusätzlichen Vorteil für die Alterssicherung, sondern eher einen Nachteil für das aktuell erreichbare Konsumniveau darstellen, verhältnismäßig gering.

Deutschland zählt inzwischen zu den Ländern mit der niedrigsten Geburtenrate. Anscheinend ist es für Familien mit Kindern in Deutschland schwerer zu leben als in anderen Ländern. Das mittlerweile gern gebrauchte Schlagwort »Kinder sind ein Armutsrisiko« mit dem Hinweis auf die finanzielle Not von Familien mit Kindern ist dafür jedoch keine ausreichende Erklärung.

Tatsache ist, dass gerade in jenen Regionen Deutschlands die wenigsten Familien mit Kindern existieren, die nach den üblichen Indikatoren wie Brutto-Sozialprodukt, Pro-Kopf-Einkommen, formale Bildung oder Frauenerwerbsquote an der Spitze stehen. Auch wenn Familien- und Wohlfahrtsverbände gerne wachsende Erziehungsprobleme den finanziellen Schwierigkeiten in Familien zuschreiben, überzeugt dies nicht. Beispiele von »Wohlfahrtsverwahrlosung« von Kindern, die von vielen Lehrern bestätigt werden, sind dafür ein trauriger Beleg.

Es ist ganz offensichtlich: Die traditionelle Familienpolitik ist nicht in der Lage, die Situation der Familien in Deutschland grundlegend zu verbessern.

Die Einengung der Familienpolitik auf Sozialpolitik und die Fixierung auf finanzielle Leistungen des Staates führen in eine Sackgasse. Daran werden auch die durchaus dringenden weiteren Erhöhungen von finanziellen Leistungen nichts Wesentliches ändern.

Der im Grundgesetz verankerte besondere Schutz für Ehe und Familie ist ein Ankerpunkt jeder Familienpolitik. Die Glaubwürdigkeit der Politik misst sich freilich nicht an der Formulierung von Zielen oder gar an moralischen Appellen, sondern an den Rahmenbedingungen für die Familien.

Das Grundproblem der Familien liegt in dem, was in diversen Berichten als »strukturelle Rücksichtslosigkeit« gegenüber den Familien und den Kindern beschrieben wird. Anders formuliert: Unsere Art zu leben, der hektische Rhythmus in der Arbeits- und Freizeitwelt, die Bedeutung des Konsumniveaus für das Ansehen in der Gesellschaft, Wohnbedingungen und viele praktische Lebenssituationen im Alltag, erschweren das Leben mit Kindern ungemein. Damit wird mit dem Ja zum Kind immer mehr abverlangt.

Die moderne Welt, vor allem die Arbeitswelt, erfordert immer mehr Flexibilität und Mobilität als Grundvoraussetzung für Karriere, häufig aber schon, um nur seinen Arbeitsplatz sichern zu können. Dies steht den Grundbedingungen familiären Lebens häufig frontal gegenüber. Georg Paul Hefty hat dies so beschrieben:

»Nicht nur die Autoteile müssen ›just in time‹ bereitstehen, sondern auch Zulieferer, Fernfahrer und Montagearbeiter – und damit auch ihre Kinder. Wenn die Eltern kurzfristig abgerufen werden können, müssen ihre Kinder untergebracht sein. Ganztagsschulangebote, zumindest schulische Nachmittagsbetreuung werden die Schulwahl mehr beeinflussen als die Fächerschwerpunkte. Die Öffnungszeiten der Krippen und Kindergärten werden zum Auswahlkriterium und nicht ihre pädagogische Qualität. Ist lückenlose Fremdbetreuung ein vernünftiges familienpolitisches Ziel? Mütter, die rasch zur Aushilfe eingesetzt werden wollen, weil dies ihre einzige Chance auf dem Arbeitsmarkt ist, können es sich nicht mehr leisten, ihre Kinder zu vielfältiger Freizeitaktivität zu transportieren. Die Flexibilität der Eltern schränkt die Flexibilität der Kinder zumindest dort ein, wo lange Wege zu bewältigen sind. Wer hat bei der Debatte um Sonntagsarbeit und Sonntagsöffnungszeiten danach gefragt, was aus den ›schulfreien‹ Kindern wird, wenn die Väter die Waren zuliefern und die Mütter an der Kasse stehen?

Während Eltern das Arbeits-, Familien- und Schülerleben noch auf die Reihe zu bringen suchen und die Parteien dazu Leitsätze für die Vereinbarkeit von Beruf und Familie formulieren, nimmt die Erkenntnis derjenigen, die noch keine Kinder haben, immer öfter ihren absehbaren Gang: Die Globaltugend Flexibilität fällt ohne Kinder leichter.«

(*»Frankfurter Allgemeine Zeitung« vom 27. Dezember 1999*)

Die Beschreibung der Rahmenbedingungen für ein gelingendes Familienleben erinnert in ihrer Komplexität an ein ökologisches System. Das »System Familie« funktioniert durch die Verantwortung füreinander und die Gemeinschaft miteinander. Es braucht neben materiellen Gütern auch Zeit, Zuwendung, Kommunikation, Rücksichtnahme und Selbstbehauptung. Gefordert sind dabei natürlich in erster Linie die Familienmitglieder selbst. Allerdings können sie den in sie gesetzten Erwartungen nur dann gerecht werden, wenn ihnen Gesellschaft und Umfeld Bedingungen bieten, unter denen die beschriebenen »Nährstoffe« der Familie überhaupt gedeihen können. Man braucht nur den Alltag einer Familie lebenspraktisch zu betrachten, um die vielen Verzweigungen und Vernetzungen zu sehen: Die Arbeitswelt, die Wohnung und das Wohnumfeld, den Lebensraum für Kinder außerhalb der Wohnung, Gestaltung des Unterrichtsangebotes und der Unterrichtszeiten in der Schule, Verkehrsanbindungen, Bildungsangebote, Beratungsangebote und gegenseitige Hilfen über entsprechende Netzwerke und Einrichtungen anstelle des früheren Systems der Großfamilie.

Damit die Familienpolitik die Situation der Familien nachhaltig verbessern kann, muss sie diese Komplexität berücksichtigen und die Einzelmaßnahmen in einer Gesamtschau immer wieder zusammenfügen. Sie muss die verschiedenen gesellschaftlichen Gruppen, die für die jeweiligen Bedingungen verantwortlich sind, mobilisieren und zu einer Gesamtbetrachtung und zum Zusammenwirken hinführen. Familienpolitik verkümmert sonst immer mehr zu einem Reparaturbetrieb der modernen Gesellschaft.

In der Aktiven Bürgergesellschaft ist die Familie eine Gemeinschaftsaufgabe der ganzen Gesellschaft, aller Politikbereiche und aller staatlichen Handlungsebenen.

Noch wichtiger als ein Pakt oder Bündnis für Arbeit ist ein »Bündnis für die Familie«.

In diesem Bündnis sollten vier Gruppen mitwirken:

1. Die Familien (über ihre Repräsentanten) selbst. Sie kennen die Lebensrealitäten, sie können Gestaltungspotenziale aufzeigen und deren Umsetzung konstruktiv-kritisch begleiten.

2. Der nichtstaatliche Bereich: Tarifpartner, Kirchen, gesellschaftliche Gruppen und Verbände.

3. Sachverständige als externe Berater.

4. Der staatliche Bereich, also die Politik und einschlägige staatliche Institutionen.

Solche Bündnisse könnten und sollten sowohl auf der Bundes- wie auf der Landesebene und auf kommunaler Ebene etabliert werden. In jedem Fall müssen die verschiedenen gesellschaftlichen Gruppen zusammenwirken.

Mit koordinierten Initiativen aller beteiligten Gruppen kann sich der Stellenwert der Familien und der Familienpolitik in der Gesellschaft rasch erhöhen. Dadurch können dann auch die realen Bedingungen für die Familien deutlich verbessert werden. Dies würde sicher vielen das Ja zur Familiengründung und zu Kindern erleichtern.

Nur so kann Familienpolitik erfolgreich sein, nicht mit Appellen und Forderungen, die den realen Lebenssituationen immer weniger gerecht werden.

Kultur der Verantwortung und Subsidiaritätsprinzip für unsere Schulen

Die Schul- und Bildungspolitik ist in den letzten Jahren wieder in den Vordergrund gerückt und zum »Mega-Thema« geworden. Das stärkste Motiv dafür sind die neuen Anforderungen in der Arbeitswelt. Der Wandel zur Wissensgesellschaft und die rasche Internationalisierung unseres Lebens sind besondere Merkmale dieser Veränderungen.

Aber auch aus einem anderen Grund rückt die Schule wieder mehr in den Mittelpunkt der Diskussionen: Sie wird zunehmend zum Brennpunkt der Probleme in unserer Gesellschaft. Die Schule soll in steigendem Maße dort einspringen, wo Elternhaus, Wirtschaft und Gesellschaft Defizite hinterlassen. Zwangsläufig werden die Schule und vor allem die Lehrerschaft damit auch überfordert.

Es ist eine wesentliche Aufgabe der Schule, die Kinder und Jugendlichen auf die realen Bedingungen der Arbeitswelt vorzubereiten. Von der gelingenden oder nicht gelingenden Integration in die Arbeitswelt, vom dort erarbeiteten Platz, wird die soziale Stellung weitgehend bestimmt. Gerade in Deutschland ist die Wechselwirkung zwischen dem Platz in der Arbeitswelt und dem sozialen Rang besonders ausgeprägt. Dies zeigt sich unter anderem darin, dass beim Kennenlernen in der Regel bald nach der beruflichen Tätigkeit gefragt wird, wodurch bewusst oder unbewusst auch schon eine Art sozialer Einordnung erfolgt.

Diese besondere Bedeutung der Arbeitswelt darf aber nicht zum allein dominanten Maßstab für die innere und äußere Gestaltung der Schule werden.

Deshalb stehen die Ziele und Wege der Persönlichkeitsbildung unter den Bedingungen von heute und von morgen im Zentrum der bildungspolitischen Diskussion.

Das Grundproblem ist kaum die Verständigung über die Bedürfnisse der Arbeitswelt. Das Grundproblem ist eine Verständigung unserer Gesellschaft über das Menschenbild, das unserem Handeln in Bildung, Erziehung, Wirtschaft und Sozialpolitik und in allen anderen Lebensbereichen zu Grunde liegt.

Bezogen auf die Schulpolitik ist festzustellen, dass es überhaupt keinen Konsens in der Gesellschaft darüber gibt, was in den organisierten Prozessen des Lernens und der Bildung geschehen soll. Deshalb ist gegenwärtig die Gefahr groß, dass die ganze schulpolitische Auseinandersetzung durch den einseitigen Blick auf die Anforderungen der Wissensgesellschaft verkürzt wird auf die Frage der Wissensvermittlung. Diese Gefahr der Verkürzung geht aber weniger von der Wirtschaft aus, sondern vom fehlenden Grundkonsens über das Wesen von Persönlichkeitsbildung und Erziehung. Darüber müssen wir einen öffentlichen Dialog führen. Wir brauchen ein Leitbild für Erziehung und Bildung an den öffentlichen Schulen.

Ist ein derartiges Leitbild angesichts der Pluralität der Wertvorstellungen und der Erziehungsstile überhaupt noch möglich? Ich meine, dass unsere Gesellschaft die Grundlage für einen gemeinsamen Weg in die Zukunft verloren hätte, wenn eine solche Verständigung nicht mehr möglich wäre.

Die Ziele und Maßstäbe der Aktiven Bürgergesellschaft sind auch Orientierung für die innere und äußere Gestaltung des Schullebens. Gleichzeitig ist die Schule von zentraler Bedeutung für die Verwirklichung der Aktiven Bürgergesellschaft.

Welche Konsequenzen hat nun aber das Leitbild »Verantwortung übernehmen« für die Inhalte der Schule? Für die Lehrer und die Eltern? Für die Kinder?

Im Kapitel »Verantwortung übernehmen« habe ich die aus meiner Sicht wichtigsten Schlussfolgerungen dargestellt.

Für die Schule hat zudem das Prinzip Gegenseitigkeit als Ziel der Aktiven Bürgergesellschaft eine herausragende Bedeutung.

»Was würde sich an unseren Schulen positiv verändern, wenn die Kinder wieder mehr Respekt voreinander hätten!«, sagte eine Lehrerin in einer Diskussion über die innere Schulreform. Dem möchte ich hinzufügen: Ebenso mangelt es an Respekt gegenüber den Lehrern und zwischen Lehrerschaft und Elternschaft.

Einige Schulen, die mit massiven inneren Beziehungskonflikten zu kämpfen hatten, haben durch gegenseitige vertragliche Verpflichtungen zu Respekt und Rücksichtnahme positive Veränderungen erreicht.

Zwei Beispiele zur Verdeutlichung:

Die Grund- und Hauptschule Wörth am Main hat durch einen Vertrag eine Zusammenarbeit zwischen Eltern und Lehrern vereinbart. Beide Seiten haben sich damit gemeinsam verpflichtet, vereinbarte Erziehungsziele untereinander abgestimmt zu verfolgen:

»Nach langer und intensiver Vorbereitungszeit im Elternbeirat und im Lehrerkollegium wurde diese Idee ab März 1994 in die Praxis umgesetzt.

Aus in Elternversammlungen – für jede Klasse getrennt – zusammengetragenen negativen Verhaltensweisen der Schüler wählten die Eltern in Zusammenarbeit mit dem Klassleiter *ein* Problem aus (z. B. ›Ein überschaubarer Auftrag wird nur noch einmal erteilt.‹ ›Unsere Kinder stören andere nicht vor 15.00 Uhr bei der Erledigung der Hausaufgabe.‹ ›Unsere Kinder bringen ihre Sportsachen mit.‹ ›Unsere Kinder grüßen.‹ usw.) und formulierten dieses als Inhalt einer Vertragsvereinbarung, die alle unterschrieben. Später kamen je nach Bedarf weitere schriftliche Absprachen hinzu, die höhere Ansprüche stellten. Jedoch nicht die Inhalte der Vereinbarungen stützen und positivieren das Wörther Modell, sondern weit mehr das Wissen aller Beteiligten, dass durch einen Konsens von allein nicht lösbare Probleme zu meistern sind.

Nach jetzt über vierjähriger Erfahrung mit dem Modell lässt sich zweifelsfrei feststellen, dass sich die Atmosphäre an der Volksschule Wörth am Main insgesamt deutlich verbessert hat. Das Verhältnis zwischen den Schülern und ihren Lehrern ist entspannter geworden und Störungen haben sich vermindert. Die nun bestehende Atmosphäre zwischen den Schülern untereinander, zwischen Lehrern und Schülern und Eltern untereinander einerseits und zu den Lehrern andererseits bildet eine solide pädagogische Grundlage, die die beste Voraussetzung für Unterricht und Erziehung ist. Der Konsens ist erreicht. Die Eltern sind sich der besonderen Problematik, in der sich ihr Kind in der Schule befindet, bewusst. Sie lassen sich in die schulische Entwicklung einbeziehen und werden nun direkt in vielen Bereichen der Schule eingebunden. Sie mischen sich aber auch vermehrt positiv ein.

Die Eltern untereinander und die Lehrer der Klasse bilden eine echte Solidargemeinschaft, die von gegenseitigem Verständnis und gegenseitiger Unterstützung geprägt und in der die Arbeit jeweils anerkannt wird.

Nach einigen Jahren praktischer Erfahrung mit dem Modell sind die Schüler ab der 6. Jahrgangsstufe nun in der Lage, die Probleme der Klasse selbst zu analysieren und angemessene Vereinbarungen zu treffen, die sie unterschreiben und den Eltern zu deren Information zuleiten.

Deutlich positive Ergebnisse dieser Solidargemeinschaft – bei allen Unzulänglichkeiten – lassen erkennen, dass damit ein richtiger Weg beschritten wurde:

– Der Geräuschpegel in den Klassen und Gruppen ist eindeutig gesunken.

– Die Lernmotivation hat sich gesteigert.

– Die Freude an der Schule ist gestiegen.

– Der Umgang mit Personen und Sachen zeugt von der verbesserten Identifikation mit der Schule.

– Die Belastung der Lehrer ist entspannt.

– Die Eltern unterstützen Ziele und Maßnahmen der Schule.

Dies alles basiert auf einer sehr positiven Atmosphäre. Konsequenzen bei Fehlverhalten wurden nicht festgelegt. Pädagogischer Optimismus ist Prinzip.«

(Linus Markert, Bericht für den schulischen Innovationskongress der Bayerischen Staatsregierung, 2000)

Einen anderen Weg geht die Volksschule Mamming. Im »Mamminger Schulrecht« sind sehr konkrete Regeln für das Verhalten und die Konsequenzen bei Verstößen festgelegt:

»Mamminger Schulrecht«

Ordnungswidriges Verhalten	Folgen für dieses Verhalten im Wiederholungsfall mit verschärften Maßnahmen	Kontrolle
1. Abfall liegen lassen	Während der Mittagspause Hofdienst bzw. Zimmerdienst	Schüler meldet sich beim Reinigungspersonal Lehrer verständigt Reinigungspersonal bzw. Hausmeister
2. Spucken im Hof in den Toiletten im Klassenzimmer	1. Reinigen der betroffenen Sachen (Spiegel, Jacken...) + Entschuldigung beim Mitschüler 2. wie 1. + Mitteilung an die Eltern	Lehrer verständigt Reinigungspersonal bzw. Hausmeister
3. Schuhe oder Kleidung verstecken	1. In der Mittagspause Schuh- und Garderobendienst 2. wie 1. + Mitteilung an die Eltern	Lehrer verständigt Reinigungspersonal bzw. Hausmeister
4. Beschädigung fremder Sachen Bei Beschädigung von Fahrrädern tritt sofort Maßnahme 1 in Kraft	1. Schaden gutmachen – durch Eigenleistung wo möglich z.B. Wände streichen oder – durch Bezahlen des Schadens 2. wie 1. + Mitteilung 3. Verweis	Klassleiter
5. Unerlaubtes Verlassen des Schulgrundstücks, unerlaubter Aufenthalt im Schulhaus, in der Turnhalle oder im Schülercafé	1. eine Woche kein Verlassen des Schulgrundstückes 2. ein Monat kein Verlassen 3. ein halbes Jahr kein Verlassen -> *Eintrag im Ausweis*	Klassleiter macht Eintrag im Ausweis informiert die Aufsichtsperson
6. Aufsichtspersonen ärgern (Hausmeister, Mittagsaufsicht, Busbegleiter)	1. Aufsatz zum Thema »Höflichkeit« 2. Mitteilung an Eltern 3. Schriftlicher Verweis *(immer entschuldigen!)*	Klassleiter nach Rücksprache bei der Aufsichtsperson

»Mamminger Schulrecht« *(Fortsetzung)*

7. Rauchen	1. Zigarretten abnehmen, »Raucherecken« säubern 2. Mitteilung an die Eltern mit Hinweis auf die Rechtslage 3. weitere Maßnahmen (z. B. Einzelaufenthalt während der Pause)	Klassleiter informiert Rektor Säuberungsaktion unter Aufsicht des Hausmeisters
8. Klauen	1. Schadensersatz + Mitteilung an die Eltern 2. Schadenersatz + Schriftlicher Verweis	Klassleiter informiert Rektor
9. Verbale Gewalt (Schimpfwörter, Beleidigungen)	1. Eine Seite Aufsatz zum Thema »Gewalt« (Themenbereiche bietet die 9. Klasse an) 2. Zwei Seiten zum Thema »Gewalt« 3. Mitteilung an die Eltern	Lehrer verständigt Klassleiter
10. Körperliche Gewalt (Raufereien)	1. Eine Woche in den Pausen bei der Pausenaufsicht verbringen 2. Zwei Wochen wie 1. 3. Mitteilung an die Eltern oder Verweis	Lehrer trägt Namen in eine Liste beim Aufsichtsplan ein
11. Turnsachen vergessen	1. Schüler zieht alte Schuldressen an	Sportlehrer

Diese Vorschläge wurden von der Klassensprecherversammlung erarbeitet und im Schulforum beschlossen.

Name:_____Vorname:_____Klasse:_____

Ich bin mit den oben dargestellten Vorschlägen zur Einhaltung unserer schulischen Ordnung einverstanden und werde mich daran halten.

Ort	Datum	Unterschrift des Schülers

Die Schulen haben eine besondere Bedeutung für die Chancengerechtigkeit, den zentralen Gerechtigkeitsbegriff der Aktiven Bürgergesellschaft. Die Schulen müssen so gestaltet sein, dass sie den unterschiedlichsten Begabungen gerecht werden. Nur so ist eine begabungsgerechte Förderung möglich. Freier Zugang und größtmögliche Durchlässigkeit gewährleisten, dass sich unabhängig von Herkunft, sozialem Status oder Finanzkraft der Eltern die Begabungen entwickeln können. Die Bringschuld des Kindes ist die eigene Anstrengung, die Bringschuld des Staates ist die Sicherung der Rahmenbedingungen für die Entfaltung dieser Begabungen.

Die Einstellung zur Leistungsbereitschaft und zur Anstrengung ist dabei nicht nur für die Kinder, sondern auch für Eltern und Lehrer ein entscheidender Faktor. Wo die Leistungsbereitschaft fehlt, bleiben die Strukturen bedeutungslos. Neben der Bereitschaft des Einzelnen und den äußeren Bedingungen ist aber auch ein leistungsförderndes Klima erforderlich.

Im Geiste der Aktiven Bürgergesellschaft ist die derzeit einseitige Betonung und Bewertung kognitiver Leistungen in der Schule kritisch zu bewerten. Soziale Kompetenzen und auch so genannte »Arbeitstugenden« wie Fleiß, Genauigkeit, Sauberkeit, Zuverlässigkeit, Selbständigkeit und Teamfähigkeit sollten eine größere Wertschätzung genießen. Damit stellt sich die Aufgabe, soziales Engagement und die Entwicklung sozialer Talente in der Schule und im ganzen Bildungswesen gezielt zu fördern. Wie ist dies am besten möglich? Wie können bei Wahrung des Leistungsgedankens, der die unabdingbare Voraussetzung für die Entwicklung der eigenen Fähigkeit darstellt, gleichzeitig die Teamfähigkeit, die Zusammenarbeit und das Sozialverhalten gefördert werden?

Mit welchen Inhalten, Aktivitäten und Methoden kann die Integration von Kindern verschiedener Begabungen, Religion, Kultur, Rasse, Sprache und sozialer Schicht erreicht werden?

Die Förderung einer guten Gesprächskultur, das Feiern von Festen und die Pflege der Gemeinschaft gehören ebenso zu den Zielen der Schule in der Bürgergesellschaft.

Die Lehrer müssen sich mit ihrer Rolle neu auseinandersetzen. Ohne das Ja des Lehrers zu seiner Autorität und zu seiner
Vorbildfunktion ist eine Bejahung der erzieherischen Aufgabe
der Schule nicht möglich.

Lehrer, die ihren Beruf nur als Job verstehen, haben ihren Beruf verfehlt. In der Aktiven Bürgergesellschaft wird auch Engagement der Lehrer für das Gemeinwesen über den Unterricht
hinaus erwartet. Wie sollen Schüler in ein solches Engagement
hineinwachsen, wenn ihnen Lehrer nur kritische Distanz vermitteln und sich selbst nicht engagieren?

Das Subsidiaritätsprinzip setzt die Maßstäbe für die strukturelle Gestaltung der Schulen.

Der Leiter des Steinbeis-Transfer-Zentrums für Kommunales
Management in Heidelberg, Gerhard Pfreundschuh, beschrieb
die heutige Situation bei einem Symposium der Hanns-Seidel-
Stiftung provozierend so:

»Eltern sind nach wie vor von einer echten Mitgestaltung des
Schul- und Lehrbetriebes ausgeschlossen. Die Lehrer haben Ber-
ge von Vorschriften zu beachten und eine Fülle von Stoff gemäß
ausführlichen Lehrplänen zu vermitteln. Unsere Schule steht in
der obrigkeitlichen, wohlfahrtstaatlichen Tradition gut gesinnter
Landesherren. Sie ist in ihrer Grundstruktur noch als hoheitliche
Anstalt mit Anschluss- und Benutzungszwang ausgestaltet.«

Am Beispiel der europäischen Nachbarländer Schweiz, Niederlande und Dänemark erläuterte der ehemalige Landrat Mitwirkungsmöglichkeiten der Eltern. Man muss sich seinen Vorschlägen einer »vollkommunalisierten« Schule nicht anschließen,
aber die Frage, wie viel Selbstverwaltung und Eigenverantwortung der einzelnen Schule gewährt werden kann und wie viel Gemeinsamkeit im Hinblick auf die Durchlässigkeit und Vergleich-
barkeit von Schulsystemen und Schulabschlüssen notwendig ist,
ist ein zentrales Thema der inneren Schulreform. Der Subsidiari-
tätsgedanke ist auch dafür eine gute Orientierung.

Nach folgenden Eckwerten sollten meiner Meinung nach der
Freiraum und die Verantwortlichkeit der einzelnen Schule gestaltet werden:

1. Es muss beim öffentlich verantworteten Schulwesen bleiben. Das bedeutet nicht zwangsläufig auch öffentliche Trägerschaft. Eine der großen Qualitäten des deutschen Schulwesens liegt darin, dass die öffentlichen Schulen in aller Regel keine schlechtere Qualität bieten als die privaten Schulen. Dies ist ein entscheidender Beitrag zur Chancengerechtigkeit für alle gesellschaftlichen Schichten. Durch keine Schulreform darf dieser große Vorzug verloren gehen.

2. Die Bildungsgänge müssen transparent bleiben.

3. Die Schulabschlüsse müssen vergleichbar sein.

Deshalb kann es für mich nicht die autonome Schule geben. Aber die Schule mit mehr Freiraum, mehr Verantwortung und mehr Selbstverwaltung.

Aus dem Subsidiaritätsprinzip ergibt sich eine Reihe sehr konkreter Fragen für die Organisation des Schullebens:

Welche Kompetenzen brauchen die Schulen, um mehr Eigeninitiative, eigenes Profil und eigene Verantwortung entwickeln zu können? Diese Fragestellung gilt für die Gestaltung der Inhalte ebenso wie für die Eigenverantwortung bei Finanzmitteln. Wie viel Freiraum ist für die Gestaltung der Stundenpläne und den Einsatz von Lehrerstunden sinnvoll und realisierbar?

Wie viel Unterschied zwischen den einzelnen Schulen kann hingenommen werden?

Ein entscheidendes und ebenso schwieriges Feld ist die stärkere Integration der Eltern in die Schule.

Die Lehrer werden für den Umgang mit Kindern ausgebildet, aber sie werden bislang überhaupt nicht vorbereitet auf den Umgang und die Zusammenarbeit mit Eltern, zumal mit selbstbewussten Eltern. Gleichzeitig haben diese Eltern oft sehr unterschiedliche erzieherische Vorstellungen, und häufig ist nur eine Minderheit der Eltern überhaupt zur Mitarbeit bereit, bisweilen jedoch mit sehr absoluten Ansprüchen. Engagierten Eltern reicht aber die Mitwirkung bei Schulfesten und bei der Beschaffung von Finanzmitteln gewiss nicht aus. In Privatschulen sind die Eltern häufig stark eingebunden. In welchem Umfang ist dies angesichts der Realitäten im öffentlichen Schulwesen möglich und welche Voraussetzungen sind dafür zu schaffen?

In einer Aktiven Bürgergesellschaft müssen die Schulen auch stärker in das Leben am Ort, in das Gemeinwesen und in das kommunale Geschehen integriert werden.

Ein solches Leitbild für die Erziehung an öffentlichen Schulen kann nur im Zusammenwirken von »oben« – Politik und Schulverwaltung – und »unten« entwickelt und realisiert werden. Der Weg könnte über Leitbilder für die einzelne Schule und für die verschiedenen Schularten führen.

Die Erfahrungen in der Wirtschaft und in Verwaltungen mit der Entwicklung von Leitbildern sollten dabei genutzt werden. Eine solche Vorgehensweise entspricht dem Geist der Aktiven Bürgergesellschaft.

Freiwillig engagierte Bürger gestalten die Welt menschlich

»Die Welt lebt von den Menschen, die mehr tun als ihre Pflicht.« Dieser Satz von Hans Balser gilt für alle Lebensbereiche. Überall geben diese Menschen die Impulse, bestimmen die Entwicklungen. Er gilt aber ganz besonders für alle Gesellschaftsbereiche, die vom freien Engagement leben. Es lohnt sich, einmal darüber nachzudenken, wie die Welt um uns ohne all die Menschen aussehen würde, die sich in Gemeinschaften und Vereinen für andere Menschen, für gemeinsame Ziele und für das Gemeinschaftsleben engagieren.

Die »Ehrenamtlichen« werden oft als die Sauerstoffzufuhr für unser Gemeinwesen bezeichnet. Ihr Tun ist Ausdruck von Selbständigkeit und auch ein Beleg für den Grad an Freiheit und Lebendigkeit in einer Gesellschaft und in einem Staat.

Die Bezeichnung »Ehrenamt« ist für unsere Zeit nicht ganz treffend und erscheint vielen antiquiert, ein besserer Begriff ist aber noch nicht gefunden. Das klassische Ehrenamt als Wahlfunktion in Vereinen, Gemeinschaften und Institutionen ist nicht nur ein traditionelles, sondern auch nach wie vor besonders tragendes Element einer freilich umfassenderen »Freiwilligenkultur«, die ganz vielfältige Formen dieses Engagements kennt.

Die Befunde über die Bereitschaft zu solchem Engagement sind widersprüchlich. Allgemein ist die Einschätzung verbreitet, dass immer weniger Menschen bereit sind, sich ehrenamtlich für andere Menschen oder für eine gemeinsame Sache einzusetzen. Die fast überall zu hörende Klage über die Schwierigkeit, bei Vorstandswahlen in Vereinen geeignete Persönlichkeiten zu finden, beschreibt diese Wirklichkeit. Gleichzeitig berichtet aber die Sozialforschung übereinstimmend, dass viele Menschen im Ehrenamt engagiert sind – manche behaupten, so viele wie noch nie – und dass ein hoher Anteil der Bevölkerung bereit wäre, sich zu engagieren, also mehr als die bislang Tätigen. Es kann durchaus sein, dass die klassischen Formen des Ehrenamtes eher registriert werden, während die unüberschaubare Vielfalt anderer Formen freiwilligen Engagements nicht so sehr beachtet wird.

Es gibt jedoch keinen höher- oder geringwertigeren Einsatz, sondern nur unterschiedliche Arten von Organisation und Bindung.

So unverzichtbar es ist, dass gerade die Politik auf sich verändernde Verhältnisse reagiert und auch solchen Bürgerinnen und Bürgern die Chance zur gesellschaftlichen Mitarbeit bietet und sie unterstützt, die sich von traditionellen Formen nicht angesprochen fühlen, so wichtig ist es andererseits, die traditionellen Vereinigungen nicht zu vernachlässigen. Sie sind neben ihrer aktuellen Tätigkeit auch eine Brücke in die Vergangenheit, wesentliche Träger der Kultur und der Identität sowie Quellen des Gemeinschaftslebens. Angesichts der Internationalisierung unseres Lebens ist der Bezug zur Heimat, zu Traditionen und Überlieferungen ein Koordinatensystem für das eigene Leben. Drohender Entwurzelung kann nur durch eine Pflege der Wurzeln entgegengewirkt werden. Gerade viele unserer Vereine pflegen diese Wurzeln in ihrer täglichen Arbeit. Es sind diese Gemein schaftserlebnisse, das Schaffen von Begegnungsmöglichkeiten und die Bildung von Strukturen, durch die Vereine und Verbände ihren so großen Wert für die moderne Gesellschaft gewinnen. Es ist eben schon ein Unterschied, ob man Sport für sich allein in einem Fitness-Studio betreibt oder ob man sich mit Gleichgesinnten trifft, zusammen Sport treibt, sich aber auch danach zusammen setzt, Beziehung zueinander pflegt, gemeinsam etwas schafft und Verantwortung übernimmt.

All dies kann aber nur dann zur Realität werden, wenn die letztlich immer kleine, aktive Minderheit derjenigen, die bereit sind, Verantwortung und Aufgaben zu übernehmen, vorhanden ist.

Die Gesellschaft verändert sich, die Lebenswirklichkeit jedes Einzelnen mit ihr. Insbesondere die Bereitschaft, sich auf Dauer oder zumindest auf längere Zeit zu verpflichten, ein Amt zu übernehmen und damit auch Bindungen einzugehen, wird geringer. Dem müssen auch Vereine und Verbände Rechnung tragen. Viele dieser Aufgaben verlangen freilich auch Kontinuität und Verlässlichkeit. Es kann nicht alles nur flexibel und spontan sein.

Für alle Formen freiwilligen Engagements gilt, dass die Menschen, die solche Tätigkeiten übernehmen, auch eine angemessene Unterstützung brauchen.

Die Motive für freiwilliges Engagement sind vielfältig und wohl meist auch bei der einzelnen Person vielschichtig.

Der ethische Impuls der Verpflichtung für die Mitmenschen und für das Gemeinwesen ist ein wichtiges Gut unserer Wertetradition. Für Christen entspringt dieser Impuls aus der Nächstenliebe. Wie vielen es gelingt, sich allein aus Nächstenliebe für andere einzusetzen, möchte ich offen lassen. Vielleicht ist es auch dem ausgeprägten Idealisten und dem gläubigen Menschen oft nicht bewusst, wie vielschichtig seine Motive für das Engagement gleichwohl sind. Er mag sich trösten mit der Einsicht des Franziskanerpaters Richard Rohr, der dazu schrieb:

»Er (Gott) wusste, dass ich immer wieder das Richtige aus dem falschem Beweggrund oder zumindest aus sehr gemischten Motiven mache. Er wusste, dass ich aus sehr gemischten Motiven Priester geworden bin, mich auf den Zölibat eingelassen habe, die New-Jerusalem-Kommunität gegründet habe, nach Albuquerque gegangen bin – aber das ist in Ordnung! Es ist demütigend und zugleich befreiend zu wissen, dass Gott (darum) weiß und dass Gott sogar unsere Sünde für seine Ziele nutzt.«

(Richard Rohr und Andreas Ebert,
»Das Enneagramm«, 1993)

Die »puren« Idealisten sollten also über die Motive der Mitmenschen nicht zu streng urteilen. Es ist gewiss nicht unchristlich, den Menschen zu erschließen, dass solches Engagement und der Einsatz für andere Menschen und für Ziele, die über die privaten Interessen hinaus gehen, eine große Chance für das eigene Leben sind. Diese Erkenntnis kann schließlich auch Motivation zum Engagement sein. Ich bin mir im Übrigen auch gar nicht sicher, ob die Menschen früher tatsächlich so viel idealistischer waren und sich deshalb engagierten, oder ob nicht früher dieser Einsatz auch von der Möglichkeit des sozialen Aufstiegs und der gesellschaftlichen Anerkennung angetrieben war, die in der Regel mit einem Ehrenamt einhergingen. Heute fühlen sich viele in solchen Ämtern eher als Fußabstreifer und Abfalleimer.

Die Frage: »Was bringt mir das, warum soll ich mich engagieren?«, hat sicher früher auch eine Rolle gespielt, sie wird heute aber offener und unbefangener gestellt.

»Verbringen Sie freie Zeit nützlich.
Tun Sie neben der normalen Arbeitszeit etwas ganz Anderes.
Entdecken und entwickeln Sie Ihre Talente.
Erfüllen Sie eine sinnvolle Aufgabe im Leben.
Stellen Sie eigene Kenntnisse Anderen zur Verfügung.
Sammeln Sie neue Erfahrungen.
Finden Sie heraus, wo Ihre Stärken liegen.
Wirken und Bewirken Sie etwas in Ihrer Umgebung.
Wer Anderen hilft, wer von sich selbst etwas gibt, aktiviert eine positive Kraft auch für sich selbst.
Helfen ist ein Weg zum erfüllteren und gesünderen Leben.

Freiwilliges soziales Engagement bedeutet:
Freiwillige und unentgeltliche Mitarbeit.
Aktive Teilhabe und Mitgestaltung des Gemeinwesens.
Gesellschaftliche Verantwortung übernehmen.
Solidarität.
Soziale Werte leben.«

So werben beispielsweise das Selbsthilfebüro und die Freiwilligenberatung der Stadt Würzburg um freiwillige Mitarbeit. Diese auch auf persönlichen Gewinn ausgerichtete Werbung ist keine Entwertung des Engagements, sondern erschließt Menschen einen neuen Horizont für den eigenen Lebensweg. Wer diesen Gewinn für das eigene Leben erfährt, hat sicher eine besonders dauerhafte Grundlage für ein Engagement auch dann, wenn einmal Durststrecken zu überwinden sind. Denn trotz allen Gewinns, aller persönlichen Bereicherung und aller Freude ist ein solches Engagement keine andauernde Spaßveranstaltung. Die Qualität des Engagements erweist sich dann, wenn es zu Schwierigkeiten kommt. Diese durchzustehen, ist aber auch der Weg zur vertieften persönlichen Entwicklung und zur wirklichen Bereicherung. So lange alles gelingt, alles Freude macht und von überall her Anerkennung kommt, ist diese Arbeit angenehm, leicht und erfreulich. Die Reifung entwickelt sich durch andere Erfahrungen.

Wer sich um andere und nicht nur um sich selbst kümmert, führt ein abwechslungsreicheres Leben, ein Zusammenleben zum beiderseitigen Nutzen.

Mit der Vielfalt der gesellschaftlichen Strukturen haben sich auch neue Formen ehrenamtlicher Tätigkeit gebildet. Sie werden häufig mit dem Begriff »Bürgerschaftliches Engagement« oder auch mit »Neues Ehrenamt« beschrieben.

»Bürgerschaftliches Engagement bezieht sich auf eine Vielzahl von Tätigkeitsfeldern: Die Organisationen der Bänke für ein Straßenfest kann genauso dazu gehören wie die Entwicklung eines Sponsoring-Konzepts, handwerkliche Hilfe für alte Menschen im Dorf genauso wie Gespräche mit Sterbenden. Die Erfahrung zeigt zweierlei: Durch verschiedene Aufgaben werden unterschiedliche Gruppen von Bürger/innen angesprochen. Manche Gruppen entwickeln leichter Eigeninitiative (z. B. diejenigen mit guter Bildung und finanzieller Absicherung), andere tun sich schwerer. Damit Bürgerschaftliches Engagement für ein breites Spektrum von Bürger/innen offen ist, darf seine Förderung nicht dem Zufall überlassen, wer sich engagiert – und wer nicht. Es gilt bewusst darauf zu achten, dass ein breites Spektrum an Möglichkeiten zur Mitwirkung vorhanden ist. (Ohne dass aus der Verschiedenheit der Aufgaben eine Rangfolge wird): Menschen, die sich handwerklich oder organisatorisch betätigen möchten, müssen genauso einen Platz finden können, wie andere, denen eher die Entwicklung von Konzepten oder Gremienarbeit liegt. Und es gilt insbesondere diejenigen Bürger/innen zu unterstützen, die von sich aus nicht die Initiative ergreifen.«

(Wege zur Bürgergesellschaft, ein Leitfaden zur Förderung
Bürgerschaftlichen Engagements in Städten, Gemeinden und
Landkreisen in Baden-Württemberg, 1999)

Wo die Förderung Bürgerschaftlichen Engagements als bewusste Aufgabe der Politik, vor allem der kommunalen Politik, wahrgenommen wird, zeigt sich, dass sehr viel mehr Menschen bereit sind, sich zu engagieren, als allgemein angenommen wird. Die Erfahrungen in der Stadt Würzburg belegen dies eindrucksvoll. Der langjährige Sozialreferent der Stadt, Peter Motsch, hat über viele Jahre hinweg Bürgerschaftliches Engagement systematisch gefördert und eine unterstützende Infrastruktur aufgebaut. Die Vielfalt der Aktivitäten wird aus dem Inhaltsverzeichnis des »Infokatalogs für Soziales Engagement« der Stadt Würzburg (siehe Seite 182 f.) ersichtlich.

Interessierte Bürgerinnen und Bürger werden systematisch an ein derartiges Engagement herangeführt. Sie erhalten Orientierung und Unterstützung. Bereits beim ersten Kontakt wird mit einem »Fragebogen zum sozialen Engagement« (Seite 184) ermittelt, wo die Interessenschwerpunkte liegen, um dann gezielt Hilfe beim Einstieg in das Engagement geben zu können.

Inhaltsverzeichnis

Senioren

- ❏ Unterstützung eines **A**ltenclubs am Heuchelhof
- ❏ **A**ltenheim- und Krankenhausbesuchsdienst
- ❏ häusliche Betreuung für **a**ltersverwirrte Menschen
- ❏ **B**esuchsdienst für SeniorInnen
- ❏ **E**hrenamtliche im Evang. Wohnstift St. Paul
- ❏ Mitarbeit im Seniorentreff **G**rombühl
- ❏ Aktivitäten mit alten und behinderten Menschen am **H**euchelhof
- ❏ **H**ilfsdienste für Senioren
- ❏ Mitarbeit im **H**ausnotrufdienst
- ❏ Besuchs- und Begleitdienst für Senioren in der **L**indleinsmühle
- ❏ **M**ahlzeitendienst für Senioren
- ❏ **M**itarbeit im Altenheim (Innenstadt)
- ❏ **M**alteser Aktion 12 x 8
- ❏ Betreuung von alten Menschen in der **S**anderau
- ❏ **S**eniorenbetreuung in der Stiftung Bürgerspital zum Hl.Geist
- ❏ Betreuung alter Menschen in der **T**agespflegestätte
- ❏ Seniorentagesstätte in **V**ersbach
- ❏ Seniorenbetreuung in der **W**interhäuser Straße
- ❏ Seniorenbetreuung in der **Z**ellerau

Soziale Dienste und Initiativen

- ❏ **A**LT HILFT JUNG
- ❏ **B**ewirtung und Betreuung von Gästen
- ❏ Treffpunkt **E**hrenamt
- ❏ Konkrete **F**reundschaften aufbauen im Verein Menschen in der Stadt e.V.
- ❏ Betreuung und Begleitung von Menschen die **H**ilfe brauchen
- ❏ Mitarbeit im **I**nfomarkt Eine Welt
- ❏ **M**obile pflegerische Dienste
- ❏ **S**anitäts- und Betreuungsdienst
- ❏ Mithilfe im **S**elbsthilfezentrum/Selbsthilfehaus
- ❏ Mitarbeit in **S**ozialstationen
- ❏ **T**iere helfen Menschen
- ❏ Unterstützung der **W**ärmestube
- ❏ Engagement bei der **W**ürzburger Tafel

Sterbe- und Trauerbegleitung

- ❏ **H**ospizverein Würzburg e.V.
- ❏ **M**alteser Hospizarbeit

Anhang
Versicherungsschutz im sozialen Engagement
Checkliste für einen erfolgreichen Start

Fragebogen zum sozialen Engagement

Dieser Fragebogen soll Ihnen bei der Entscheidung helfen, welches Tätigkeitsfeld für Sie geeignet ist. Falls Sie in dieser Broschüre ein interessantes Angebot gefunden haben, können Sie sich selbständig an die angegebene Kontaktadresse wenden. Sind Sie jedoch in Ihrer Entscheidung noch unsicher und möchten sich in einem Beratungsgespräch genauer informieren, wenden Sie sich bitte unter der Telefonnummer 09 31/37-34 68 oder 37-37 06 an das Selbsthilfebüro der STADT WÜRZBURG, um einen Gesprächstermin zu vereinbaren. Die Beantwortung der nachfolgenden Fragen ist eine sehr hilfreiche Vorüberlegung, die Sie Ihrem Ziel ein Stück näher bringt!

In welchem/n Bereich/en möchte ich mich sozial engagieren und mitgestalten?

- ❏ Ausländer/Spätaussiedler/Flüchtlinge
- ❏ Behinderte/chronisch Kranke
- ❏ Frauen
- ❏ Gesetzliche Betreuung
- ❏ Kinder/Jugend/Familie
- ❏ Psychisch Kranke/Sucht
- ❏ Soziale Dienste
- ❏ Sterbe- und Trauerbegleitung

- ❏ Möchte ich im direkten Kontakt mit Menschen aktiv sein oder
- ❏ will ich mich in Gremien für die Interessen von Gruppen einsetzen? –
- ❏ Eher handwerklich Unterstützung leisten?
- ❏ Sonstiges _____

Möchte ich in einem bestimmten Stadtteil tätig werden?

_____

Will ich mich für einen längeren Zeitraum sozial engagieren oder zeitweise Einzelaktionen unterstützen?

_____

Welche Vorerfahrungen und Hobbys habe ich, die ich gerne einbringen möchte?

_____

Habe ich Interesse an Fort- und Weiterbildung?

_____

Wie viele Stunden möchte ich täglich/wöchentlich/monatlich investieren und an welchen Tagen?

_____

Ein neues Potenzial für Bürgerschaftliches Engagement liegt bei der Gruppe der Senioren, vor allem der »jungen« Senioren. Nicht wenige leiden darunter, dass sie ihre im Beruf und durch ihre Lebenserfahrung erworbenen Fähigkeiten nach dem Ausscheiden aus dem Berufsleben nicht mehr sinnvoll einbringen können. Immer wieder sprechen mich nach Veranstaltungen Menschen an, wo sie sich denn engagieren könnten, in der Politik oder in anderer Weise – und häufig bin ich zunächst ratlos. Wir fordern, dass sich die Menschen mehr engagieren für die Mitmenschen und das Gemeinwesen, und machen häufig zu wenig konkrete Angebote, dieses Engagement zu erbringen. Darauf sucht das Evangelische Bildungswerk in Memmingen mit seiner Projektstelle »Freiwilliges Engagement – Neues Ehrenamt« Antworten. Mit dem Schwungfeder-Projekt wird gezielt die Gruppe der Senioren angesprochen. »Eine neue Idee für eine neue Lebensphase«. Die Zielsetzung des Projektes wird mit diesem Slogan gut beschrieben. Es wird nicht appelliert oder moralisiert – es werden den Menschen in diesem Lebensabschnitt neue Perspektiven angeboten:

»Sie haben freie Zeit übrig. Sie sind aus dem Beruf ausgeschieden oder stehen kurz davor. Ihre Kinder sind aus dem Haus. Sie suchen mehr als eine Freizeitbeschäftigung. Sie wollen Ihrem Leben einen neuen Sinn geben.

[...] Sie werden gebraucht. Mit Ihren Fähigkeiten in der Gesellschaft. Davon sind wir überzeugt.

Eine neue Lebensphase macht neues Lernen möglich. Lernen, was bisher zu kurz kam. Was ich mir selbst aussuche. Was mir etwas bringt, aber auch anderen. Wozu ich wirklich Lust habe.«

Auf Seminartagen werden die Interessenten informiert, Hilfen zur Orientierung für diese Lebenssituation angeboten und Möglichkeiten des sinnvollen und für sie interessanten Engagements aufgezeigt.

Gerade bei den Senioren stellt sich aber auch heraus, dass sich viele zwar engagieren möchten, aber die nach dem Berufsleben neu gewonnene Freiheit für ihre Lebensgestaltung nicht sofort wieder durch zeitlich sehr bindende Verpflichtungen einengen möchten. Wer also ein möglichst großes Potenzial ausschöpfen will, muss Rahmenbedingungen schaffen, die sowohl der Bereitschaft zum Engagement als auch dem Bedürfnis nach Freiraum und spontanen Entscheidungsmöglichkeiten entgegenkommen.

Eine innovative Antwort auf diese Anforderungen geben die Freiwilligenagenturen. 1980 wurde in München die erste Freiwilligenagentur Deutschlands gegründet: Die Münchner Helferinformation (MHI). Ziel war es, Informationsmöglichkeiten auch für Menschen zu schaffen, die keine religiösen oder weltanschaulich begründeten Motive haben, sich zu engagieren, und bei denen eine Verbindung zu Institutionen der Sozialarbeit zunächst nicht vorhanden ist. Impulse für diese Initiative kamen aus einem Projekt des Bundesministeriums für Jugend, Familie und Gesundheit, das 1976 in zehn deutschen Städten Aktionen zur »Förderung des gesellschaftlichen Engagements von Frauen« durchführte. Ein Blick nach Großbritannien und in die Niederlande zeigte Beispiele der freiwilligen Mitarbeit interessierter Bürger im Bereich des Gesundheits- und Wohlfahrtswesens mit einem für uns neuen differenzierten Organisationssystem. Mit dem neuen Namen »Tatendrang München Freiwilligen-Agentur«, einem Logo mit einem Rettungsring und dem neuen Slogan »Spenden Sie Zeit statt Geld« wurden neue Wege gesucht. Die Zahl der für ein freiwilliges Engagement Interessierten hat sich verdreifacht, die der tatsächlich aktiv Gewordenen verdoppelt.

Inzwischen gibt es in Deutschland mehr als 150 Initiativen, die sich der Förderung dieser Form des freiwilligen Engagements verschrieben haben. Durch eine Initiative des Deutschen Caritasverbandes wurden 1996 Modellprojekte in verschiedenen Städten Deutschlands geschaffen.

Diese Freiwilligen-Zentren sind Anlaufpunkte für interessierte Bürgerinnen und Bürger, an denen sie sich ohne jede Verpflichtung neutral über Möglichkeiten des Engagements informieren können. In der Stadt Augsburg gibt es über 160 Einsatzfelder bei enger Zusammenarbeit mit 75 Verbänden und Initiativen. Diese

Freiwilligen-Zentren verstehen sich als Vermittlungsstelle zwischen Interessen und Aufgaben, zwischen Personen und Institutionen und bieten eine intensive Engagement-Beratung. Dort erfolgt ein Erfahrungsaustausch und entstehen neue Impulse. Die Auswertung im Modellverbund des Deutschen Caritasverbandes zeigt, dass 69 Prozent der interessierten Bürgerinnen und Bürger, die sich in Freiwilligen-Zentren beraten und vermitteln lassen, noch nicht ehrenamtlich oder freiwillig tätig sind. Kreativität, Innovation und Mut zu neuen Wegen sind eben nicht nur in der Wirtschaft gefragt, sondern ebenso im sozialen Bereich.

Eine neue soziale Bewegung der letzten Jahrzehnte sind die Selbsthilfegruppen. Die Entwicklung war oft von vielen Spannungen begleitet und wurde von den klassischen Sozial- und Wohlfahrtsorganisationen häufig mit Misstrauen verfolgt. In der Regel wirken diese Selbsthilfegruppen im jeweiligen lokalen oder regionalen Lebensraum, teilweise sind daraus jedoch auch bundesweit tätige Verbände entstanden, etwa die Lebenshilfe für geistig und mehrfach Behinderte. Ursprung und Ausgangspunkt ist die Initiative betroffener Eltern. Diese Verbände sind der Zusammenschluss und das Dach der vielfältigen Aktivitäten vor Ort.

Wurzelgrund der Selbsthilfegruppen ist die eigene Betroffenheit, aus der die Motivation entsteht, Hilfe und Orientierung bei anderen Menschen in einer gleichen oder ähnlichen Situation zu suchen. Der Schwerpunkt liegt deshalb bei Krankheitsthemen, bei Sucht-Abhängigkeiten, aber auch bei Entwicklungsstörungen von Kindern.

Die Erfahrungen der Einzelnen, die zunächst Experten für ihre eigenen Probleme sind und häufig ein ausgeprägtes Spezialwissen entwickeln, führen im Miteinander zu einem Potenzial an Menschlichkeit und an fachlicher Kompetenz, das nicht überschätzt werden kann. Gerade im Gesundheitswesen entdecken weitsichtige Mediziner und Gesundheitspolitiker zunehmend die Chancen und das Potenzial in diesen Gruppen.

Für das Zusammenfinden und die Organisation ist in der Regel eine unterstützende Struktur erforderlich. Diese kann durch die Anbindung an eine Wohlfahrtsorganisation oder eine Selbst-hilfe-Kontaktstelle wie etwa im Landkreis Traunstein geschaffen werden. Die Finanzierung dieser Selbsthilfegruppen steht häufig auf etwas wackeligen Beinen. Oft gibt es in der Politik auch eine abwehrende Haltung, weil manchmal der Anschein der Selbstbedienung durch die expansive Schaffung von Stellen und Aufgaben mit öffentlicher Finanzierung erweckt wird. Einzelne Fehlentwicklungen dürfen aber nicht überbewertet werden. Häufig bedarf es auch einer fachlichen Beratung, um diese Gruppen am Leben zu erhalten. Hier muss im Einzelfall die richtige Verbindung von Unterstützung und gleichzeitig größtmöglicher Selbstorganisation gefunden werden.

Auch hier zeigt sich aber: Wo eine Initiativstelle sowie Unterstützung, gezielte Werbung und Beratung aufgebaut werden, gibt es eine vorher kaum vermutete Zahl von Menschen, die sich in solchen Selbsthilfegruppen zusammenfinden, sich selbst und anderen helfen und einen wichtigen Baustein im sozialen Gefüge bilden.

Eine gewisse Skepsis gegenüber diesen vielfältigen Formen Bürgerschaftlichen Engagements gibt es auch seitens der jeweiligen Berufe und deren Verbände. Eine Abwertung der professionellen Tätigkeit und der fachlichen Anforderungen wird ebenso vermutet und befürchtet wie eine damit möglicherweise einhergehende Abwertung des Berufsbildes bis hin zu möglichen Auswirkungen auf das Niveau der Bezahlung, wenn diese Aufgaben auch von Ehrenamtlichen, also »Laien«, wahrgenommen werden können. Ein klassisches Konfliktfeld dieser Art eröffnet sich beispielsweise bei der Mitarbeit von Eltern in Kindergärten oder Schulen.

Nicht geringer sind die Befürchtungen, dass die Förderung Bürgerschaftlichen Engagements, gerade im Sozialstaatsbereich, zum Abbau sozialstaatlicher Standards und öffentlicher Leistungen führt. Diese Vermutung liegt auch überall dort nahe, wo mehr ehrenamtliches Engagement vor allem deshalb gefordert wird, weil kein Geld mehr zur Verfügung steht. Bürgerschaftliches Engagement und freiwillige Dienste sind eine wichtige Ergänzung des Sozialstaats, sind Formen menschlicher Zuwendung und befinden sich oft näher am Menschen wie die großen Organisationen mit ihren zwangsläufig notwendigen Regelungen – siehe die mit der Stoppuhr erfassten Arbeitszeiten in den Pflegediensten –, sie sind aber nie ein Ersatz für den Sozialstaat und für die professionellen Dienste und Organisationen.

Die Zusammenarbeit zwischen Freiwilligen und Hauptamtlichen erfordert auch die Fähigkeit des aufeinander Zugehens und des miteinander Arbeitens, die nicht immer nur mit gutem Willen erreicht wird.

Daher braucht eine »Freiwilligenkultur« auch Förderung, Beratung und häufig auch Qualifizierung ehrenamtlicher oder freiwilliger Helfer und Dienste. Es ist heute besonders die Aufgabe der Kommunalpolitik, im eigenen Wirkungsbereich zu prüfen, inwieweit solche unterstützenden Hilfestellungen erforderlich und in welcher Form sie möglich sind. Es ist nicht damit getan, nur an die Bürger zu appellieren.

»In Würzburg ist es zu einem Prinzip geworden: Jede besondere Lebenslage, die Menschen mit Schwierigkeiten im Lebensalltag belastet, kann und sollte Ausgangspunkt organisierter Selbsthilfe sein. So manche Kritik, dass eine soziale Ordnung einen derartigen ›Wildwuchs‹ auf Dauer nicht ertragen könne, wird durch die positiven Wirkungen einer dynamischen Selbsthilfepraxis widerlegt. Was kann eine kommunale Sozialverantwortung oder ein Sozialstaat insgesamt mehr erreichen, als dass Menschen in schwieriger Lebenslage im Kreise Mitbetroffener erste, wichtige und aus Erfahrungswissen auch kompetente Antworten auf ihre Fragen finden und Ermutigung für ihre persönliche Lebensbewältigung erfahren. Die soziale Selbsthilfe ist bei dem ständigen Wandel der gesellschaftlichen Bedingungen ein schier grenzenloses Aktionsfeld für Bürgerengagement geworden. Dies zeigen nicht nur die Würzburger Erfahrungen – sie gelten allgemein. […]

In Würzburg ist mit dem Selbsthilfebüro eine zentrale Unterstützungsstelle für Bürgerengagement vorhanden. Das Selbsthilfebüro ist eine Art Agentur, eine zentrale Informations- und Vermittlungsstelle sowohl für Bürger, die sich engagieren wollen, als auch für Organisationen, die engagierte Bürger für bestimmte Aufgaben und Tätigkeitsfelder suchen. Im Rahmen dieser Aufgabe bietet das Büro kompetente Selbsthilfe- und Freiwilligenberatung an.«

(Peter Motsch, Sozialreferent der Stadt Würzburg, in: »Neue Wege in der Kommunalpolitik«, 2000)

In der 40 000 Einwohner zählenden Stadt Nürtingen am Neckar wurde in Verbindung mit einer Baumaßnahme das Rathaus zum Bürgerhaus umgestaltet.

»Seit 1991 stehen seine Türen offen. Das Rathaus als Ort für gemeinsames Denken und Handeln, als ›Bürgerhaus‹. Die damalige Idee hat inzwischen Geschichte geschrieben. Der Bürgertreff am Rathaus hat sich zu einer Drehscheibe für Bürgerbeteiligung und Bürgerengagement entwickelt. Immer wieder wachsen und gedeihen auf dem fruchtbaren Boden neue Ansätze und Initiativen. Welchen Stellenwert das bürgerschaftliche Engagement in Nürtingen einnimmt, zeigt die Verankerung des Bürgertreffs im städtischen Haushalt als budgetierte Abteilung.

Angeregt durch eine Vielzahl praktischer Erfahrungen hat man sich entschlossen, den Aufbau des Bürgertreffs hin zu einem Kompetenzzentrum bürgerschaftlicher Zusammenarbeit, zu einem Kristallisationspunkt auch eines lokalen Agendaprozesses als wesentlichen Stadtentwicklungsfaktor auf die ganze Stadt zu übertragen.

Die bürgerschaftliche Selbstverwaltung der Stadt Nürtingen steht unter dem Motto: ›Gemeinsinn organisieren – Bürger beteiligen – Generationen verbinden‹. Um dem bürgerschaftlichen Engagement noch größeres Gewicht zu verleihen, wurde 1997 die Geschäftsstelle für Bürgerengagement eingerichtet.

Die Arbeit der Geschäftsstelle gliedert sich in drei Bereiche:
- Anlaufstelle für Bürgerengagement
- Nürtinger Freiwilligenzentrum
- Netzwerk bürgerschaftlicher Initiativen.

Als Stabsstelle ist die Geschäftsstelle direkt dem Ersten Bürgermeister unterstellt und entwickelt Partizipationsmöglichkeiten an der Schnittstelle Bürger, Verwaltung, Politik. Bürgerschaftliches Engagement hat sich als fester Faktor bei Grundsatzüberlegungen der Stadtentwicklung etabliert.«

(Bürgermeister Guido Wolf,
Vortrag am 4. April 2000 in Weyarn)

Das freiwillige Engagement in seinen vielfältigen Formen muss eine gesellschaftliche und öffentliche Anerkennung finden, das der Bedeutung dieses Dienstes für die Menschen und das Gemeinwesen gerecht wird. Dies kann am besten durch eine »Anerkennungskultur« geschehen.

Die gängigsten Forderungen zielen hier auf Bezahlung und Anerkennung in den sozialen Sicherungssystemen, etwa durch Anrechnungszeiten in der Rentenversicherung. Gerade auf diesem Feld ist aber besondere Vorsicht geboten. Schließlich stellt nicht schon die Wahl in ein Amt oder die formale Übernahme einer Aufgabe einen ausreichenden Grund für eine derartige Honorierung dar. Also müsste zwangsläufig eine Bewertung der verschiedenen Aufgaben und Tätigkeiten erfolgen. Wie anerkennungswürdig und damit anrechnungsfähig ist die jeweilige Tätigkeit? Wie wird zwischen sozialen und kulturellen Diensten, Engagement im Sport oder für die Geselligkeit differenziert, wie werden die Tätigkeiten bewertet?

Dies wäre für das Ehrenamt und für die freiwilligen Dienste verhängnisvoll.

Gewiss gibt es Formen bürgerschaftlichen Engagements, bei denen nicht zuletzt auf Grund der erforderlichen Qualifizierung auch eine entsprechende Entschädigung angemessen ist, wie es etwa mit der Honorierung von fachlich ausgebildeten Übungsleitern im Sport geschieht. Gleichzeitig gibt es aber auch schon hier, etwa im Sportverein, Spannungen, weil häufig der zeitliche Einsatz und die fachlichen Anforderungen bei Funktionären nicht geringer sind als bei den Übungsleitern. Die Entscheidung über eine Honorierung muss deshalb weitestgehend bei den jeweiligen Vereinen und Verbänden liegen. Die öffentliche Hand sollte hier außerordentlich zurückhaltend sein.

Bei Aufgaben mit stärkerer Selbstverpflichtung ist entsprechend der jeweiligen Anforderung auch eine gewisse finanzielle Entschädigung durchaus angemessen. Hier gibt es fließende Übergänge zur so genannten Bürgerarbeit. Dabei darf das ehrenamtliche Engagement nicht diskreditiert und abgewertet werden. Ein sensibler Umgang mit der belohnten Bürgerarbeit ist im Hinblick auf die Auswirkungen auf das klassische freiwillige Engagement dringend anzuraten.

Es gibt viele andere Formen der Anerkennung und damit verbundener Vergünstigungen. Eine besondere »Anerkennungskultur« hat die Stadt Nürtingen entwickelt. So gibt es mit dem »Nürtinger Freiwilligen-Pass« Gutscheine für Essen, Theaterabende, Fortbildungen oder Thermalbadbesuche. Dies ist Ausdruck einer Wertschätzung, die gleichzeitig auch motiviert. Für Schüler, die im Jugendrat, als Trainer und in Vereinen aktiv sind, wurde das »Tut-Was-Tagebuch« entwickelt. Die Tagebucheinträge zeugen von sozialer Kompetenz, die im Zeugnis anerkannt wird und auch bei Bewerbungen positiv ins Gewicht fällt. In den Schulzeugnissen in Bayern kann ehrenamtliches Engagement ebenso bescheinigt und damit aufgewertet werden.

Ein verheerender Tiefschlag für das freiwillige Engagement, sowohl materiell als auch psychologisch, ist dagegen die Neuregelung für die 630-Mark-Entschädigungen.

Ehrenamtlich Tätige werden von den Sozialversicherungen mittlerweile vielfach als »abhängig Beschäftigte« im Sinne des Sozialversicherungsrechts behandelt. Für die beiden Spezialfälle der ehrenamtlichen Führungskräfte bei den Feuerwehren sowie der zweiten und dritten Bürgermeister der Gemeinden gelangten die Spitzenverbände der Sozialversicherungsträger im November 1999 übereinstimmend zu dem Ergebnis, dass dieser Personenkreis in einem abhängigen Beschäftigungsverhältnis zur Gemeinde stehe und daher sozialversicherungspflichtig sei. Betroffen ist der steuerpflichtige Anteil der Aufwandsentschädigung. Diese Auffassung wurde allerdings erst durch das neue

630-Mark-Gesetz wirklich problematisch. Nach alter Rechtslage wären nur solche Aufwandsentschädigungen, deren steuerpflichtiger Anteil über der 630-Mark-Grenze liegt, sozialversicherungspflichtig. Das neue 630-Mark-Gesetz aber hat dazu geführt, dass grundsätzlich auch diese geringfügigen Beschäftigungsverhältnisse unter die Sozialversicherungspflicht fallen. Mit Ausnahme des steuerfreien Anteils der Aufwandsentschädigungen sowie des Übungsleiterfreibetrages von maximal 3.600 Mark jährlich nach dem Einkommensteuergesetz sind diese Nebeneinkünfte meist von der ersten Mark an sozialversicherungspflichtig, denn in der Regel werden diese Tätigkeiten neben einer Haupterwerbstätigkeit ausgeübt.

Zum einen führt diese Regelung für die Vereine zu einem immensen Verwaltungsaufwand. So muss etwa vor der Auszahlung von Aufwandsentschädigungen geklärt werden, wie sich die Beschäftigungssituation des Ehrenamtlichen oder geringfügig Beschäftigten darstellt. Übt er neben dieser (Neben-)Tätigkeit auch eine sozialversicherungspflichtige Haupterwerbstätigkeit aus, so unterliegt er voll der Sozialversicherungspflicht. Übt er jedoch keine sozialversicherungspflichtige Haupterwerbstätigkeit aus, so bleibt es bei einem pauschalen Sozialversicherungsbeitrag.

Zum anderen verbleibt dem ehrenamtlich Tätigen oder geringfügig Beschäftigten nur ein viel geringerer Anteil seiner bisherigen Bezahlung, wenn er damit voll der Sozialversicherungspflicht unterliegt.

Dies alles hat mehrerlei Folgen: Im günstigsten Fall für die Vereine verzichten die ehrenamtlich Tätigen auf Grund des Verwaltungsaufwandes lieber gleich auf ihr Honorar. Im ungünstigsten Fall stellen sie die Tätigkeit ein. Im Bereich der sozialen Dienste, die oft mit 630-Mark-Kräften arbeiten, so etwa in der Kinderbetreuung durch bürgerschaftlich organisierte Gruppen, wird es sehr schwer, Kräfte zu finden, wenn im ungünstigsten Fall von den 630 Mark nur noch ein kleiner Bruchteil übrig bleibt. Außerdem steht der Verwaltungsaufwand wie Anmeldung bei der Krankenkasse, monatliche Meldungen, Jahresentgeltmeldung und Summenabgleich mit der Krankenkasse und

Pauschalzahlungen an Datenverarbeitungseinrichtungen oft in keinem Verhältnis zu den abgeführten Beträgen.

Zur Anerkennungskultur gehört das in Bayern geschaffene Jahr des Ehrenamtes, ebenso Auszeichnungen und Ehrungen. Von manchen nur sarkastisch und hämisch kommentiert, sind dies gleichwohl unverzichtbare Formen der persönlichen Anerkennung und der gesellschaftlichen Aufwertung solchen Engagements.

Eine besonders interessante Initiative hat der Bund der Deutschen Katholischen Jugend in der Diözese Augsburg entwickelt. Der Ausgangspunkt dafür war, dass mit dem ehrenamtlichen Engagement, gerade auch in Jugendgruppen, eine soziale Kompetenz entwickelt wird, die eine Schlüsselqualifikation für das Berufsleben darstellt. Ehrenamtlich Tätige in Jugendgruppen und Jugendverbänden qualifizieren sich bei der Vielzahl von Aufgaben in pädagogischen, sozialen, politischen oder kulturellen Bereichen in besonderer Weise. Sie lernen Einordnen und Führen, Einfühlungsvermögen, Toleranz, Durchsetzungsvermögen, sie lernen sich selbst besser kennen, entwickeln ein eigenes Wertebewusstsein, sammeln Erfahrungen bei der Konfliktbewältigung und im Organisieren, müssen Kommunikation und Teamfähigkeit praktizieren.

Aber wird dies alles in der Arbeitswelt überhaupt gesehen und honoriert? Mit dieser Frage konfrontierten die Jugendvertreter Personalchefs. Die Antworten waren für die Initiatoren ermutigend.

»… sind für den Erfolg einer Bewerbung in unserem Hause von großer Bedeutung.« (Deutsche Bank AG)

»… für unseren Betrieb suchen wir keine ›Einzelkämpfer‹, sondern Mitarbeiter, die sich situativ verantwortlich fühlen und Verantwortung auch annehmen. Auffällig ist bei Jugendlichen mit ehrenamtlichem Engagement die hohe Sozialkompetenz und die Fähigkeit, sich in unterschiedlichen Gruppen schnell zu integrieren.« (Daimler-Chrysler-Aerospace AG)

»Für erfahrene Personalchefs ist ehrenamtliche Tätigkeit durchaus ein Punkt, auf den sie bei Bewerbungen achten – vor allem auch bei jungen Menschen. Der Diskussions- und Einigungsprozess in einer Studentenorganisation, die Arbeit als Jugendleiter, die Übernahme organisatorischer Aufgaben, bei denen man andere zur Mitarbeit motivieren muss, ohne ihr Vorgesetzter zu sein – das alles trainiert Fähigkeiten, die auch im Beruf sehr wichtig sind.« (Günther Goth, Leitung Zentralabteilung Personal, Siemens AG, München)

Der BDKJ in der Diözese Augsburg hat in Zusammenarbeit mit Vertretern der Wirtschaft Textbausteine für den Nachweis ehrenamtlicher Tätigkeit in Jugendverbänden entwickelt, die den Jugendlichen helfen sollen, mit einer angemessenen Bewertung ihrer Tätigkeit gleichzeitig eine gewichtige Unterstützung für Bewerbungen zu erhalten. Je mehr sich bei den Menschen und insbesondere auch bei jungen Menschen der begründete Eindruck bildet, dass ehrenamtliches Engagement gerade auch in der Arbeitswelt als wertvoll anerkannt wird, desto stärker wird Motivation zum Engagement.

Eine besondere Rolle bei der Entwicklung bürgerschaftlichen Engagements spielen die lokalen Medien. Durch sie werden die Aufgaben und die Engagements öffentlich bekannt. Dies stimuliert zur Mitarbeit und stellt gleichzeitig eine öffentliche Anerkennung dar. Bewusste Öffentlichkeitsarbeit ist deshalb für die Förderung bürgerschaftlichen Engagements unerlässlich. Diese darf nicht als egozentrische Selbstdarstellung diffamiert werden. Solche Öffentlichkeitsarbeit ist ein ganz wesentlicher Beitrag zur »Freiwilligenkultur« und zu einer »Kultur des Helfens«. In den Landkreisen und Städten gibt es auf kommunaler Ebene Pressereferenten und Pressebüros. Sie sollten nicht nur der Information über die Kommunalpolitik und der Selbstdarstellung der Kommunalpolitiker dienen, sie sollten sich auch der Aufgabe der Förderung der Freiwilligenkultur durch Öffentlichkeitsarbeit, durch den Brückenschlag zwischen den Freiwilligen und den Medien, verpflichtet fühlen. Damit werden Ideen in die Öffentlichkeit gebracht, Verbündete gewonnen und Initiativen gefördert. Dies ist eine ebenso wichtige Aufgabe der Kommunalpolitik wie das Bauen von Straßen und Gebäuden.

»Checkliste« Aktive Bürgergesellschaft

Der gemeinsamen Orientierung an den Prinzipien der Aktiven Bürgergesellschaft für die verschiedensten Handlungsfelder können die folgenden Fragen dienen:

1. Ist das Vorhaben (die Maßnahme, das Projekt, die Aufgabe) ein Beitrag zur Steigerung der Leistungsfähigkeit, der Lebendigkeit und der Solidarität unseres Volkes und des Landes?
2. Ist das Vorhaben eine staatliche Aufgabe oder gehört es in den nichtstaatlichen Bereich?
3. Trägt das Vorhaben dem Prinzip »Vorrang der Eigenverantwortung – Hilfe zur Selbsthilfe« Rechnung?
4. Ist ergänzende Hilfe, generelle staatliche Hilfe oder Hilfe durch die Solidargemeinschaft notwendig, weil der Einzelne dies nicht oder nur begrenzt leisten kann?
   Wird die Solidarität zu Recht gefordert?
5. Fördert die geplante Maßnahme die Einstellungen im Sinne der Aktiven Bürgergesellschaft?
6. Verändert das Vorhaben die Rahmenbedingungen so, dass die Menschen durch Anreize oder Sanktionen in die gewünschte Richtung gelenkt werden?
   Insbesondere:
   • Fördert oder hemmt die Maßnahme die Eigeninitiative?
   • Führt das Vorhaben zur Ausnutzung der Solidarität anderer und damit zum Missbrauch anderer?
7. Kann vom Leistungsempfänger eine Gegenleistung für das Gemeinwohl erwartet werden?
8. Entspricht das Vorhaben dem Geist der Subsidiarität (des Föderalismus, der Dezentralisierung)?
9. Wird mit dem Vorhaben gemäß dem gesellschaftspolitischen Konzept der Aktiven Bürgergesellschaft die kleine Einheit gestärkt?
10. Wird das Vorhaben dem Prinzip Nachhaltigkeit gerecht?

Die Wirtschaft muss die Aktive Bürgergesellschaft mitgestalten

Die Verantwortung der Wirtschaft

Jedes Unternehmen ist unabhängig von seiner Größe nicht nur eine technisch-ökonomische Organisation, etwa wie ein Uhrwerk, sondern ein von Menschen beeinflusster und von Menschen abhängiger Organismus sowie Teil des größeren Organismus Gemeinwesen. Wie kein Mensch für sich allein lebt und leben kann, so lebt kein Betrieb für sich allein. Deshalb sind die Unternehmen, und damit in besonderer Weise seine Eigentümer und die Führungskräfte, auch dem Gemeinwesen, den öffentlichen und allgemeinen Anliegen und Aufgaben, verpflichtet. Dies liegt schon im ökonomischen Interesse der Unternehmen, denn nur in einem stabilen Gemeinwesen sind längerfristige Investitionen vertretbar, nur in einem stabilen und lebendigen Gemeinwesen kann man auf Dauer erfolgreich wirtschaften. Rechtsstaat, Bildung, sichere Lebensverhältnisse und gute Infrastruktur, um nur wenige Aspekte zu nennen, kann nur ein stabiles Gemeinwesen erbringen. Dafür genügt auch nicht eine formal einwandfreie Demokratie.

Die innere Verfassung der Gesellschaft ist letztlich und auf Dauer für die Zukunftsperspektive eines Landes von entscheidender Bedeutung. Die mühsame Entwicklung in den postkommunistischen Ländern bietet dafür ein anschauliches Beispiel in der Nachbarschaft. Die Asienkrise hat vielen, die nur die kurzfristigen Kostenvorteile sahen, schmerzlich demonstriert, wie wichtig die innere Verfassung eines Landes und damit die Stabilität der Gesellschaft und des Staatswesens für die wirtschaftlichen Perspektiven sind.

Die Unternehmer und die Führungskräfte in der Wirtschaft können nicht erwarten, dass diese Leistungen für das Gemeinwesen immer nur durch das persönliche Engagement von Anderen erbracht werden. Sie dürfen sich nicht auf die Rolle des Arbeitgebers und Steuerzahlers zurückziehen. Damit allein werden sie ihren staatsbürgerlichen Pflichten nicht gerecht.

Die Aktive Bürgergesellschaft gibt den Selbständigen, den Unternehmern und den Managern den Freiraum für die Entwicklung ihrer Fähigkeiten und ihrer Unternehmen. Sie verpflichtet sie aber auch zum Einsatz für das Gemeinwesen. Bei einer Gesprächsrunde mit Jugendlichen berichtete das Vorstandsmitglied eines Chemiekonzerns mit langjähriger Erfahrung in Großbritannien, dass es dort auch für Führungskräfte der Wirtschaft eine Selbstverständlichkeit sei, Ehrenämter zu übernehmen und sich damit für das Gemeinwesen zu engagieren.

Was würde es für das gesellschaftliche Klima in Deutschland bedeuten, wenn dieser Einsatz auch bei uns selbstverständlich wäre?

Vielfältige berufliche Aufgaben stellen keine Befreiung von staatsbürgerlichen Verpflichtungen dar. Gewiss, in vielen Lebenssituationen, etwa beim Aufbau der beruflichen Existenz oder der Gründung einer Familie, können solche Engagements kaum erwartet werden. Derartige Situationen können natürlich auch in anderer Weise für Führungskräfte in der Wirtschaft entstehen. Eine solche Lage besteht aber nicht generell und meist auch nicht lebenslang. Nicht wenige finden durchaus auch die Zeit für intensive Freizeitaktivitäten. Letztlich ist dies eine Frage der Einstellung.

Diese Haltung zeigt sich auch darin, ob die Führungskräfte oder die Betriebsinhaber ihre Mitarbeiter – und vor allem auch die jungen Führungskräfte – für ein bürgerschaftliches Engagement ermutigen. Wenn insbesondere die jüngeren, beruflich ambitionierten Mitarbeiter jedoch den Eindruck gewinnen, dass ein solcher Einsatz nicht erwünscht sei, werden sie ihn natürlich auch nicht erbringen.

Mit welchem Recht erwarten die Verantwortlichen dieser Unternehmen, dass dann andere die durchaus geforderten öffentlichen Rahmenbedingungen für ihr Leben und für ihren Betrieb schaffen? Woher sollen dann die Menschen für das Gemeinschaftsleben, für die Vereine und für die vielfältigen sonstigen Aktivitäten im Gemeinwesen kommen, die letztlich den Standort auch als Lebensraum erst attraktiv machen?

Dabei ist ein deutlicher Unterschied zwischen dem Engagement von Menschen und Führungskräften aus Handwerk und Mittelstand einerseits und Industriebetrieben andererseits festzustellen. Viele Führungskräfte der Industrie scheinen sich dem Gemeinwesen immer mehr zu entfremden.

Andererseits entdecken jedoch immer mehr Personalchefs den Nutzen der Sozialkompetenz, die Mitarbeiter durch bürgerschaftliches Engagement erwerben. Diese Sozialkompetenz ist ein wichtiges »Humankapital« für den Betrieb.

»Ehrenamtliche Verantwortung außerhalb des Unternehmens erweitert den Blickwinkel und befruchtet das Urteil – und das Leistungsvermögen im Beruf, genauso wie umgekehrt die berufliche Erfahrung dem Ehrenamt nützt. Das gilt für die ganze Breite des ehrenamtlichen Einsatzes: Rettungsdienste und Feuerwehr, Jugend- und Übungsleiter, aktive Mitarbeit und Wahlämter in der Politik, in kirchlichen Organisationen, Vereinen, Verbänden und Gewerkschaften oder in einem Gemeinderat. Auch das Engagement in einer Organisation, der die Unternehmen vielleicht eher skeptisch gegenüberstehen, ist in meinen Augen besser als gar kein Engagement. Hier ist in einer offenen Gesellschaft Toleranz angesagt. Auch Unternehmen sind in einem etwas weiteren Sinn Bürger und sollten in ihrem jeweiligen Umfeld entsprechend engagiert und verantwortungsvoll handeln. Je nach Größe des Unternehmens kann dieses Umfeld eine einzelne Gemeinde sein, eine ganze Nation oder auch eine Vielzahl von Nationen.«

(Günther Goth, Leitung Zentralabteilung Personal,
Siemens AG, München)

Demoskopische Untersuchungen zeigen, dass die Mehrheit der Bevölkerung den Eliten der Wirtschaft gesellschaftlich unverantwortliches Verhalten unterstellt. Diese würden gerne Wasser predigen, selbst aber Wein trinken. Sie verlangten von anderen

Reformbereitschaft, statt selbst mit gutem Beispiel voranzugehen. Nach Untersuchungen des Allensbacher Instituts für Demoskopie ist ein großer Teil der Bevölkerung der Meinung, die Entscheidungsträger der deutschen Wirtschaft seien nur an Gewinnmaximierung interessiert, wollten alles so billig wie möglich produzieren und drückten sich vor ihren Pflichten gegenüber dem Gemeinwohl. Diese Einschätzungen sind ein wesentlicher Grund für die sinkende Akzeptanz der Sozialen Marktwirtschaft und für die Angst der Bevölkerung vor Reformen, die den Betrieben noch mehr Freiraum geben.

Ist diese Einschätzung der Bevölkerung ein Zerrbild? Dieter Hundt, Präsident der Bundesvereinigung der Deutschen Arbeitgeberverbände, schreibt in einem Beitrag »Die Verantwortung der Eliten« (»Die Welt« vom 3. April 2000), dass sich 77 Prozent der Unternehmer zu dem berühmten Satz von J. F. Kennedy bekennen: »Fragt nicht zuerst, was euer Land für euch tun kann, sondern fragt zuerst, was ihr für euer Land tun könnt!«

Demgegenüber würde nur ein gutes Fünftel der Gesamtbevölkerung diesem Satz zustimmen. Hundt führt dieses außerordentlich positive Ergebnis darauf zurück, dass der größte Teil der Verantwortungsträger der deutschen Wirtschaft sich in kleinen und mittleren Personengesellschaften befindet, zu denen in Deutschland immerhin 80 bis 90 Prozent der Betriebe gehören. Hier würden sie hautnah ihre überdurchschnittliche Verantwortung für die Mitarbeiter, den Betrieb und die Kunden erleben und leben.

Die Führungseliten der Wirtschaft müssen für die Allgemeinheit auch als Verantwortungseliten für das öffentliche Wohl erlebbar werden.

Bei einer Fachtagung des Sozialreferats der Stadt München wurden im Dezember 1999 eindrucksvolle Beispiele vorgestellt. So berichtete der Marketingleiter der Münchner Timberland-Filiale, dass die Mitarbeiter fünf Tage im Jahr den Arbeitsplatz verlassen können, um in dieser Zeit soziale Projekte zu betreuen und dort mitzuarbeiten. Von Siemens wurde das Projekt »Switch« vorgestellt. Eine Woche lang »switchen« Mitarbeiter in den Alltag sozialer Einrichtungen, von der Betreuung Wohnungsloser bis zur Aids-Beratungsstelle. Dies sei ein Sprung aus dem technologischen Denken in die soziale Verantwortung. Diese Veränderung würde als Kulturbruch erlebt und sei damit aber auch eine besonders wichtige Erfahrung, die die soziale Kompetenz stärke, die Flexibilität gegenüber anderen Menschen erweitere und die Wahrnehmung für solche Situationen erheblich schärfe. Betriebe richten Kindergärten für die Betriebsangehörigen ein, die gleichzeitig für den angrenzenden Wohnbezirk offen sind. Unternehmensberatungen stellen ihre Fachleute kostenlos für gemeinnützige Projekte zur Verfügung. Der sozialen Phantasie und der Innovationskraft sind kaum Grenzen gesetzt. In den meisten Fällen würde sich vor allem die Unterstützung vorhandener Gemeinschaften, sozialer und kultureller Initiativen anbieten.

Ein herausragender Beitrag der Unternehmen für eine Aktive Bürgergesellschaft wäre eine stärkere Orientierung an den Lebensumständen der Familien, die in hohem Maße von den Bedingungen der Arbeitswelt der Eltern beeinflusst werden. Für eine wachsende Zahl junger Frauen ist vor allem von Bedeutung, ob sie Kinder und Berufsleben miteinander vereinbaren können. Hierzu bedarf es flexibler Formen: Einige möchten Teilzeitstellen, anderen reicht es, in einer lockeren Form die Verbindung zur Arbeitswelt zu halten, um später wieder einsteigen zu können und dabei den Anschluss nicht zu verlieren, und wieder andere setzen darauf, dass sie nach einer mehrjährigen Familienpause wieder ihren Platz in der Arbeitswelt finden. Die Eigenschaft »familienfreundlicher Betrieb« bezieht sich aber nicht nur auf die Frauen und die Mütter.

Aus den USA stammt eine Initiative zur Bewertung familienorientierter Maßnahmen in den Unternehmen. Das Families-and-Work-Institut in New York entwickelte ein Bewertungsraster, das 1991 als »Family-Friendly-Index« veröffentlicht wurde. Dieser Index hat sich in Hunderten von namhaften Unternehmen zu einem anerkannten Instrument personalpolitischer Innovation entwickelt. Er gibt an, wie familienbewusst ein Unternehmen handelt. Der Index beruht auf einer Untersuchung und Bewertung der Gepflogenheiten von 188 Großunternehmen. Inzwischen haben in den USA neben zahlreichen Unternehmen auch viele öffentliche Arbeitgeber das Instrument genutzt. Immer mehr Firmen vergleichen miteinander, wie familienbewusst ihre Personalpolitik wirklich ist, systematisieren ihre Maßnahmen oder Initiativen und entwickeln sie gezielt weiter. Dazu stellen sie sich freiwillig einem Punktesystem.

In Deutschland wurde daraus das Audit »Beruf und Familie« entwickelt. Damit werden die familienbezogenen Maßnahmen in einem Unternehmen oder einer Organisation anhand eines umfangreichen Kriterienkatalogs bewertet. Es wird eingeschätzt, ob die Maßnahmen die Vereinbarkeit von Beruf und Familie fördern und ob sie wirklich in die Tat umgesetzt worden sind. Ziel des Audits ist es, die tatsächliche Unternehmenskultur zu erfassen und darzustellen. Es ist sozusagen ein »Check-up« der gesamten Unternehmenskultur.

Die gemeinnützige Hertie-Stiftung ist in Deutschland ein Pionier in der Entwicklung solcher Instrumente.

Natürlich sind derartige Regelungen in mittleren und größeren Betrieben leichter realisierbar als in kleineren, die sich andererseits in der Regel durch größere Flexibilität gegenüber ihren Mitarbeitern und auch gegenüber familiären Erfordernissen auszeichnen.

Entscheidend ist auch nicht die perfekte Systematik, entscheidend ist, dass die Verantwortlichen in der Wirtschaft die Familien ihrer Mitarbeiter auch als einen ihrer Aufgabenbereiche sehen. Eine solche Einstellung kommt dem Betrieb sicher zugute durch ein besseres soziales Klima, sie ist aber auch gleichzeitig die Wahrnehmung von Verantwortung für das Gemeinwesen und für die Zukunft der Gesellschaft.

Eine besondere Verantwortung tragen die Unternehmen für die Verwirklichung des Prinzips Chancengerechtigkeit durch die Bereitstellung von Ausbildungsplätzen für die junge Generation. Nach der Schulzeit ist der Einstieg in das Berufsleben eine entscheidende Weichenstellung für den Platz in der Gesellschaft. Vor allem Handwerk und Mittelstand haben in der Vergangenheit, oft über ihre eigenen betrieblichen Interessen hinaus, einen großartigen Beitrag in gesellschaftspolitischer Verantwortung erbracht. Für die dauerhafte Akzeptanz unserer Gesellschaftsordnung ist die Erfüllung dieser Aufgabe von außerordentlicher Bedeutung.

Selbstverständlich handelt es sich dabei nicht nur um eine alleinige Aufgabe der Wirtschaft, ebenso stehen die jungen Menschen selbst, ihre Eltern sowie der Staat als Träger des Schul- und Bildungswesens in der Pflicht.

In der Öffentlichkeit wird die Wirtschaft, vor allem durch ihre Spitzenrepräsentanten, primär nur mit Kritik und Forderungen gegenüber dem Staat wahrgenommen. Häufig unterscheidet sich dieses Verhalten nicht wesentlich von den Erwartungshaltungen der Bürger, die von eben diesen Repräsentanten der Wirtschaft dafür kritisiert werden. Damit ist auf Dauer »kein Staat« zu machen. Die Aktivierung der Führungskräfte der Wirtschaft für die öffentlichen Belange, für das Gemeinwesen, für bürgerschaftliches Engagement und auch für die Politik ist ein Ziel der Aktiven Bürgergesellschaft.

Soziale Marktwirtschaft für das 21. Jahrhundert

Aktive Bürgergesellschaft und Soziale Marktwirtschaft sind eineiige Zwillinge. Sie basieren auf den selben Wertvorstellungen und haben sehr ähnliche strukturelle Konsequenzen. Freiheit und Verantwortung, Eigeninitiative und Solidarität, Wettbewerb der Ideen und Initiativen, Vielfalt und Vernetzung statt Zentralismus sind gemeinsame Grundlagen. Die Fehlentwicklungen in unserer Sozialen Marktwirtschaft – zu viel Reglementierung, zu wenig Freiraum und Eigenverantwortung, zu viel Staat, zu viel Erstarrung – sind ebenso Probleme unseres Gemeinwesens, der gesamtgesellschaftlichen und der politischen Situation. Die Aktive Bürgergesellschaft zeigt einen Weg für gesellschaftliche und insbesondere damit auch für geistige, soziale und kulturelle Innovationen und für die sich daraus ergebenden ökonomischen

Konsequenzen. Das Konzept einer zeitgemäßen Sozialen Markt-wirtschaft orientiert sich an den Rahmenbedingungen, wie sie durch die revolutionären Veränderungen der Informations- und Kommunikationstechnologie sowie der rasanten Globalisierung vorgegeben sind.

Der Sozialen Marktwirtschaft verdanken wir die außerge-wöhnlich positive Entwicklung Deutschlands nach dem Zweiten Weltkrieg. Je mehr die ursprüngliche Konzeption verfremdet und überladen wurde durch immer mehr Staat und damit immer weniger Raum ließ für Eigenverantwortung und Eigeninitiative, um so mehr hat sie ihre dynamische Kraft verloren.

Zur Bestandsaufnahme gehört auch die Realität, dass die Ak-zeptanz der Sozialen Marktwirtschaft trotz allen Erfolges kontinu-ierlich abgenommen hat. Umfragen zufolge haben Ende der 90er Jahre in Westdeutschland noch gut 40 Prozent eine gute Meinung von unserer Wirtschaftsordnung, 1994 waren es fast 60 Prozent. In Ostdeutschland sehen nur noch gut 20 Prozent die Soziale Marktwirtschaft positiv, während es 1990 noch 69 Prozent waren.

Die Ursachen dieser Entwicklung sind vielfältig. Über Jahr-zehnte hat sich die Illusion aufgebaut, dass es auf Dauer möglich sei, die Dynamik der Sozialen Marktwirtschaft mit ihren erfreu-lichen wirtschaftlichen Ergebnissen und privatem Wohlstand ei-nerseits und die Sicherheiten durch einen allzuständigen und fürsorgenden Staat andererseits miteinander zu kombinieren. Über Jahrzehnte hinweg schien dies gut zu gehen. Seit den 70er Jahren erleben wir einen schleichenden Prozess der Verände-rung der Sozialen Marktwirtschaft durch immer mehr Regelun-gen, Absicherungen und Staatseingriffe. Scheinbar blieb dies lange Zeit ohne Folgen, denn das Gift der Lähmung wirkte lang-sam, aber stetig. Für den einzelnen Bürger war diese Entwick-lung nicht erkennbar. Für ihn hatte dieser Trend die außer-ordentlich positive Folge stetig wachsenden Wohlstands und eines immer geringeren Risikos. Die Politik hat den Eindruck erweckt, dass sie alles im Griff habe, sie alles regeln und diese Sicherheiten auch gewährleisten könne. Die Unionsparteien haben dabei kräftig mitgesündigt.

Wohlstand und Sicherheit – dieses Schaufensterbild war die faszinierende Perspektive, der Grund für die begeisterte Zustimmung der Bevölkerung in der damaligen DDR zur neuen Gesellschaftsordnung. Die bald folgende Ernüchterung kam zwangsläufig, bedeutete aber eine tiefe Enttäuschung. Die schmerzlichen Erfahrungen mit tatsächlich grob kapitalistischen Verhaltensweisen, die mit dem Geist Sozialer Marktwirtschaft nichts mehr zu tun hatten, aber mit deren Namen verbunden wurden, trugen zur Verbitterung bei. Bedingt durch den zeitlichen Druck in der Wendezeit und die Fülle der Aufgaben taten wir auch zu wenig, um die Grundlagen und die Regeln der Sozialen Marktwirtschaft zu vermitteln, vielleicht aber auch deshalb, weil diese Grundlagen auch in der alten Bundesrepublik immer weniger bewusst sind. Dieser Befund trifft nicht nur die Bevölkerung, die sich mit derart theoretischen Fragen nicht auseinandersetzt, sondern auch weithin die Verantwortlichen in Wirtschaft und Politik. Die Konturen zwischen Sozialer Marktwirtschaft, Staatswirtschaft und reiner Marktwirtschaft, wie sie in den USA oder Großbritannien praktiziert wird, verschwammen immer mehr.

Als die Probleme immer offensichtlicher wurden, versuchten manche mit provozierenden Schocktherapien und mit Eisbrecher-Methoden Veränderungen herbeizuführen. Sie bewirkten nur eine verstärkte Abwehrhaltung und Polarisierung, da sie sich meist nicht um Erläuterung bemühten, sondern die Mittel des Druckes benutzten. Zudem erlebten die Menschen wirtschaftliche Freiheiten häufig auch nur als die Freiheit der Starken. In den Debatten über nötige Veränderungen war in der Regel nicht erkennbar, dass solchen wirtschafts- und gesellschaftspolitischen Überlegungen noch ein Wertesystem zu Grunde lag. Die Modernisierungs-Papiere von Wirtschaftsverbänden bis zu den Blair-Schröder-Thesen, auch manches aus der Union, sind dafür die besten Belege. Die FDP schwang sich gar zur Partei der Besserverdienenden auf.

Das Profil einer Sozialen Marktwirtschaft für die Bedingungen von heute und morgen wurde damit nicht deutlicher und das Konzept nicht anziehender.

In der jetzt allgegenwärtigen Diskussion über die Globalisierung und deren Folgen wird nun oft der Eindruck erweckt, dass die nationale Politik ohnehin keine Gestaltungschancen mehr hätte und deshalb Konzepte zur Weiterentwicklung der Sozialen Marktwirtschaft allenfalls nur noch theoretischen Charakter hätten.

Dies ist ein fataler Irrtum.

Die dringend notwendige Reform der Sozialen Marktwirtschaft kann mit einer rein technokratisch argumentierenden Politik nicht erfolgreich vermittelt werden. Anpassungen an äußere Zwänge können damit vielleicht erreicht werden, die Grundlagen für die Zustimmung zu einer schwierigen Wegstrecke der Umgestaltung werden damit jedoch nicht geschaffen.

Ohne die geistige Auseinandersetzung über grundlegende Einstellungen und unabdingbare Strukturveränderungen ist die Reform der Sozialen Marktwirtschaft nicht möglich. Es geht dabei wie bei der Aktiven Bürgergesellschaft exakt wieder um die selben Schlüsselbegriffe – Vorrang der Eigenverantwortung, Einstellung zur Leistung und zum Wettbewerb, Solidarität und Rolle des Staates.

Eine Reform der Sozialen Marktwirtschaft brauchen wir sowohl wegen der Fehlentwicklungen der letzten Jahrzehnte als auch wegen der rasanten Veränderung unserer Wirtschaft durch die Informations- und Kommunikationstechnologie sowie durch die Globalisierung.

Nun gibt es eine weit verbreitete Meinung, dass angesichts des immer intensiveren internationalen Wettbewerbs der Gesellschafts- und Wirtschaftsordnungen die Soziale Marktwirtschaft mit ihren Kosten für die soziale Komponente ohnehin keine Zukunft mehr hätte. Deswegen neigen viele zu Pessimismus und Fatalismus und flüchten damit auch aus dem Zwang zum Handeln.

Deshalb betone ich nochmals: Auch ohne Globalisierung müsste unsere Soziale Marktwirtschaft gründlich reformiert werden. Die Globalisierung ist nicht die Ursache der Probleme, sie macht aber die Defizite, die strukturellen Schwächen und den Reformbedarf sichtbarer und spürbarer. Nationale Eigenbrötelei ist nicht mehr möglich.

Das Projekt »Soziale Marktwirtschaft für das 21. Jahrhundert« ist nach innenpolitischen und nach internationalen Maßstäben zu gestalten.

Folgende Arbeitsschritte sind notwendig:

1. Zunächst sind die Krankheitssymptome zu benennen.

2. Die Merkmale und Bedingungen der nationalen und internationalen ökonomischen Entwicklungen müssen erfasst und ins öffentliche Bewusstsein gerückt werden.

3. Die Antwort darauf ist auf der Grundlage der Werte der Aktiven Bürgergesellschaft und der ökonomischen Logik der Sozialen Marktwirtschaft zu formulieren.

4. Diese Schlussfolgerungen stellen dann einen Kompass für das politische Handeln dar.

Die Deutschen sind Weltmeister in der Analyse, ist immer wieder zu hören. In der Tat, Diagnosen und Bestandsaufnahmen über die Situation gibt es zuhauf. In vielen Fällen handelt es sich dabei freilich mehr um Klagen als um eine präzise Erfassung der Probleme. Weil an Analysen kein Mangel herrscht, genügt es, einige Kernelemente der Situation knapp in Erinnerung zu rufen.

Die Innovationskraft unseres Landes, die Fähigkeit zur Weiterentwicklung und Erneuerung, ist in den letzten Jahrzehnten erheblich geschwunden. Die Lage gleicht der eines Betriebes, der über Jahrzehnte sehr erfolgreich war, durch den Erfolg müde wurde, nicht zuletzt weil man zu wenig kämpfen musste, und nun gefährdet ist, den Anschluss zu verlieren.

Dies zeigt sich auch an der Tatsache, dass wir Weltspitze sind bei der Verwertung älterer Erfindungen wie in der Elektrotechnik und im Maschinenbau, aber nur sehr eingeschränkt bei den Innovationen, die für die Zukunftsfähigkeit entscheidend sind.

Die hohe Arbeitslosigkeit belegt die Fehlentwicklungen. Das Kernproblem ist nicht ein Mangel an Arbeit. Vielmehr fehlen Anreize, Arbeit aufzunehmen, werden Qualifizierungsangebote unzureichend wahrgenommen oder falsche Qualifikationsmaßnahmen durchgeführt und wird Arbeitslosigkeit zu oft nur verwaltet. Dies sind nur einige der wesentlichen Probleme auf dem Arbeitsmarkt.

Der Sozialstaat befindet sich durch Überlastung und Verkrustung am Rande des Zusammenbruchs. Dies gilt nicht nur für die finanzielle Überforderung des Sozialsystems, sondern auch für seine Rückwirkung auf das Verhalten vieler Menschen, auf die Verteilungseffekte und die Verteilungskosten. Der Staat wird finanziell und administrativ zunehmend überfordert durch das allgemeine Vertrauen in die Gestaltungsmöglichkeiten der Politik. Die Handlungsspielräume der Nationalökonomie und damit auch der nationalen Finanz- und Wirtschaftspolitik werden immer begrenzter. Viele weitere Details können hinzugefügt werden. Generell wird aber die Notwendigkeit von Veränderungen nicht in Frage gestellt und bedarf deshalb nicht der ausführlichen und detaillierten Darstellung und Begründung.

Weniger klar sind die heute vorherrschenden Entwicklungstrends in der Volkswirtschaft.

Worauf müssen wir uns einstellen, was hat sich gegenüber früher verändert?

Die gegenwärtige Entwicklung wird von einem sehr starken technologischen Veränderungsschub bestimmt. Informations-, Kommunikations- und Biotechnologie gehören zu den treibenden Faktoren. Sie unterliegen anderen Gesetzmäßigkeiten als die klassischen Bereiche der Industriegesellschaft. Ihre Wertschöpfungsprozesse entwickeln sich anders. Das Internet verändert nicht nur Informationswege, sondern bietet eine Basisstruktur für umfassende organisatorische Neuorientierungen von Firmen und für die Zusammenarbeit bei wirtschaftlichen Prozessen.

Die Bedingungen einer Wissens- und Dienstleistungsökonomie gelten zunehmend für das gesamte wirtschaftliche und politische Handeln. Vereinfacht: Es gibt immer weniger Handarbeit und immer mehr Kopfarbeit.

Damit wird der »Faktor« Mensch, das »Humankapital« immer bedeutsamer. Wissen ist wichtiger als der Besitz von Rohstoffen oder Kapital.

Die Dienstleistungsökonomie birgt eine große Bandbreite von ganz einfachen bis sehr anspruchsvollen Leistungen. Flexibilität und neue Organisationsformen sind dafür erforderlich. Dienstleistung steht dabei nicht isoliert neben der traditionellen Ökonomie, sondern immer mehr Produkte lassen sich kundenorientiert nur noch verwerten, wenn sie mit Servicedienstleistungen verbunden sind.

Innovationskraft und Geschwindigkeit werden für den Erfolg immer entscheidender. Die »Wissensprodukte« unterliegen anderen Gesetzen der Entstehung, der Vermarktung, des Ertrages und der Marktentwicklung, etwa bei der Geschwindigkeit des Preisverfalls, wie die klassischen Produkte.

Eine neue Welle der Unternehmensgründungen kommt auf uns zu. Ganz neue Formen der Unternehmensführung, der Kommunikation und einer Risikokultur entwickeln sich. »Die Umwandlung bzw. Anwendung der neuen Technologien in neue(n) Geschäftsmodelle(n) erfolgt kaum in etablierten Großunternehmen oder im traditionellen industriellen Mittelstand. Es sind fast immer (junge) Unternehmerpersönlichkeiten, die alleine oder – noch häufiger – in Partnerschaften die innovativen Geschäftsmodelle der New Economy entwickeln und umsetzen« (Roland Berger). Dies hat auch Auswirkungen auf die Anforderungen an die politischen Rahmenbedingungen.

Die neuen Entwicklungen in der Volkswirtschaft werden sehr stark von den Kapitalmärkten bestimmt und getrieben. Kein anderer Bereich hat sich so konsequent internationalisiert wie der Kapitalmarkt.

Die rasante Internationalisierung der Wirtschaft, beschleunigt durch das Internet, führt zu einer immer engeren Verflechtung vieler Betriebe und Branchen in internationale Zusammenhänge und setzt gleichzeitig der Nationalökonomie immer engere Grenzen.

Die klassischen Arbeitsformen der Produktionsprozesse und Dienstleistungen in der bisherigen Industriegesellschaft weichen flexibleren und oft auch anspruchsvolleren Formen der Arbeitsorganisation. Dies hat umfassende Auswirkungen auf rechtliche Rahmenbedingungen, insbesondere im Tarif- und Arbeitsrecht, vor allem aber auch auf die Finanzierung der Sozialsysteme.

Durch die gesellschaftlichen Veränderungen wie Mobilität, Auflösung bestehender Sozialstrukturen und insbesondere demografische Entwicklung entsteht ein großer neuer Bedarf an personenbezogenen Dienstleistungen. Der Wachstumsmarkt Gesundheit, von der sinnvollen Freizeitaktivität bis zur Pflege, bietet gerade auch vielen Menschen, die sich in der Welt des Hightech nicht wohl fühlen und deren Veranlagungen diesen Anforderungen nicht entsprechen, beachtliche Zukunftsperspektiven. Gleichzeitig ist gerade dieser Wachstumsmarkt jedoch wie kaum ein anderer reglementiert und blockiert.

Unser Maßstab muss die Weltspitze sein.

Dies ist unbequem, müssen wir uns damit doch an den Anstrengungen und den Fähigkeiten der Besten messen.

Da wir aber ganz selbstverständlich mit unserem Anspruchsniveau, beim privaten wie beim öffentlichen Wohlstand, weiter an der Weltspitze bleiben wollen, gibt es keine Alternative dazu, auch im Können immer die Weltspitze anzustreben.

Welche Schlussfolgerungen ergeben sich daraus für die Politik?

Grundvoraussetzung für ein zukunftsfähiges Konzept ist die Klärung der Rolle des Staates.

Vielfach ist heute sehr pauschal zu hören, dass die Lösung der Probleme in einer konsequenten Entstaatlichung, im Rückzug des Staates und damit im Gewähren des Freiraums für die Eigeninitiative liegt. Dieser Lösungsansatz wird der Komplexität der Aufgabenstellung nicht gerecht.

Auch unter den Bedingungen der Wissens- und Dienstleistungsgesellschaft und der Globalisierung haben der Staat und damit die Politik eine aktive Rolle wahrzunehmen, die sich an den Anforderungen der neuen Ökonomie orientiert.

Kaum zu bestreiten ist, dass in Deutschland nach wie vor ein viel zu hoher Anteil des Bruttosozialprodukts von der öffentlichen Hand verwaltet und gesteuert wird. Entstaatlichung und Privatisierung weiterer Bereiche sind daher unerlässlich, damit eine dauerhafte Dynamik der wirtschaftlichen Entwicklung erreicht wird. Diese pauschale Feststellung ist aber noch keine Antwort für den konkreten Einzelfall. Gegenwärtig ist auch im Hinblick auf die europäische Dimension der Frage insbesondere zu klären, welche Leistungen der Daseinsvorsorge tatsächlich zwingend durch die öffentliche Hand, meist durch die Kommunen, erbracht werden müssen. Dabei ist zu berücksichtigen, dass die Qualität unserer Infrastruktur im internationalen Vergleich eine Spitzenstellung einnimmt. Manche Ergebnisse der Privatisierung in Großbritannien wirken eher abschreckend. Noch umstrittener ist die Frage, ob, wie im Strommarkt, eine generelle Liberalisierung erfolgen soll, wodurch Private ein Zugangsrecht etwa zur Trinkwasserversorgung erhielten.

Ohne Zweifel würde eine derartige Liberalisierung zu einer Einschränkung des Selbstverwaltungsrechtes führen, das die Bürger vor Ort über die Kommunalpolitik ausüben. Dem stehen aber möglicherweise Verbesserungen für den Bürger als Kunden gegenüber, die jedoch im Einzelfall noch einer genauen Prüfung bedürfen.

Wenn wir uns jedoch auf den Grundsatz verständigen können, dass die Gemeinwohlorientierung einer Aufgabe nicht zwingend öffentliche Trägerschaft voraussetzt, sondern die Politik in erster Linie die Rahmenbedingungen für die Gestaltung und Erfüllung dieser Aufgaben zu setzen hat, könnte zumindest eine gemeinsame Basis für eine angesichts unserer Tradition und unserer gewachsenen Strukturen gewiss schwierige Diskussion geschaffen sein. Der alles entscheidende Maßstab ist nicht die Einflussmöglichkeit der Politik, sondern das bestmögliche Ergebnis für den Bürger. Wenn er durch funktionierenden Wettbewerb diese Ergebnisse als Kunde besser beeinflussen kann als in seiner Eigenschaft als Wahlbürger, dann muss der Weg der Privatisierung gewählt werden.

Folgende ordnungspolitische Aufgaben sind unverzichtbar für eine zukunftsorientierte Weichenstellung:

1. Der stabile Rechtsstaat muss gesicherte Rahmenbedingungen gewährleisten und damit eine sichere Grundlage für längerfristige Dispositionen bieten.

2. Die Politik muss sich erkennbar an längerfristigen Perspektiven ausrichten und damit ihrem Führungsanspruch und Führungsauftrag gerecht werden.

3. In einer Wissensgesellschaft nimmt der weite Bereich der Bildungspolitik eine Schlüsselposition ein. Dieser Politikbereich muss einen weit größeren Stellenwert bekommen.

4. Alle politischen Maßnahmen müssen daraufhin überprüft werden, ob sie der Entfaltung der Innovationskraft dienen oder diese hemmen. Dies gilt für die Finanzpolitik ebenso wie für die vielen rechtlichen Rahmenbedingungen und Absicherungsmechanismen, von der Sozialgesetzgebung bis zum Umweltrecht.

5. Ein lebendiger Sozialstaat muss den unverzichtbaren sozialen Ausgleich gestalten. Die Auswirkungen der technischen Revolution und der Globalisierung brauchen ein Gegengewicht durch starke Anstrengungen im sozialen Bereich. Die Dynamik der Veränderung erfordert ein besonders starkes soziales Element. Andernfalls wird die Akzeptanz der Sozialen Marktwirtschaft verloren gehen. Die Warnsignale des Protests bei den WTO-Verhandlungen können zu einem weltweiten Flächenbrand, aber auch zu einem innenpolitischen Problem in Deutschland werden.

6. Eine Infrastrukturpolitik für die Wissens- und Dienstleistungsgesellschaft muss ebenso bewusst vorangetrieben werden wie früher für die Entwicklung der Industriegesellschaft. Dazu zählt insbesondere die Infrastruktur für Forschung und Entwicklung, Kommunikation und Logistik.

7. Der Staat muss Rahmenbedingungen schaffen, durch die die innovative Kraft des Wettbewerbs erhalten bleibt und die neue Monopole verhindern, die nicht nur zu Lasten der Kunden und Bürger gehen, sondern auch früher oder später die Innovationskraft erlahmen lassen.

8. Die Mittelstandspolitik ist neu zu justieren. Sie darf keine falschen Schutzzäune erhalten oder errichten, muss den Übergang in ein neues Umfeld jedoch begleiten und fördern.

9. Die Politik muss die Bedingungen der »New Economy« berücksichtigen und darf andererseits die traditionelle Wirtschaft,

die »Old Economy«, die ebenfalls durchaus in einem Veränderungsprozess steckt, nicht vergessen oder vernachlässigen.

Das größte Hindernis für eine an diesen Grundsätzen orientierte Ordnungspolitik ist die negative moralische Bewertung des Wettbewerbs. Wenn dafür kein Paradigmenwechsel gelingt, dürfte es sehr schwer bis unmöglich sein, die überfälligen Reformen zu verwirklichen. Damit sind wir wieder beim Ausgangspunkt des Buches: Eine Kombination von leistungsfähiger und menschlicher halten die meisten Menschen für unmöglich. Noch immer herrschen die Vorstellungen aus der Zeit einer Wirtschaft ohne nennenswertes Wachstum vor: Was Einer gewonnen hat, muss er einem Anderen weggenommen haben. An der Armut der Benachteiligten und Schwachen sind die Reichen schuld. Wettbewerb bedeutet den Versuch, anderen etwas wegzunehmen, er kündigt die Solidarität der Menschen in der Gesellschaft auf.

Diese Argumentationsmuster finden sich in allen moralisch geführten Diskussionen um Wirtschaft, Gerechtigkeit und Sozialstaat. Teilen, verteilen und umverteilen sind die gängigen Forderungen, die mit höchstem moralischen Anspruch vorgetragen werden. Dies war auch die häufige Argumentationslinie bei der Suche nach dem besten Weg für den Aufbau Ost.

Die konsequenteste Gegenposition formuliert Karl Homann: Wenn man in den Denkkategorien der vormodernen Wirtschaft ohne Wachstum stehen bleibe und deshalb alles als statisches Nullsummenspiel sehe, könne man nicht erkennen, »dass der Wettbewerb in der Marktwirtschaft nicht einen Gegenpol zur Solidarität darstellt, sondern im Dienst der Solidarität steht und eine besonders leistungsfähige Form der gesellschaftlichen Interaktion zum Vorteil aller, auch der Benachteiligten, ist.«

Dies setze freilich voraus, dass es für den Wettbewerb wirksame Regeln gibt, damit kein ungeregelter Kampf aller gegen alle und der Starken zu Lasten der Schwächeren entstehen kann.

Die Rahmenordnung sei deshalb so einzurichten, dass nur der dauerhaft und systematisch individuelle Vorteile zu erzielen vermag, der seinen Mitmenschen etwas bietet und ihre legitimen Interessen beachtet.

»In der Sprache der Ökonomik heißt das: Die Regeln müssen anreizkompatibel sein, damit moralisch erwünschte Verhaltensweisen im Schlepptau, im Windschatten des individuellen Vorteilsstrebens zum Zuge kommen. Denn gegen das individuelle Vorteilsstreben sind sie ohne Chance.«   (*Karl Homann a. a. O.*)

Die richtige Steuerung der Eigeninteressen ist Bestandteil dieses Konzepts der wertorientierten Sozialen Marktwirtschaft. Diese Steuerung erfolgt dadurch, dass es auf Grund der Rahmenbedingungen im Eigeninteresse liegt, sich so zu verhalten, wie es dem Gemeinwohl dient. Wesentliche Voraussetzung dafür ist, dass durch die Verletzung der Regeln kein Wettbewerbsvorteil für den Konkurrenten entsteht und die Regeln der vorhandenen Wettbewerbssituation gerecht werden. Dies mag manchen utopisch erscheinen. Doch die Gegenfrage lautet: Warum soll die Gestaltung solcher Rahmenbedingungen schwieriger sein als die gegenwärtige dichte Reglementierung?

Hat eine moderne Soziale Marktwirtschaft im internationalen Wettbewerb mit anderen Wirtschaftsordnungen auf Dauer eine Chance? Die international wachsenden Widerstände gegen eine nur auf Wettbewerbsvorteile ausgerichtete Wirtschaftsordnung signalisieren, dass die Globalisierung, dass die Marktwirtschaft auf ihrem weltweiten Siegeszug dauerhaft nur akzeptiert wird, wenn sie auch mit sozialem Engagement und Ausgleich kombiniert ist. Nur so wird gesellschaftliche Stabilität erreicht, die unabdingbare Voraussetzung für eine dauerhaft positive wirtschaftliche Entwicklung ist.

Angesichts sehr unterschiedlicher Wertvorstellungen und kultureller Prägungen kann natürlich das deutsche Verständnis von Sozialer Marktwirtschaft nicht einfach auf internationale Verhältnisse übertragen werden.

Die Situation hat sich aber in den letzten zwei Jahren bereits durch Bemühungen um international akzeptierte Spielregeln verbessert. Die außerordentliche Dynamik des globalen Marktes erfordert ein effizientes Krisenmanagement. Nicht zuletzt die Asienkrise hat gezeigt, wie eng die Märkte verflochten sind und wie sehr kurzfristige Kapitalbewegungen sowie mangelnde Transparenz in ein großflächiges Krisenszenario hineinmünden können. Derzeit sind die Bestandteile einer solchen »Weltordnung« erst ansatzweise vorhanden. Die fortschreitende Globalisierung erfordert jedoch weltweit durchsetzbare Spielregeln und starke Institutionen.

Dies ist auch eine Antwort auf die kaum zu leugnende Tatsache, dass zwar die Globalisierung selbst vielen ärmeren Ländern großen Nutzen bringt, wenn dort die richtigen Rahmenbedingungen herrschen, sich aber gleichwohl Volkswirtschaften und Nationen mit wachsendem Tempo auseinander entwickeln, was gefährlichen Sprengstoff birgt.

Gerade die unterschiedlichen Entwicklungsgeschwindigkeiten, die trotz aller internationalen Verflechtungen, Abhängigkeiten und Wechselbeziehungen zu beobachten sind, beweisen aber auch, dass nationale und regionale Politik und die durch sie geschaffenen Rahmenbedingungen für das Wirtschaften weiterhin von erheblicher Bedeutung für die Zukunftsperspektiven einer Region oder eines Landes sind.

Globalisierung ist keine Entschuldigung für eigene Versäumnisse und Fehler.

Mit einer zeitgerechten Sozialen Marktwirtschaft können wir im internationalen Wettbewerb, der zunehmend zu einem globalen Wettbewerb der Wirtschaftsordnungen, der Rechtssysteme und der Gemeinwesen wird, erfolgreich bestehen. Nicht jeder Wirtschaftszweig wird dabei allerdings auf Dauer gleichermaßen erhalten werden können, da die internationale Arbeitsteilung sich erhöhen wird. Es ist anzunehmen, dass international in dieser Umbruchzeit Instabilitäten zunehmen werden. Gerade vor diesem Hintergrund hat Deutschland mit einer Sozialen Marktwirtschaft, die den Bedingungen des 21. Jahrhunderts gerecht wird, beste Chancen, ein attraktiver Standort zu sein, im weltweiten Wettbewerb um Arbeit gut zu konkurrieren und mit an der Weltspitze zu stehen.

Wir haben alle Voraussetzungen dafür, es kommt nun auf unser Handeln an.

Die Parteien in der Aktiven Bürgergesellschaft

In der Parteienlandschaft gärt es

Die gesellschaftlichen Verhältnisse unterliegen seit Ende der 60er Jahre einem tiefgreifenden Wandel. Eine der Folgen ist, dass die meisten, wenn nicht alle Großorganisationen ebenfalls Umbrüche und teilweise krisenhafte Entwicklungen durchleben, wodurch ihre Bindekraft schwindet. Dies gilt gleichermaßen für die Kirchen, die Gewerkschaften und für Traditionsverbände, vor allem also für Organisationen und Gemeinschaften, die von den Verhältnissen einer geschlossenen Gesellschaft, von geschlossenen Milieus und geschlossenen Wertesystemen geprägt waren.

Vor diesem Hintergrund besitzt die Parteienlandschaft in Deutschland eine erstaunliche Stabilität.

In der Nachkriegszeit wurden viele Neugründungen versucht. Behauptet haben sich letztlich nur die Grünen, im heftigen Auf und Ab der rechten Szene auf niedrigem Niveau die Republikaner sowie die PDS als Nachfolgeorganisation der SED. Vor allem in der Wendezeit gab es verschiedene Ansätze zu Neugründungen, aber im Ergebnis existiert im Osten Deutschlands keine einzige neue Partei. Es ist sicher zu oberflächlich, dies mit der Dominanz oder gar einem Herrschaftsanspruch des Westens zu erklären.

Die Erfahrung der letzten Jahrzehnte zeigt, dass dauerhaft erfolgreich nur eine Partei sein kann, die in einer gesellschaftlichen Strömung, einem Lebensgefühl, einer Stimmung wurzelt. Intellektuelle Kopfgeburten haben keine Chance. Deshalb sind auch diejenigen Parteien am stabilsten und dauerhaft erfolgreich, die das Lebensgefühl einer gesellschaftlichen Gruppe verkörpern.

Auch die viel strapazierte Parteien- und Politikverdrossenheit hat bislang zu keinen wesentlichen Veränderungen geführt. Die Wahlbeteiligungen schwanken und sind bislang nicht dauerhaft niedrig, sondern mehr von der jeweiligen konkreten Situation abhängig. Das Ausmaß der Wahlenthaltung aus Enttäuschung über die bisherige Partei der Zustimmung spiegelt sich dann auch wesentlich in den Wahlergebnissen wider. Die Landtagswahlen in Schleswig-Holstein und Nordrhein-Westfalen haben diese Entwicklung ebenso bestätigt wie die Tatsache, dass es dann im Wesentlichen nur zu gewissen Verschiebungen innerhalb eines »bürgerlichen Lagers« zwischen CDU und FDP und des rot-grünen Lagers gekommen ist.

Ist also alles in Ordnung und stabil?

Diese Annahme wäre Selbstbetrug. Gegenwärtig ist keine konkrete Veränderung in der Parteienlandschaft erkennbar, aber bei einer aufmerksamen Betrachtung der Situation ist auch nicht zu leugnen, dass es in der Parteienlandschaft, gewissermaßen unter der Decke, gärt.

Unsicherheiten über den künftigen Kurs und latente oder sehr offensichtliche Identitätskrisen sind fast überall sichtbar.

Wohin entwickelt sich die SPD? Bruchlos und konsequent in eine irgendwie geartete »Neue Mitte«? Die Partei macht ohne Zweifel einen umfassenden Wandel durch. Die Wirkung der Macht und die Fixierung auf den Bundeskanzler bestimmen das Bild. Noch nie hat sich eine Partei in so kurzer Zeit zu einem Kanzler-Wahlverein entwickelt.

Viel spricht aber dafür, dass nach dem Schockerlebnis der Niederlagen des Jahres 1999 und dem Rausch-Erlebnis der Erfolge des Jahres 2000 nun intern immer stärker die Auseinandersetzung über den künftigen Kurs der Partei aufbrechen wird. Die Grundwertekommission unter der Leitung des Bundestagspräsidenten Wolfgang Thierse hat eine deutlich andere Vorstellung von einem gesellschaftspolitischen Konzept, als der Regierungskurs dies verkörpert. Dieser Teil der Partei ist gegen ein Verständnis von Gerechtigkeit, wie es Ministerpräsident Wolfgang Clement auf einer Tagung der Grundsatzkommission vor der Landtagswahl in Nordrhein-Westfalen dargestellt hat. Für diese traditionelle Sozialdemokratie ist es ein Schock, wenn Meinhard Miegel nach diesem Kongress schreibt, nun könnte man ja eine Einheitspartei gründen, da die selben Prinzipien schon seit langem im Grundsatzprogramm der CDU nachzulesen seien.

Die reale Macht in der SPD liegt zwar nicht bei den Traditionalisten. Doch wie verhalten sich auf Dauer die Mitglieder und Anhänger der SPD, die mehr den Vorstellungen der Grundwertekommission zustimmen? Wie werden all diejenigen reagieren, die auf Grund der sozialpolitischen Versprechungen und der bisherigen gesellschaftspolitischen Konzeption 1998 die SPD gewählt haben? Werden sie bei den nächsten Wahlen fern bleiben oder werden sie den Kurswechsel akzeptieren? Welche Identität wird die SPD morgen haben? Was ist die Identität einer Neue-Mitte-Partei?

Niemand weiß gegenwärtig, wie die weitere Entwicklung der SPD und ihrer Wählerschaft aussieht. Kann sie auf Dauer das Spektrum der bisherigen SPD zusammenhalten und aktivieren?

Die Grünen befinden sich in einer schweren Identitätskrise. Sie werden vom Spagat zwischen ihrem traditionellen Milieu, hervorgegangen aus der Emanzipations-, der Friedens- und der Ökologiebewegung, ihrem Wurzelboden, und einer zunehmend technokratischen jungen Generation und Führungselite fast zerrissen. Die Erfahrung des Juniorpartners in den Regierungen, der ständig größere Zumutungen ertragen und bisherige Prinzipien verleugnen muss, verunsichert tief. Machtbeteiligung als wichtigster Entscheidungspunkt im Alltag führt zu einer immer tieferen Legitimationskrise.

Was verkörpern die Grünen, wenn sich die Modernisierer und Pragmatiker durchsetzen? Eine Variante zur FDP? Niemand weiß, wohin der Weg führen wird.

Die FDP hat mit Beginn des Jahres 2000 einen Aufschwung erlebt. Dieser war zunächst vor allem eine Reaktion auf die Krise der CDU. Ob daraus dauerhafte Zustimmung wird, muss sich zeigen. Grundsätzlich kommt die allgemeine Forderung nach mehr Eigenverantwortung und weniger Staat der FDP entgegen. Die Parteiführung hat versucht, die törichte Ausrichtung auf eine »Partei der Besserverdienenden« durch die Entwicklung eines sozialpolitischen Programms auf dem Parteitag in Nürnberg (Juni 2000) zu überwinden. Dies ist ein bemerkenswerter Versuch der Kurskorrektur, um auf breiterer Basis Zustimmung zu finden. Es ist auch Ausdruck der wachsenden Erkenntnis, dass ohne überlegte Sozialpolitik eine zu marktwirtschaftlich ausgerichtete Wirtschaftsordnung auf Dauer keine ausreichende Akzeptanz findet und damit auch keine Zukunft hat.

Für Zeitströmungen war die FDP schon immer sensibel. Doch wächst daraus ein unverkennbares Profil und wird damit die bisherige Abhängigkeit von der Verfassung der anderen Parteien und von den rasch wechselnden politischen Stimmungen überwunden?

Gegenwärtig gestaltet die FDP vor allem eine Politik mit »drei M« – Marktforschung, Marketing, Medienereignis. Die linksliberale Richtung, wie sie Burkhard Hirsch und Sabine Leutheusser-Schnarrenberger verkörpern, scheint gegenwärtig wenig Bedeutung für die Kursbestimmung zu haben. Dies dürfte die Erfolgschancen der FDP bei dem ihr möglichen Wählerklientel vergrößern. Doch bleibt auch hier die Frage: Was ist der originäre und eigenständige Beitrag des Liberalismus in dieser Zeit? Ist die FDP nur ein weiteres Element in einer Neuen Mitte, damit weiterhin austauschbar und ersetzbar, oder entwickelt sich eine feste Größe?

Die PDS ist ebenfalls vom Virus einer tiefen Identitätskrise befallen. Lothar Bisky und Gregor Gysi konnten die Partei nicht zu einer modernen Links-Partei weiterentwickeln. Deshalb wird die PDS zwar nicht in absehbarer Zeit von der Bildfläche verschwinden, denn sie hat ihre tiefe emotionale Verwurzelung im Osten, aber sie hat keine Perspektive im Westen. Doch auch im Osten dürfte sie ihren Höhepunkt überschritten haben.

Die CDU kämpft immer noch mit den Nachwirkungen einer schweren Krise. Die Parteispendenaffäre hat einen Personenwechsel und damit einhergehend teilweise auch einen Generationenwechsel erzwungen. Dieser Wechsel ist mit vielen Brüchen verbunden und das Zusammenwachsen ist noch nicht ausreichend erfolgt.

Der Wechsel von der 16-jährigen Regierungszeit in die Opposition war eine tiefe Zäsur. Bevor diese erkennbar wurde, stellten sich unerwartet die Erfolge bei den Landtagswahlen des Jahres 1999 als Folge der Schwierigkeiten der Bundesregierung ein. Dies hat die Partei zunächst stabilisiert, ohne dass der Rollenwechsel schon verarbeitet worden wäre.

Dann kam der tiefe Absturz durch die Parteispendenaffäre. Rot-Grün versucht, die Krise um Helmut Kohl zu nutzen, um die Erfolge der Union, vor allem in den 90er Jahren, pauschal zu diskreditieren und aus dem Gedächtnis der Bevölkerung zu drängen, um damit die Deutungshoheit über die Geschichte zu bekommen. Dies geschieht vor allem auch, um die eigene klägliche Rolle in der Phase der Wendezeit und des Zusammenbruchs des Kommunismus vergessen zu lassen.

Die in der CDU in diversen Gremien erarbeiteten inhaltlichen Papiere finden angesichts der Personaldiskussionen weder in der Partei noch in der Öffentlichkeit wirklich Beachtung. Zunächst muss also eine personelle Stabilität und Loyalität in der Zusammenarbeit erreicht werden. Die Bundesratsentscheidung vom 14. Juli 2000 über die Steuerreform mit der Folge einer tiefen Spaltung der CDU hat die Partei um viele Monate zurückgeworfen.

In dieser Situation ist es unglaublich schwer, aus dem Kanzler-Wahlverein CDU eine ohne den Kitt der Macht und das Ziel der Machterhaltung handlungsfähige und profilierte Partei zu formen. Zwar ist die grundlegende Programmatik nicht in dem Ausmaß in Frage gestellt wie bei den vorher beschriebenen Parteien. Ebenso wenig ist aber geleistet, die grundlegenden programmatischen Aussagen, die die innere Bindung der Partei und die Ausstrahlung nach außen begründen, mit Blick auf die moderne Gesellschaft zu klären, zu bündeln und zeitgemäß zu formulieren.

Was ist der tragende gemeinsame Nenner für die große Bandbreite der CDU in den so unterschiedlichen Milieus in Deutschland?

Besonders klärungsbedürftig ist dabei die künftige Rolle des Christlichen und die Deutung des konservativen Elements. Aktuell muss die CDU vor allem der Versuchung widerstehen, als Reaktion auf die Politik von Bundeskanzler Gerhard Schröder die Rolle einer einseitig sozialpolitisch orientierten Partei zu übernehmen. Damit würde sie ihre Identität schwer beschädigen und für tagespolitische Erfolge ihre Tradition und ihre Zukunftsperspektive als eine Volkspartei, in der ökonomische Vernunft und sozialer Ausgleich durch ein zukunftsweisendes Konzept der Sozialen Marktwirtschaft für das 21. Jahrhundert verkörpert werden, verspielen.

Die CSU sieht besorgt die Probleme der großen Schwester. Ihr muss aber auch bewusst sein, dass es für die CDU und damit für ihre Führungsverantwortlichen auf Grund der Bandbreite der Mitgliederschaft, der Milieus, der Weltanschauungen und der Mentalitäten ungleich schwerer ist, die Kräfte zu bündeln und gemeinsame Positionen zu formulieren, um damit nicht nur Sammlungspartei recht unterschiedlicher Strömungen zu sein. Dies wäre in »Normalzeiten« schon schwierig genug, vor dem Hintergrund des inneren Bruchs durch die Parteispendenaffäre ist es erst recht schwierig.

Die CSU befindet sich seit 1993, nach der durch den Wechsel im Amt des Ministerpräsidenten von Max Streibl zu Edmund Stoiber begründeten Überwindung der Schwächeperiode in der Landespolitik von 1991 bis Mitte 1993, in einer sehr stabilen Verfassung. Dabei war für die 90er Jahre die Integrationskraft von Theo Waigel als Parteivorsitzendem von ebenso großer Bedeutung wie die Dynamik von Edmund Stoiber in der Landespolitik; beides gemeinsam hat den dauerhaften Erfolg gebracht. Mit Edmund Stoiber wurde das Klima der Jahre 1991 bis 1993 – »Die CSU ist eine erfolgreiche und verdiente Partei, aber allmählich müde und verbraucht« – überwunden. Die Politik in Bayern und damit auch die Stärke der CSU in Bayern sind für ihre Wirkkraft in der deutschen Politik und für die Identität der Partei von größerer Bedeutung als ihre Stellung in der Bundespolitik. Diese Tatsache war im Auf und Ab der Jahrzehnte ein stabiler Faktor.

Der CSU ist über Jahrzehnte gelungen, was die SPD bei der Bundestagswahl 1998 geschafft hat, nämlich eine Brücke zwischen Tradition und Fortschritt zu schlagen. Dabei haben der CSU wesentlich die Identifikation der Bayern mit ihrem Land und die Entwicklung zur »Staatspartei« mit der Gleichsetzung von Bayern und CSU geholfen. Dies überbrückt Gegensätze und ist häufig der gemeinsame Nenner. Mit dieser Kombination von Dynamik und emotionaler Bindung hat die CSU selbst bei der Landtagswahl 1998 gegen den bundesweiten Trend für die Unionsparteien zugelegt.

In diesen erfolgreichen Zahlen liegt aber auch die aktuelle Gefährdung.

Selbst bei der Landtagswahl 1998, angesichts einer landespolitischen Konstellation mit einem Ministerpräsidenten mit überragender Zustimmung und mit einer SPD, die konturenlos schwach ist wie sonst allenfalls noch in Baden-Württemberg, haben sich zirka 17 Prozent der Wähler erst am Wahltag entschieden, wie sie wählen. Auch in Bayern nimmt der Anteil der Wechselwähler zu und die Parteienbindung ab.

Die größte Gefahr für die CSU wäre deshalb eine falsche Selbstsicherheit. Diese ist allerdings gegenwärtig in der Partei kaum zu spüren. Vor allem den Verantwortlichen ist bewusst, dass dieser Wahlerfolg ständig und täglich neu erarbeitet und verdient werden muss, und trotz aller Anstrengung können schon bei der nächsten Wahl Ergebnisse auch anders aussehen.

Die Parteienlandschaft ist also lange nicht so stabil, wie der Augenschein vermuten lässt.

Wenn es zu Veränderungen in der Parteienlandschaft kommen sollte, dann durch das Potenzial der »Modernisierungsverlierer«. Dies würde sich dann rechtspopulistisch entladen, nicht mehr im linken Spektrum. Der Sozialismus ist für fast alle bankrott und stellt keine glaubwürdige Zukunftsperspektive dar.

Die Kombination von sozialen Problemen, sinkendem Selbstwertgefühl in einer von schärferer Konkurrenz geprägten Welt und internationaler Konkurrenz in Form von Einwanderung und Globalisierung ist ein brisanteres und entzündlicheres Gemisch, als viele vermuten.

Nicht nur für die heutigen Parteien – und dabei insbesondere für die Unionsparteien und die SPD –, sondern auch für die Handlungs- und Zukunftsfähigkeit der Bundesrepublik ist es deshalb von existenzieller Bedeutung, dass es gelingt, die Gruppe der »Modernisierungsverlierer«, die einen sozialen Abstieg erleben, aber an die Rolle des Schwächeren nicht gewöhnt und deshalb in ihrem Selbstwertgefühl getroffen sind, auf dem Veränderungsprozess zu begleiten.

Die Modernisierung voranzutreiben und sich ebenso entschieden den Modernisierungsverlierern zuzuwenden, ist deswegen eine der besonders dringenden Aufgaben.

Neue Partnerschaft von Bürgern und Politik

Zu den weit verbreiteten Missverständnissen bei der Diskussion über die Bürgergesellschaft zählt die Einschätzung, dass diese eine einseitige Anforderung an die Bürgerschaft stelle. Es ist jedoch mindestens ebenso viel Veränderungsbereitschaft auf Seiten der Politik erforderlich. Die veränderte Rolle des Staates und der Anspruch der selbstbewussten Bürger auf Partnerschaft führen auch zu einer veränderten Rolle der Politik und damit der Politiker.

Seit mehreren Kommunalwahlen ist in Bayern bei der direkten Volkswahl von Bürgermeistern und Landräten zu beobachten, dass in der Sache außerordentlich erfolgreiche und für ihre Orte verdienstvolle Bürgermeister und Oberbürgermeister plötzlich nicht mehr wiedergewählt werden. Sucht man nach einer gemeinsamen Ursache solcher Überraschungsergebnisse, kommt man zu der Erkenntnis, dass die Amtsinhaber letztlich immer an der Art ihres Umgangs mit der Bürgerschaft gescheitert sind. Gibt es Krisensituationen oder Nachholbedarf an Tatkraft, werden solche Schwächen eher toleriert (wie in einer Firma, wenn es ihr schlecht geht: Dann ist nicht wichtig, ob der Chef umgänglich und menschlich ist), aber auf Dauer und für den Regelfall bekommt diese »Sozialkompetenz« eine immer größere Bedeutung.

Die Bürger machen in ihrer Arbeitswelt zunehmend die Erfahrung, dass hierarchische Führungs- und Organisationsprinzipien durch kooperative Führung, mehr Mitverantwortung und damit auch ein neues Rollenverständnis von Führenden und Geführten abgelöst werden.

Diesen Anspruch entwickeln die Bürger auch zunehmend gegenüber dem Staat und somit den Repräsentanten der staatlichen Verwaltung und der Politik. Diese denken jedoch noch primär in hierarchischen Organisations- und Führungsstrukturen und haben eine zeitgemäßere Führungs- und Organisationskultur auch kaum gelernt. Ausgangspunkt aller Veränderungen ist die Einstellung zum Bürger. Gilt er als »Störfall« bei effizienten Entscheidungsprozessen oder wird er als Partner akzeptiert?

Natürlich geht es ebenso um veränderte Einstellungen auf Seiten der Bürgerschaft. Interessiert zu sein, nur wenn man betroffen ist, und ansonsten eine Haltung des »Was geht es mich an?« zu pflegen, reicht für eine Partnerschaft von Bürger und Politik nicht aus.

Zunächst ist jedoch die Politik am Zug. Nur sie kann andere Voraussetzungen schaffen, von ihr muss die Initiative kommen.

Ein erster Schritt wäre mehr Transparenz in den Sachverhalten und in den Entscheidungsprozessen.

Transparenz schränkt natürlich auch Handlungsfreiheiten ein. Das Handeln der Führenden wird nachvollziehbar und kontrollierbar. Mancher Bürgermeister und Kommunalpolitiker ist gegen eine solche Transparenz, weil er dann Lieblingsprojekte oder Vorhaben, die er für wichtig hält, die aber noch nicht allgemeine Zustimmung finden, nicht mehr so problemlos durchsetzen kann.

Je kleiner eine Organisationseinheit ist, umso leichter sind Abläufe durchschaubar. An dieser Stelle warne ich aber auch vor einer globalen Verherrlichung der Zustände in kleinen Einheiten. Die Erfahrungen in kleinen Gemeinden zeigen auch, dass bei mangelndem Willen zur Transparenz und zur Partnerschaft in der kleinen Einheit nicht automatisch bessere Verhältnisse herrschen. Im Gegenteil können solche Strukturen auch zu einem abgeschotteten Regieren kleiner Gruppen führen.

Neue Formen der Partnerschaft zwischen Bürgern und Politik müssen sich vor allem zunächst dort entwickeln, wo sich beide am nächsten stehen, in der Kommunalpolitik. Schon heute sind viele bemerkenswerte Beispiele einer partnerschaftlichen Zusammenarbeit in Planungsprozessen zu beobachten. In den letzten Jahren sind viele Aktivitäten im Rahmen der regionalen Agenda-21-Prozesse entstanden. Für die Parteien sollte beunruhigend sein, dass viele solcher Initiativen keinerlei Verbindung zu den örtlichen Parteiorganisationen haben und Kommunalpolitiker häufig keinen Kontakt dazu finden.

Nun ist es in der Tat nicht so einfach, dass Bürger und Politiker hier ihr jeweiliges Rollenverständnis entwickeln und die unterschiedlichen Rollen respektieren. Kommunalpolitiker bemerken nicht zu Unrecht, dass sie letztlich den Kopf hinhalten und bei den nächsten Wahlen Rechenschaft ablegen müssen. In einem Arbeitskreis kann man bis heute mitarbeiten und ab morgen zuhause bleiben. Niemand wird deshalb einen Vorwurf erheben. Ein solches Engagement ist unverbindlicher, man kann leichter Ideen entwickeln und kreativ sein ohne Letztverantwortung. Auf der anderen Seite kann gerade aus dieser Situation heraus auch eine Kreativität entstehen, die einen konstruktiven Impuls für die Kommunalpolitik bedeutet. Entscheidend ist, dass beide Seiten zur Zusammenarbeit bereit sind.

Eine neue Partnerschaft von Bürger und Politik stellt aber auch andererseits keine einseitige Anforderung nur an die Politiker, etwa nach dem Motto: »Die Politiker sind träge und unwillig, die Bürger sind idealistisch und kreativ.«

Auf Seiten der Bürgerschaft reicht eine reine »Betroffenheitskultur« nicht aus. Ohne ernsthaftes Interesse, sich mit den Sachverhalten vertraut zu machen, sich am Gemeinwohl zu orientieren und kompromissfähig zu sein, ist ein dauerhaft konstruktiver Beitrag nicht möglich. Verstärktes Bürgerengagement ist auch keine Alternative zur politischen Verantwortung der Gewählten und zu den staatlichen Strukturen mit Parteien, gewählten Gremien und öffentlicher Verwaltung.

Die große Mehrheit wird auch in Zukunft mit der privaten

Lebensgestaltung voll beansprucht sein, in ihrem öffentlichen Interesse begrenzt bleiben und mit ihrem Wählervotum einen Auftrag und ein Mandat auf Zeit vergeben. Aber auch sie wird einen anderen Stil der Information, der Teilhabe und der Kommunikation erwarten.

Eine Aufgabe der Politik ist es in besonderer Weise, den Prozess der Selbstorganisation der Bürgerschaft, sei es in der Form traditioneller Vereine und Verbände oder in neuen sozialen und kulturellen Aktivitäten zu unterstützen.

In der teilweise hektischen Diskussion um die Krise des Parteienstaats wurde als Reaktion auf die Vorgänge in der CDU und in der SPD im Herbst und Winter 1999/2000 eine Flut von Vorschlägen für eine bessere Bürgerbeteiligung und für offenere Parteien auf den Markt gebracht. Nicht wenige davon sind heute schon wieder vergessen, weil sie mehr Aktionismus als fundierte Konzepte darstellten. Nach der Landtagswahl in Schleswig-Holstein ist die Debatte auch rasch abgeflaut, weil die prophezeiten Krisen der Demokratie und des Parteienstaates nicht eingetreten sind. Es wäre aber fatal, die überfällige Diskussion nicht weiterzuführen.

Dazu zählen auch die Vorschläge zur Veränderung des Wahlrechts mit dem Ziel der Stärkung der Elemente der Persönlichkeitswahl. Ein Allheilmittel gibt es nicht. Dies zeigt die Erfahrung mit dem Kommunalwahlrecht in Bayern. Dort kennt man seit der Nachkriegszeit die Volkswahl der Bürgermeister und Landräte, das Kumulieren und Panaschieren. Je größer die Orte sind, umso weniger wird jedoch diese Möglichkeit genutzt, weil die persönlichen Bekanntschaften fehlen. Grundsätzlich hat sich dieses System seit Jahrzehnten so bewährt. Nüchtern muss man aber auch feststellen, dass damit keine grundlegend andere Einstellung zum Staat und zur Wahlbeteiligung einhergeht. Dies sind alles wertvolle Beiträge, aber substanzielle Änderungen der Situation durch nur einen Aspekt sind nicht zu erwarten.

Ähnlich sehe ich die Effekte der immer mehr verlangten Bürger- und Volksentscheide. Auf der kommunalen Ebene sind die Erfahrungen überwiegend positiv. Allerdings zeigt sich schon hier die Tendenz, dass das Instrument umso problematischer wird, je größer der Ort, je anonymer die Verhältnisse und je schwerer durchschaubar die Sachverhalte sind. Die Diskussionen in einem Stadtviertel – pro oder contra – interessieren die Einwohner der anderen Stadtviertel in aller Regel relativ wenig. In den meisten Bundesländern gibt es bei unterschiedlichen Regelungen diese Möglichkeit des kommunalen Bürgerentscheids.

Bayern kennt in seiner Verfassung auch das Instrument des Volksentscheids mit einem dreistufigen Verfahren des Antrags auf ein Volksbegehren (mit einer genau definierten Mindestzahl von Unterschriften), einem dann gegebenenfalls folgenden Volksbegehren, bei dem zehn Prozent der Wahlberechtigten sich in amtlichen Stimmlokalen eintragen müssen, und einem dann folgenden Volksentscheid, mit dem endgültig in der Sache entschieden wird.

Die Erfahrungen sind für Bayern insgesamt wohl durchaus positiv. Es zeigt sich aber auch hier die Problematik von Volksentscheiden vor allem dann, wenn es nicht um eine Ja-Nein-Entscheidung geht, sondern über komplexere Gesetzentwürfe zu entscheiden ist. Deren differenzierter Inhalt spielt dann in den Auseinandersetzungen, die letztlich nichts anderes sind als Wahlkämpfe, kaum eine Rolle. Es geht, wie bei Wahlkämpfen, um die verkürzten Botschaften, die Zuspitzungen und die Emotionalisierung. Die Mehrheit erreicht in der Regel, wer die Emotionen anspricht.

Nun mehren sich die Rufe nach der Einführung von Volksentscheiden auf Bundesebene. Die Bundesregierung hat eine Initiative dafür schon vor längerer Zeit angekündigt. Die mit derartigen Plänen verbundenen Fragen bedürfen sehr sorgfältiger Erörterung.

Welche der gegenwärtig drängenden und weitreichenden Vorhaben und Entscheidungen sollten einem Volksentscheid unterworfen werden? Etwa die Rentenform, die Steuerreform, die Reform des Gesundheitswesens, die Neuordnung des Generationenvertrags in der Alterssicherung, die künftige Gestaltung der Zuwanderung oder die Osterweiterung der Europäischen Union? Wie sollen solche Weichenstellungen sachgerecht mit Volksge-

setzgebung möglich sein, bei der keine Beratung, kein Meinungs-
austausch und keine Veränderung möglich sind, sondern nur die
pauschale Antwort »Ja« oder »Nein«? Ist dies die erhoffte demokratische Qualität? Welche Themen dürften es denn sein?

Nach den Reaktionen auf die Unterschriftenaktion zur doppelten Staatsbürgerschaft kann man erwarten, dass die heutigen
Mehrheiten gewisse Themen bestimmt nicht zulassen würden.

Zu welchen Bedingungen soll ein Volksentscheid gestaltet
werden?

Wie viel Mindestbeteiligung wird vorgeschrieben, welche
Mehrheitsvoten sind erforderlich? Welche Großgruppen können
einen effektiven Wahlkampf auf der Bundesebene organisieren
und finanzieren? Wie wird es um die Themen von Minderheiten
bestellt sein?

Die Erfahrung der Vergangenheit, dass wesentliche Grundsatz-
entscheidungen wie die Einführung der Sozialen Marktwirtschaft
und der Bundeswehr, der NATO-Beitritt oder der Nachrüstungs-
beschluss zum jeweiligen Zeitpunkt über einen Volksentscheid
keine Chance gehabt hätten, ist immer noch des Nachdenkens
wert. Wenn man sich nun vor Augen führt, dass die Komplexität
der Probleme immer größer wird, die Anfälligkeit für geniale Ver-
einfacher und für fundamentalistische Strömungen wächst und
die Bedeutung des emotionalen Mediums Fernsehen auf die politische Willensbildung ebenso steigt wie die damit einhergehende
Manipulierbarkeit, muss man eher zur Vorsicht neigen.

Auch wenn aus meiner Sicht kein Weg an einer besseren Kommunikation zwischen Bürgern und Politik vorbeiführt, so ist doch
realistisch die Wirklichkeit zu sehen, dass die Bedeutung der Personalisierung der Politik und die Wirkung der Medien für Wahlentscheidungen sich in Zukunft noch deutlich erhöhen werden.

Keine Partei kann dies ignorieren. Dieser Prozess würde
durch die Vorschläge von SPD-Generalsekretär Franz Müntefe-
ring, das amerikanische Vorwahlsystem auf Deutschland zu
übertragen, noch beschleunigt. Damit würde die Rolle der Medien, vor allem des Fernsehens, und der Einfluss des Geldes auf
die Auswahl der Mandate und die Gestaltung erfolgverspre-

chender Kampagnen noch größer. Dies wäre kein Fortschritt für Deutschland, sondern ein Rückschritt. Die Entwicklung der politischen Kultur in den USA und die dort deutlich geringere Wahlbeteiligung als in Deutschland belegen gerade, dass ein solches System kein Vorbild sein kann und keine Verbesserung in der Beziehung zwischen Bürger und Politik bringt.

Eine andere politische Kultur ist ohne Auseinandersetzung mit den Medienmechanismen nicht zu erreichen. Am aussichtsreichsten ist deshalb die Veränderung von unten. Das beginnt bei einer anderen Art von Veranstaltungen der Parteien. Den Veränderungsprozess hat ein früherer Bundestagsabgeordneter einmal plastisch so beschrieben: »Früher bin ich in die Versammlungen gegangen und habe das Aktuellste aus Bonn berichtet, heute höre ich mir vor der Versammlung noch schnell die letzten Rundfunknachrichten im Autoradio an, damit die Leute mit den letzten Nachrichten nicht besser informiert sind als ich.«

Einer der wirksamsten Wege zu mehr Interesse der Bürger und zur Öffnung der Parteien sind deshalb die themenorientierten Veranstaltungen mit zielgruppenorientierter Einladung. In diese Veranstaltungen kommen plötzlich ganz andere Menschen, sie lernen damit auch das politische Personal und das politischen Leben kennen und bei manchen schwindet die Hemmschwelle für eigenes Engagement.

Die inneren Strukturen und das innere Klima in der Aktiven Bürgergesellschaft sind auch die beste Voraussetzung für einen funktionierenden Wettbewerb der Ideen, der Innovationen und für mehr Bürgerbeteiligung. Der häufig beschworenen Entfremdung von Politik und Staat einerseits und Bürgern andererseits kann damit am wirksamsten begegnet werden.

Dabei ist allerdings auch zu bedenken, dass die diskutierten Fehlentwicklungen in den Parteien nicht für sich allein stehen. Das gilt insbesondere auch für Machtmissbrauch und für Erstarrung. Alle diese Entwicklungen sind in anderen gesellschaftlichen Gruppen und Verbänden in gleicher oder ähnlicher Weise zu beobachten. Kaum ein gesellschaftlicher Bereich, bis hin zu den Kirchen und den Wohlfahrtsverbänden, ist davon ausgenommen. Deshalb lohnt es sich, danach zu forschen, ob es letztlich gemeinsame Ursachen dieser Negativerscheinungen gibt.

Ein gemeinsamer Nenner ist sicher, dass fast immer die Gremien ihren Aufgaben nicht gerecht wurden, also die Balance von Macht und Machtkontrolle nicht funktionierte. Dies beginnt im kleinen Verein mit der Haltung: »Ach was, diese Formalien sind doch nicht so wichtig«, und setzt sich über Verbände und Kirchengemeinschaften bis zu den Aufsichtsräten in Konzernen fort.

Eine der wichtigsten Schlussfolgerungen daraus ist deshalb für mich, überall eine Gremienkultur zu pflegen, in der Vorschriften wie etwa die Pflicht zu transparenten Rechenschaftsberichten zu allen Zeiten selbstverständlich erfüllt werden. Dies ist der wirksamste Schutz gegen Fehlentwicklungen. Dabei gilt: Je dominanter eine Persönlichkeit ein Gremium, einen Verband oder eine Firma beherrscht, umso größer und wahrscheinlicher ist die Gefahr der Vernachlässigung solcher Regeln. Transparenz und die an sich immer vorgesehene sachkundige Gegenkontrolle sind das wirksamste Gegengewicht hierzu. Neuer Vorschriften bedarf es nur in besonderen Fällen.

Für die Führenden wiederum besteht der wirksamste Selbstschutz darin, gegenüber den Mitarbeitern und Kollegen ein Klima zu pflegen, in dem Widerspruch nicht zur Mutprobe wird.

Die häufig geforderte Reduzierung des Einflusses der Parteien und der Politik auf die verschiedenen gesellschaftlichen Bereiche ist ernsthaft zu diskutieren, aber auch im Zusammenhang mit den Erwartungen an den Staat und damit an die Politik zu sehen.

Solange »Vater Staat« sich fürsorglich um alles kümmern soll, ist zwangsläufig auch die Politik präsent. Wer soll sonst gestalten? Etwa eine anonyme Verwaltungsapparatur? Dies würde die Lebendigkeit der Demokratie und die Beziehung zwischen Bürger und Staat sicher nicht fördern. »Parteifreier« können deshalb die einzelnen Aufgabenfelder nur werden, wenn sie auch »staatsfreier« werden. Es gibt einen untrennbaren Zusammenhang von Entstaatlichung und Entpolitisierung.

Die Parteien müssen sich weit über ein vordergründiges Moralisieren über Fehlverhalten hinaus gründlich mit diesen strukturellen Veränderungen auseinandersetzen, um für die Zukunft gerüstet zu sein. Sie sollten dabei vorgehen wie eine Firma, die eine zeitgemäße und gleichzeitig firmenspezifische Unternehmenskultur entwickeln will und dafür Sinn stiftende Ziele, Leitbilder und Maßstäbe für das Unternehmen, für das gemeinsame Handeln sowie für die Einzelnen braucht.

Nur eine Partei, die eine »lernende Organisation« ist oder wird, hat Zukunft. Dies erfordert eine starke Veränderung der gängigen Parteikulturen.

Eine offene, realistische und menschliche Diskussion über die Berufsethik in der Politik ist überfällig.

Anstelle von komplizierten Gedankengebäuden und theoretischen Erwägungen könnten wir uns dabei ganz einfach an der Arbeitsmoral orientieren, die wir zum Maßstab nehmen, wenn wir einen Handwerker ins Haus rufen.

Wir erwarten, dass er sachverständig ist, sich entsprechend weiterbildet und sein Handwerk beherrscht, dass er sachgerecht und zuverlässig arbeitet und diesen Anspruch auch dort erfüllt, wo man es später nicht mehr sieht, dass er also nicht nur für das Schaufenster und nicht nur so viel und so gut arbeitet, wie es von außen erkannt werden kann.

Für die Politik und alle Führenden kommt hinzu, dass im nicht seltenen Konfliktfall die Sache über den persönlichen Interessen stehen muss. Dies verlangt kein asketisches Leben, keine Verleugnung der für jeden Menschen notwendigen Bestätigung, kein Leugnen der menschlichen Natur, aber letztlich eine eindeutige Hierarchie der Werte.

Mehr ist nicht erforderlich. Freilich müssen sich Führende in allen Lebensbereichen strengere Maßstabe und größere Erwartungen gefallen lassen, als dies für die Allgemeinheit gilt. Aber diese Maßstäbe und Erwartungen müssen menschlich sein. Fehler und Fehlverhalten können nicht in jedem Fall ausgeschlossen werden. Entscheidend ist, wie damit umgegangen wird. Dies betrifft vor allem auch die öffentliche Meinung. Das öffentliche Engagement muss wieder aufgewertet und es muss mit Führenden im öffentlichen Leben menschlicher umgegangen werden.

Ansonsten werden auf Dauer nicht genügend Menschen zu einem derartigen Engagement bereit sein.

Wer eine Veränderung der politischen Kultur verlangt – dafür gibt es gute Gründe –, der muss die Realität der Medienkultur und die Wechselwirkungen zwischen beiden berücksichtigen. Dies sollten sich vor allem Journalisten, Leitartikler, Sozialwissenschaftler und Kirchenleute immer vor Augen halten.

Das Internet bringt neue Impulse

Das Internet bietet den Bürgerinnen und Bürgern bis vor kurzem noch nicht denkbare Möglichkeiten umfassender Information aus allen Teilen der Welt. Dadurch wird Transparenz geradezu erzwungen. Diktaturen werden es immer schwerer haben, sich gegen Nachrichten und Meinungen von außen abzuschotten, aber auch in den Demokratien sind die Folgen für die politische Arbeit noch nicht absehbar. Es handelt sich hier um ganz neue Wege der Kommunikation, aber auch der Einbeziehung von Bürgerinnen und Bürgern in politische Entscheidungsprozesse. Die Bürgerinnen und Bürger werden damit in einem noch kaum abschätzbaren Ausmaß unabhängig vom Angebot von Organisationen, Parteien und Institutionen sowie vom Verhalten von Amtsträgern.

Schon jetzt spielt das Internet eine große Rolle bei der Organisation von Bürgerbewegungen und Bürgerprotesten. Großdemonstrationen wie anlässlich der WTO-Konferenzen oder der Demonstrationen in Wien gegen die neue Regierung sind schon von diesem Medium entscheidend beeinflusst worden. Kleine Gruppen erringen große Macht, Einzelne können weltweit Informationen verbreiten. Zu verschiedenen Sachthemen kann Spezialwissen in der ganzen Welt gesucht werden. Die Politik muss sich auf diese Herausforderung einstellen.

Gleichzeitig eröffnet das Internet aber besondere Wege, Bürger zu informieren und ihnen eine Chance zu geben, ihr Wissen und ihre Kompetenz auch mit minimalem Zeitaufwand und standortunabhängig einzubringen.

Die digitale Revolution stärkt die kleine Einheit. »Das Faszinierende des neuen Mediums Internet ist die Tatsache, dass der Bürger nicht nur Empfänger ist, sondern auch Sender, nicht nur Konsument, sondern auch Produzent. Er erhält ein machtvolles Instrument, um sich nicht nur regional, sondern auch global zu artikulieren und als Wirtschaftssubjekt in Erscheinung zu treten. Dies ist die eigentliche Revolution, die mit keiner Entwicklung der Vergangenheit vergleichbar ist. Der Bürger erhält einen Zuwachs an Macht, der aus dem Gebrauch des Internets erwachsen kann.«

(Eberhard Sinner,
in: »Neue Wege in der Kommunalpolitik«, 2000)

Schon heute ist es bei verschiedenen kommunalen Modellprojekten möglich, Kontakte mit der Verwaltung über das Internet so abzuwickeln, wie man auch seine Bankgeschäfte erledigen kann.

Der Einsatz von Internet wird sich jedoch nicht auf Verwaltungsvorgänge beschränken. Schon gibt es beeindruckende Beispiele der aktiven Bürgerinformation durch die Verwaltung und der Möglichkeit der Kommunikation zwischen Bürgern und Verwaltung.

Die Verwaltungen können die Bürger, gerade in Flächenstaaten und dünn besiedelten Räumen, in einer Weise informieren, wie dies noch nie möglich war.

Bei Wahlkämpfen und bei Meinungsbildungsprozessen zu bestimmten Themen wird das Internet sicher eine bedeutende Rolle spielen.

Die Kommunikation über das Internet wird jedoch die Notwendigkeit nie ersetzen, dass sich Menschen in Parteien oder anderen Gruppierungen zusammenfinden, um auch gemeinsam Verantwortung zu übernehmen. Das Internet wird nie ein Ersatz für Parteien sein, aber die Parteien werden in ihren Methoden davon nachhaltig beeinflusst werden. Eine Verengung der politischen Meinungsbildung auf das Internet wäre daher verhängnisvoll. Auf absehbare Zeit ist es als eine – allerdings unverzichtbare – Ergänzung zu anderen Formen der politischen Kommunikation zu sehen. Ohne Zweifel können mit dem Internet viele

Gruppen für politische Mitwirkung erreicht werden, die auf her-kömmlichem Wege nicht gewonnen werden könnten.

Das Internet ist ein neues, in vieler Beziehung großartiges Medium für eine Aktive Bürgergesellschaft, das lokal und eben-so global neue Dimensionen des Informationsaustauschs, des Angebots, der Mitarbeit, der Meinungsbildung und der Organi-sation bietet.

Schwierig wird es sein, die Kluft zwischen den »Privilegier-ten« mit Netzzugang und den übrigen, die über diese Möglich-keit nicht verfügen, zu überwinden. Mit einem Anteil von der-zeit etwa 13,3 Prozent der Bevölkerung in Deutschland, der über einen Netzzugang verfügt, ist das Internet noch weit von einem Massenkommunikationsmittel entfernt. Dies darf bei al-ler Euphorie nicht übersehen werden. Ohne Zweifel kann aber gerade der Netzzugang sozial Benachteiligten außerordentliche Entwicklungschancen eröffnen. Dies ist eine wichtige Infra-strukturaufgabe der Zukunft. Den positiven Seiten des neuen Kommunikations- und Informationsmediums stehen jedoch auch Probleme und Gefahren gegenüber.

In manchen Bereichen sind rechtsfreie Räume entstanden. Es bedarf daher internationaler rechtlicher Übereinkommen, nicht nur im Strafrecht, sondern besonders auch hinsichtlich der han-dels-, steuer-, urheber- und verwaltungsrechtlichen Rahmenbe-dingungen, in denen sich die Internetnutzer und die Anbieter bewegen. Nicht zu übersehen ist, dass sich die »Community« selbst schon Regeln geschaffen hat, nach denen Kommunikation oder Handel funktionieren. Insofern ist das Netz ein gutes Bei-spiel für eine gelungene Selbstorganisation. Da sich das Internet gerade durch den Erfindungsreichtum, die Phantasie und die Ungebundenheit von Entwicklern und Nutzern auszeichnet, geht es darum, einerseits verlässliche Spielregeln für alle zu schaffen und andererseits mit der Flexibilität und dem Freiraum, der dem Medium eigen ist, die Weiterentwicklung zu unterstüt-zen. Gleichzeitig ist auch in den Schulen verstärkt Wert darauf zu legen, über den rein technischen Aspekt hinaus den verantwor-tungsvollen Umgang mit dem neuen Medium zu vermitteln.

Die zu erwartenden Widerstände

Wer sich eine schwierige Wegstrecke vornimmt, sollte sich mit den zu erwartenden Schwierigkeiten vertraut machen. Nur wer sich darauf einstellt, hat die Chance, diese Schwierigkeiten zu überwinden, weil er mental und in der Sache darauf vorbereitet ist.

Die Widerstände gegen die Realisierung des Konzepts der Aktiven Bürgergesellschaft werden in dem Maße wachsen, wie die konkrete Umsetzung bevorsteht. Dieses Konzept ist keine angenehme Ergänzung im vorhandenen Rahmen, gewissermaßen nur die Auswechslung des Mobiliars mit gleichzeitiger Modernisierung und Verschönerung der Innenausstattung, sondern bedeutet einen Umbau, der Unbequemlichkeiten, Anstrengungen und vor allem die Bereitschaft zur Veränderung erfordert.

Der Weg einer neuen Sozial- und Bürgerkultur mit dem Ziel der Aktiven Bürgergesellschaft ist für alle Beteiligten ein Lernprozess. Deshalb können Diskussion und Auseinandersetzung, Widerspruch und Dialog ein durchaus konstruktiver Beitrag zur Reifung und Entwicklung sein.

Es wird jedoch massive Widerstände geben, deren Wurzeln tief gründen und letztlich prinzipieller Natur sind.

An erster Stelle ist die Neigung des Menschen zu nennen, sich gegen Veränderungen zu wehren. Verändern ist unbequem. Veränderung wird vor allem durch zwei Beweggründe erreicht: entweder durch einen Leidensdruck, der Veränderung unausweichlich macht – dann aber wird man so wenig wie möglich verändern –, oder durch die Anziehungskraft einer klar vor Augen stehenden besseren Lösung, eines erstrebenswerten Zieles, das Anstrengung lohnt. Der alte Satz: »Wer Zustimmung will, muss Sinn vermitteln«, trifft nach wie vor zu.

Wer das Gedankengut der Aktiven Bürgergesellschaft verwirklichen will, darf nicht nur auf den Leidensdruck bauen. Dieser kann in der Regel ein Ansatzpunkt sein, aber er ist keine ausreichende Motivation. Damit wird keine positive Einstellung erreicht, sondern nur eine Haltung nach dem Motto »Man kann die Entwicklung nicht aufhalten, aber wir halten sie so lange wie möglich auf«.

Das Beharrungsvermögen der Menschen sollten wir nicht verdammen, sondern wir müssen die menschliche Grundstruktur ernst nehmen und uns damit angemessen auseinandersetzen.

Schwieriger ist eine andere Art von Widerstand, bei dem in moralischen Kategorien argumentiert wird, weil die Grundorientierungen der Aktiven Bürgergesellschaft bisherigen Wertvorstellungen widersprechen.

Dies gilt vor allem für die unausweichliche Auseinandersetzung mit Schlüsselbegriffen wie Selbstverwirklichung, Leistung, Wettbewerb, Gerechtigkeit und Gleichheit.

Sachsens Ministerpräsident Kurt H. Biedenkopf hat bei seinem Vortrag bei der Bertelsmann-Stiftung »Bürgerorientierung und Aktive Bürgergesellschaft – Wege zur Erneuerung der Demokratie« die verschiedenen Widerstände eingehend geschildert. Besonders oft dient der moralisierende Hinweis auf die Gefährdung der Gleichheit zur Begründung der Abwehr von Veränderungen.

Deshalb ist die Auseinandersetzung, wie viel Ungleichheit durch den Wettbewerb der Initiativen hingenommen wird, ob und mit welchen Maßstäben ausgeglichen werden muss, eine zentrale Frage.

Diese Auseinandersetzung kann nur gewonnen werden, wenn durch Überzeugungskraft und Kompetenz dargestellt werden kann, dass dieser Weg zu menschlicheren Lösungen führt und gleichzeitig die Leistungsfähigkeit von Gesellschaft, Wirtschaft und Staat fördert.

Emotionalen und moralischen Argumentationsmustern kann nur auf der selben Ebene erfolgreich begegnet werden, nicht mit der puren Rationalität der Zahlen.

Hier liegt die eigentliche und entscheidende Ebene der Auseinandersetzung. Wird diese erfolgreich gemeistert, kann auch

die technische, die handwerkliche Umsetzung durch Einzelmaßnahmen und Strukturänderungen konsequent gelingen. Andernfalls wird alles Stückwerk bleiben.

Ein mächtiger, aber selten offen benannter Widerstand ist mit
dem Verlust an Macht verbunden. Darüber wird kaum offen geredet, und alle möglichen Sachargumente, warum Veränderung
angeblich nicht möglich ist, werden vorgeschoben.

Nun gibt, ganz nüchtern und ohne moralische Verurteilung
betrachtet, kaum ein Mensch so ohne weiteres Gestaltungs-
und Einflussmöglichkeiten auf. Macht ist schließlich keine un-
moralische Kategorie, sondern im Sinne von Gestaltungsmög-
lichkeit notwendige Voraussetzung für die Realisierung von
Zielen.

Gegen solchen Machtverlust werden sich bisherige Entscheidungsebenen in allen Bereichen, ob in Verbänden, staatlicher
Verwaltung und natürlich auch in der Politik, wehren.

Deshalb ist es entscheidend, dass nicht Machtdiskussionen
geführt werden wie beispielsweise bei der Debatte um die Reform des Föderalismus in Deutschland, sondern Auseinandersetzungen um zukunftsfähige Strukturen.

Wie Firmen ihre Organisations- und Führungsstrukturen immer wieder um der Zukunftsfähigkeit ihres Unternehmens und
der Arbeitsplätze willen verändern müssen, so ist dies auch im
gesellschaftlichen, politischen und staatlichen Bereich erforderlich. Das bedeutet keine Minderbewertung des Bisherigen, sondern eine Fortentwicklung auf der Basis des oft lange Zeit Be-
währten, aber jetzt Veränderungsbedürftigen. Auch dafür ist
eine ebenso menschlich ansprechende und dem Einzelnen gerecht werdende wie kompetente und zukunftsorientierte Argumentation unabdingbar.

Die Verteidiger der Macht werden ihre besondere Festung in
den Zentralen der Bürokratien haben, sei es in unserer eigenen
staatlichen Organisation oder in der EU-Kommission in Brüssel.
Dieser Machtkampf wird getarnt sein mit Expertenargumenten
oder moralischen Forderungen wie der Verpflichtung zur
Gleichheit und Gerechtigkeit.

Politik ist immer auch Kampf und Konfrontation. Wer die Anstrengung scheut, soll dieser Aufgabe fern bleiben. Die Möglichkeiten der Aktiven Bürgergesellschaft lohnen aber diesen Einsatz.

Die Aktive Bürgergesellschaft ist eine Realutopie. Real, weil es schon viele ermutigende Beispiele und Erfahrungen gibt, mit denen die Praxistauglichkeit auch unter den Bedingungen des 21. Jahrhunderts bewiesen ist. Utopie, weil sie noch nicht generell verwirklicht ist. Eine Politik, die keine Visionen und damit auch ein Stück Utopien hat, hat keinen Impuls mehr, sie verwaltet nur noch das Bestehende und reduziert sich auf Krisenmanagement. In aktuellen Situationen ist Krisenmanagement oft erforderlich, mit einer solchen Einstellung und einer solchen Perspektive ist auf Dauer aber weder ein Unternehmen noch ein Gemeinwesen zukunftsorientiert zu führen. Die Zukunft wird gestalten, wer Mut zur Auseinandersetzung, zur Realutopie und zum Engagement hat.

Die Aktive Bürgergesellschaft
macht die Demokratie lebendiger.
Bildet Werte, formt Bürgertugenden und stiftet Lebenssinn.
Schafft Freiräume und schützt vor staatlicher Willkür.
Ist Ort gelebter und belastbarer Solidarität.
Ist die Welt freier Bürger und starker Gemeinschaften.
Fördert den Zusammenhalt in Gesellschaft und Staat.

Der Zusammenbruch des Kommunismus hat in der jüngsten Geschichte gezeigt, dass nicht steriler Pragmatismus, sondern die Wirkkraft des Geistes und der Ideen die Welt gestaltet. Dafür lohnt es sich zu arbeiten und zu leben.

Nachwort

Dieses Buch ist das Ergebnis eines mehrjährigen intensiven Diskussionsprozesses. Vielen Gesprächs- und Diskussionspartnern aus den unterschiedlichsten gesellschaftlichen Gruppen und Fachbereichen verdanke ich wichtige Einsichten und Anregungen.

Besonders fruchtbar war der Diskussionsprozess über das von mir im Frühjahr 1997 veröffentlichte Papier »Der Weg zu einer neuen Sozial- und Bürgerkultur«. Dies war Anstoß für viele Initiativen. Daraus wuchs allmählich, auch in der Auseinandersetzung mit anderen Konzepten der Bürgergesellschaft oder Zivilgesellschaft, das Konzept der »Aktiven Bürgergesellschaft«.

Die Beratungen in der Grundsatzkommission der CSU über dieses Konzept waren eine besonders wichtige Etappe.

Für die Unterstützung bei der Erarbeitung des Buches danke ich meinen Mitarbeitern und Mitarbeiterinnen:

Rudolf Schleyer für die Durchsicht der Manuskripte und die damit verbundene Beratung, Rosemarie Kragl und Rita Wittmann für die Schreibarbeiten und Annemarie Sporrer für die organisatorische Unterstützung.

Ich hoffe, dass das Buch einen wirksamen Impuls gibt für die Entwicklung einer zukunftsweisenden Programmatik.

München, im August 2000   *Alois Glück*

Literaturverzeichnis

Bericht der Kommission »Verfassungspolitik und Regierungsfähigkeit« der Bertelsmann-Stiftung »Entflechtung 2005«, Gütersloh 2000

Bericht der Zukunftskommission »Gesellschaft 2000« der Landesregierung Baden-Württemberg, Stuttgart 1999

Böschemeyer, Uwe: »Schule des Lebens«, Hamburg 2000

Böschemeyer, Uwe: »Vom Typ zum Original«, Lahr 1994

CSU-Fraktion im Bayerischen Landtag (Hrsg.): »Aktive Bürgergesellschaft: Reformoptionen für Arbeitsmarkt, Sozialhilfe und Familienpolitik«, Köln 2000

Cube, Felix von: »Lust an Leistung«, München 1998

Datenreport 1997 des Statistischen Bundesamtes, Schriftenreihe, Band 340, Wiesbaden 1997

Deschner, Karl-Heinz: »Was halten Sie vom Christentum?«, München 1957

Dettling, Warnfried: »Wirtschaftskummerland?«, München 1998

Dienel, Peter C.: »Die Planungszelle«, Opladen 1997

Eibl-Eibesfeldt, Irenäus: »In der Falle des Kurzzeitdenkens«, München 1998

Etzioni, Amitai: »Die Entdeckung des Gemeinwesens«, Stuttgart 1995

Frankl, Viktor E.: »Der Mensch vor der Frage nach dem Sinn«, München/Zürich 1979

Gemeinsames Wort der Kirchen »Für eine Zukunft in Solidarität und Gerechtigkeit«, Hannover-Bonn 1997

Glück, Alois / Magel, Holger (Hrsg.): »Neue Wege in der Kommunalpolitik«, München 2000

Hayek, Friedrich A. v.: »Die Verfassung der Freiheit«, Tübingen 1991

Khol, Andreas: »Mein politisches Credo«, Wien 1998

Markert, Linus: Bericht für den schulischen Innovationskongress der Bayerischen Staatsregierung, Augsburg 2000

Mohn, Reinhard: »Menschlichkeit gewinnt«, Gütersloh 2000

Nefiodow, Leo A.: »Der fünfte Kondratieff«, Frankfurt 1990

Nefiodow, Leo A.: »Der sechste Kondratieff«, Sankt Augustin 1999

Projektdokumentation der Bertelsmann-Stiftung 1999 – Bürgerorientierte Kommune – Wege zur Stärkung der Demokratie, Gütersloh 1999

Regierungserklärung des Bayerischen Ministerpräsidenten Dr. Edmund Stoiber, »Föderalismus: Solidarität und Wettbewerb – Starke Länder in Europa«, am 22. März 2000 vor dem Bayerischen Landtag (im Internet: http://www.bayern.de/Politik/Regierungserklaerungen/2000-03-22.html)

Rohr, Richard / Ebert, Andreas: »Das Enneagramm«, München 1993

Schiller, Karl: »Der schwierige Weg in die offene Gesellschaft«, Berlin 1994

Tibi, Bassam: »Europa ohne Identität?«, München 1998

Vogt, Markus: »Globale Nachbarschaft«, München 2000

Waibel, Eva Maria: »Erziehung zum Selbstwert«, Donauwörth 1994

Walter, Franz / Dürr, Tobias: »Die Heimatlosigkeit der Macht«, Berlin 2000

Wege zur Bürgergesellschaft, ein Leitfaden zur Förderung Bürgerschaftlichen Engagements in Städten, Gemeinden und Landkreisen in Baden-Württemberg, Freiburg-Stuttgart 1999